이것만은 꼭 알아두고 싶은

100문 100답

교양경제

Q&A

경제를 읽으면 사회도 보인다.

경제는 나날이 움직이며 변화하고 있다. TV나 인터넷, 신문에서는 매일 시시각각 경제관련 뉴스가 홍수와 같이 흘러나오고 있다. 그런데 그 경제의 실체가 어떠한 메커니즘에 의해 움직이고 있는 것인지를 우리가 알고 있는 것 같은데도 실제로 명확히 알고 있지 않는 것이 더 많은 건 아닐까? 경제학은 그러한 현실경제의 메커니즘을 해명하는 학문이다.

그러나 경제학을 가르치는 선생이나 이코노미스트가 설명하는 것을 들어보면, 말하는 것이 제각기 다른 경우를 볼 수 있다. 경제의 전문 용어를 내세우는 사람일수록 때때로 뭔가 경제의 기본구조를 잘 이해하지 않고 있다는 사실을 느낄 때가 있다. 그러면 어떻게 하면 좋을까?

분명히 현실의 경제에는 많은 복잡한 현상이 얽히고설킨 채 변화하고 있다. 그러나 그 배경에 있는 구조를 조금 더 자세히 살펴보면 결코 그렇게 복잡기괴한 것은 아니다. 문제의 배경에 있는 구조를 잘 이해하고 경제를 본다면, 일견 복잡하고 어렵게 생각되어 이해할 수 없는 여러 가지 사회현상도 말끔하고 정연한 모습으로 우리의 눈에 비쳐 들어 올 것이다.

시시각각으로 한국경제나 세계의 경제는 변모를 거듭하고 있다. 그 변화는 너무나 빠르기 때문에 그러한 변화에 적응하지 못해 시대적 안목을 잃어버린 자기만 뒤쳐지고 있는 것 같은 감각을 느낄 때도 있을 것이다.

그래도 너무 초조하게 생각해선 안 된다. 안심하시라. 왜냐하면, 경제의 큰 뿌리인 구조는 시대를 넘어서도 살아 이어지기 때문이다.

이 책은 경제학의 교과서와 같이 학술적인 엄밀성을 추구하지는 않는다. 그렇다고 해서 눈에 띄는 경제용어를 슬슬 대충 설명하자는 것도 아니다.

현실경제의 최전선으로부터의 시각에서 경제학의 체계와 실물경제, 정책적 토픽을 연계하면서 경제의 구조전체를 파악할 수 있도록 설명한 것이다.

이 책을 읽으면, 독자도 현재의 경제 및 사회를 이야기하기 위한 대충의 도구를 손에 넣게 될 것이다. 아무쪼록, 이 책을 읽고 '경제'를 이해하여 생활에 도움이 되도록 활용해 주시기 바란다.

이 책은 다음과 같이 구성되어 있다.

제1장에서는 경제의 기본지식에 관하여 대강 필요한 내용을 본다. 경제란 무엇인지를 생각하는 위에서 반드시 필요한 기본 구조적 지식에 관하여 설명한다.

제2장에서는 '금융의 역할'을 본다. 금융시장의 구조나 미국을 덮친 '서브프라임의 붕괴' 등 금융과 경제의 복잡한 관계를 알 수 있다. 현실경제 상황에 대응한 기준금리나 통화량의 조절, 기축통화의 변동효과 등 경제와 금융시장의 일정한 법칙성을 이해할 필요가 있다.

제3장에서는 '시장과 정부'의 관계에 관해서 파악한다. 한국경제의 근본적 구조인 시장경제와 경쟁·실패, 그에 얽힌 정부 재정의 의미와 가격통제, 작은 정부 론 그리고 시장경제정책에 관하여 설명 한다.

제4장에서는 우리들 일상생활과 끊을 래야 끊을 수 없는 물가에 관하여 설명한다. 여기서는 국민 생활에 관련된 소비수요와 경기순환, 국채, 지방

교부세 문제, 그리고 사회보장, 인플레와 디플레의 원인을 두루 살펴본다.

제5장에서는 '무역과 환율'을 대강 파악한다. 무역거래와 국제수지, WTO의 역할에 관하여 설명한 다음, 원화가치 환율의 변동과 금융자산, 한국의 외환위기를 순서에 따라 설명한다.

제6장에서는 '주식과 부동산 투자'에 관한 몇 가지 기본상식을 설명한다. 모든 재테크의 근간으로서 주식의 진정한 의미를 설명하고 부동산투자의 기준과 방법, 최근 서울 집값의 변동 및 과거 일본의 버블경제의 실제 경험 이야기를 정리해 본다.

제7장은 '저출산·고령화와 한국경제'에 관하여 다면적으로 살펴본다. 한국의 인구 고령화와 저출산 문제 는 어떤 특징이 있고 경제사회에 미치는 영향과 대책은 무엇인지, 또 저출산 인구감소사회의 장점은 무엇인지 살펴본다. 제8장과 9장에서는 여러 분이 평소 신문 등 매스컴에서 읽고 듣고 있는 바와 같이, 세계경제의 변동사항이나 한국경제가 직면하는 여러 가지 토픽에 관하여 서술한다.

먼저 8장에서 해외로 눈을 돌려 '세계경제의 흐름'을 살펴본다. 미국과 중국, 일본, EU, 중동, 동남아시아와 BRICs 외에 북한경제의 문제까지 최근 변화하고 있는 세계지역 경제의 시사적 화제는 넓어진다.

연이어 제9장에서 이제부터의 '한국경제의 앞날'에 관하여 살펴본다. 에너지, 환경문제, IT·바이오(유전자)산업의 미래를 점검한 후 노동시장의 유연성과 청년 및 여성고용 문제 그리고 4차산업화와 한국경제의 장래를 검토해 본다.

마지막 제10장에서 경제사상의 흐름에 관하여 고전파경제학에서 행동경제학에 이르기까지 경제사상의 큰 흐름을 해설하고, 보수적 경제정책의 실례로서 레이거노믹스와 대처리즘과 경제사상을 현실정치에 활용된 내용을 설명해 보았다.

아쉽지만, 경제학은 돈벌이에 직접 도움이 되는 학문이라고는 할 수 없다. 그러나 이 책이 계기가 되어 독자가 경제학이나 현실경제에 대한 관심을 한층 높여 가는데 도움이 될 수 있다면, 필자로서 더 이상의 기쁨은 없을 것이다.

요즈음 같은 출판계의 어려움 속에서 이 책의 출판을 흔쾌히 수락해 주신 한올출판사의 임순재 사장님과 출간·편집을 처음부터 끝까지 도와주신 김주래 영업부장과 최혜숙 편집실장에게 깊은 감사를 드린다. 끝으로 '100문 100답 교양경제' 중에 남은 시사적인 문제는 모두 저자들의 몫이며, 앞으로 독자들의 많은 지도편달을 통해 부족한 점은 시정·보안 해 나갈 것임을 밝혀둔다.

2020년 1월

김 옥암·김병우·박영기

Contents

Contents

Contents

Contents

Contents

이것만은 꼭 알아두고 싶은
100문 100답 교양경제

이것만은 꼭 알아두고 싶은
100문 100답 교양경제

Chapter 1

경 제 의   기 본 지 식

이것만은 꼭 알아두고 싶은
100문 100답 교양경제

1

'경제'란 무엇인가?

경제를 인간의 신체기능에
비유한다면…

'**경제는 생물**'이란 말을 흔히 듣는다. 경제란 인간의 생활이나 기업활동 그 자체이며, 인간의 생활이나 기업활동이 항상 변화하고 있는 이상 그것을 종합한 경제가 언제나 계속 변화해 가는 것은 당연한 일이다.

경제는 또, 흔히 인간의 신체에 비유한다. 돈이 신체의 **혈액**이라면, 혈액을 신체의 구석구석에 흘려보내고 있는 심장의 역할을 하고 있는 것이 금융·증권이다. 금융시장에 의한 자금조달^{간접금융}과 증권시장으로부터의 자금조달^{직접금융}은 심장의 오른쪽, 왼쪽 방에 해당한다. 심장으로부터 신체의 구석구석까지 혈액을 흘려보내는 혈관의 역할을 하고 있는 것은 여러 가지

금융기관이다. 혈관에도 동맥이나 정맥 등 여러 가지 종류가 있는 거와 같이, 금융기관에도 은행이나 증권회사, 생명보험회사, 손해보험회사 등 여러 가지 종류가 있고 각각 다르게 움직이고 있다.

손발의 역할을 하고 있는 것은 기업 등의 **생산자, 유통업자, 서비스업** 등이다. 그들 기업은 생산활동을 통하여 여러 가지 물건을 생산한다든지 다양한 서비스를 제공하고 있다.

손발로 일하여 얻은 수확은 일단 밥통에 넣어져 내일의 에너지원이 되는 외에 경영자나 종업원, 주주 등에 배분되고, 일부는 세금으로서 나라에 납부한다. 그렇게 하고서 남은 수입은 근육이나 지방 등이 되어 체내에 축적된다.

자산은 수입이 없을 때에 에너지원이 되어 연소되지만, 자산이 지나치게 늘어나서 비만체가 되면 당뇨병이 된다든지 근로의욕이 떨어져 모럴의 저하를 초래하기 때문이다.

눈이나 귀의 역할을 하는 것이 **매스컴**이다. 매스컴에 의한 보도가 되지 않으면, 우리들은 정확한 정보를 얻을 수가 없고, 따라서 적절한 판단도 할 수 없다.

두뇌의 역할을 하는 것이 정책당국, 요컨대 정부, 기획재정부, 국토교통부, 기타 정부 부처 한국은행 등이다. 두뇌는 외부의 경제 환경을 보면서 신체가 최적의 컨디션을 유지하고 건전한 활동을 행하도록 여러 가지 조정을 한다. 특히 무역관계에서 타국과의 이해 조정, 민간기업 간 협력관계 등을 원활히 유지하기 위한 활동을 한다.

기획재정부는 경제 전체의 방향을 바로 잡고 금융·증권시장이 건전한 활동을 하고 있는지 어떤지를 감시하고 너무 지나치면 시정하는 역할을 한다. 산업통상자원부는 손발이 활발하게 활동할 수 있도록 감시한다든지 지도하는 등 역할을 다하고 있다. 한국은행은 몸 상태에 따라 혈액의 흐름을 조절하고 혈압이나 체온 등이 너무 높거나 낮아지지 않도록 조정하고 있다.

국내총생산이나 국민소득 등은 신장이나 체중 등에 해당한다. 즉, 각자의 신장이나 체격을 나타낸다. 신체도 앞에서 본다든지 옆에서 본다든지, 뒤에서 보면 각각 다르다. 국내총생산도 보는 각도에 따라서 국민소득이 된다든지 국내총지출이 된다든지 한다.

신체 전체의 상태 혹은 활동상황이 경기다. 우리 몸 전체가 활발하게 활동하여 모든 기능이 잘 돌아가는 상태를 호황好景氣이라 하고, 신체의 어딘가가 좋지 못해 활발하지 못한 상태를 불황, 불황이 더욱 심해진 상태를 공황恐慌이라 부른다.

이와 같이 한 나라의 경제는 사람의 신체와 같이 복잡한 구조로 만들어져 있고 각각의 기관이 복잡하게 서로 영향을 주면서 고도의 경제활동을 하고 있는 것이다.

신체의 어딘가 한 곳의 상태가 나쁜 것만으로 전체의 상태가 나빠져 버리는 일은 흔히 있다. 너무 살이 쪄 당뇨병이 되는 것도 곤란하지만, 거식증에 걸려 지나치게 마르는 것도 곤란한 거와 같이, 인플레도 곤란하지만 디플레도 곤란하다.

경제를 건강체로 잘 유지하기 위해서는 중용中庸이 필요하다. 그러나 과식過食증으로 너무 비대한 사람은 그 반대로 거식拒食증이 되어 병적으로 지나치게 빼빼 마르는 경우가 적지 않다.

경제에도 그런 일이 종종 일어난다. 지가地價나 주가가 폭등하여 버블bubble에 빠진 후에는 반드시 대폭락 후의 긴 불황기를 맞는다.

인플레를 경계한 나머지 디플레 불황에 빠지는 일도 있다. 반대로, 호경기를 유지하는 일에 지나치게 열중하여 맹렬한 인플레를 초래하는 일도 있다.

이런 일이 일어나지 않도록 두뇌부에서 조정하려고 하는 것이지만, 두뇌도 예상 외의 우발적인 사건에 부딪치면 뇌 가운데가 패닉상태가 되어 판단착오를 저지르는 일도 종종 있다. 그 결과, 경제가 대혼란을 일으키는 일

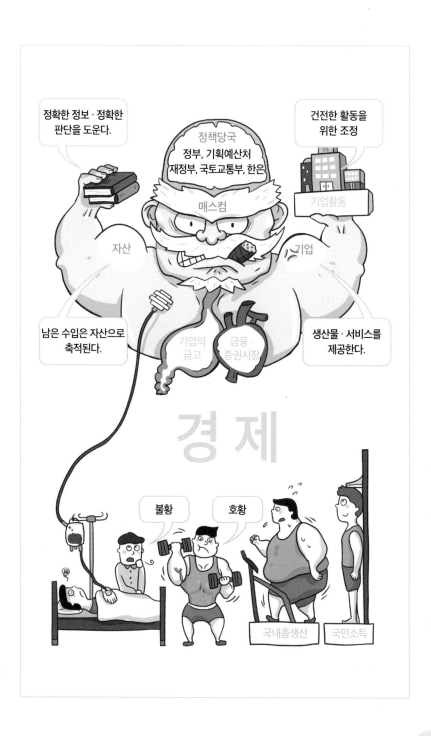

도 생긴다.

　우리들로서는 경제 전체의 흐름과 구조를 잘 파악한 다음 자의적인 판단에 치우치는 일 없이 항상 냉정한 눈으로 옳고 그름을 가려 판단하고 적절한 행동을 취해갈 필요가 있다.

2

경제주체란 무엇인가?

🔍
한나라 경제의 주역은
기업·가계·정부의 3자의 심포니

한 나라의 경제는 어떻게 성립되고 있는 것일까. 가장 알기 쉬운 것은 기업의 활동이다. 기업이 사업을 행하는 목적은 상품이나 서비스를 팔아 이익을 올리는 것이기 때문에 경제의 주역이라 할 수 있다.

기업 이외에도, 우리들 한 사람 한 사람도 나라의 경제를 떠받치는 주역 중의 하나다. 경제에 있어서는 개인은 '가계'라고 불리고 있다.

기업과 가계 이외에 한 나라의 경제를 떠받치는 것으로서 정부가 있다. 정부는, 기업이나 가계로부터 징수한 세금을 사용하여 사회보장이나 경찰, 국방 등 여러 가지 행정서비스를 제공하고 있다. 또 정부가 지출하는 돈에

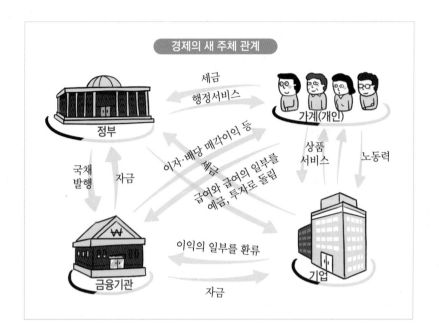

경제의 새 주체 관계

정부 → 세금 / 행정서비스 → 가계(개인)

정부 — 국채 발행 / 자금 — 금융기관

이자·배당 매각이익 등 세금

급여와 급여의 일부를 예금, 투자로 돌림

상품 서비스

노동력

이익의 일부를 환류

금융기관 — 자금 → 기업

는 공무원의 급여도 포함된다.

　이와 같이 한 나라 경제의 주역인 기업, 가계, 정부를 경제주체라 부른다. 이 세 경제주체는 상호 간에 돈과 상품이나 서비스를 거래하고 있어 밀접한 관계에 있다. 따라서 어딘가 하나만이 상태가 좋다든지 나쁘다든지 하는 것은 있을 수 없다.

　예를 들어 경기가 나빠져 기업활동이 둔화되어 노동시간이 단축된다면, 잔업이 없어져 잔업수당이 줄어들 뿐만 아니라 최악의 경우 급여총액이나 보너스상여금도 감액된다. 그 결과 가계는 쓸 수 있는 돈이 적어지기 때문에 소비는 침체하게 된다. 소비가 침체하게 되면 기업의 업적이 악화되어 정부의 세수稅收도 줄어들어 행정서비스의 양과 질이 저하한다. 거꾸로 경기가 좋아지면, 기업의 업적이 늘어나 급여와 상여금이 늘어나고 소비가 확대하여 정부의 세수도 늘어나므로, 나라 전체의 살림살이를 언제나 좋은 방향으로 나아가도록 노력하는 것이 정부의 역할이다.

　그러면 가계와 기업, 정부는 한 나라 경제에서 어떠한 관계에 있을까?

　가계는 노동력을 기업 등에 제공하고 그 대가로 임금을 받는다. 급여로써 받은 임금은 상품이나 서비스의 구입 에 충당하면 기업의 수익으로 환원된다. 또 가계는 수취한 임금 가운데 일부분을 은행 등 금융기관에 맡긴다. 금융기관에 모여진 돈은 융자나 토지, 주식, 주택 등을 구입할 때 필요한 자금이 되어 가계나 기업의 경제활동에 쓰여진다.

　기업은 금융기관으로부터 조달한 자금을 토대로 사업활동을 행하는 한편, 이익의 일부를 예금이나 투자로 돌리는 것으로 화폐경제에 자금을 환류하고 있다. 이처럼 한 나라 경제활동의 주된 담당자는 기업과 가계이다. 특히 자유경제에서 기업은 기술혁신에 의한 신상품 개발을 통해 매출을 확대하여 총이윤이 많아지도록 노력한다. 이윤극대화가 기업경영의 현실적인 목표이기 때문이다. 정부는 기업과 마찬가지로 노동력, 자본, 토지의 대가를 지불하고 생산요소를 사용하여 생산활동을 한다. 또한 정부도 가계와 기업으로부터 징수한 세금을 활용하여 행정서비스를 일반 국민들에게 제공하는데, 세금으로 전부를 충당하지 못할 경우에는 국채 등 공채를 발행하여 국민에게 구입하게 하는 것으로 필요 자금을 모은다. 그러한 공채는 그 자체가 가치를 지닌 금융상품으로서 시장에 유통된다.

　이와 같이 자유시장에서 가계, 기업, 정부의 3자가 경제주체가 되어 이들 사이에서 재화와 서비스, 돈을 교환하는 과정에서 경제가 순환되어 간다. 다시 말하면, 한 나라 경제는 '가계', '기업', '정부'가 만들어 내는 하나의 심포니와도 같은 것이다.

3

경제 성장이란?

Q

상품 · 서비스의 부가가치가 커지고
경제활동이 활발해지는 것

　최근 신문등에서 미국 경제는 활발하지만, 중국이나 독일 등 유럽국가들의 경제성장은 둔화되고 있는 한편, 인도, 베트남 등 동남아시아 국가들의 경제성장이 높은 추세를 보이고 있다는 보도를 볼 수 있다.

　경제성장이란 무엇일까? 대체로 경제성장이란 '생산된 재화와 서비스의 부가가치액의 성장'을 가리킨다. 그 액을 나타내는 지표가 GDP^{국내총생산}이다.

　GDP는 '일정기간에 국내에서 생산된 부가가치의 총액'을 나타낸 것이기 때문에, GDP가 늘고 있는 것은 경제가 성장하고 있는 지표가 된다.

　부가가치란 예를 들면, 내가 빵 가게를 경영한다고 해 보자. 1,000원에 파는 빵 1개를 만들기 위해서 300원의 밀을 원료로 투입한다면, 나의 경제 활동에 의해 차감액 700원의 부가가치가 만들어지게 된다. 또, 밀가루를 만드는 제분업자가 300원의 밀가루를 만들기 위해서 100원어치의 밀을 구입한다고 하면 제분업자는 차감액 200원의 부가가치를 만들어 낸 것이 된다. 결국, 일정기간(1년 혹은 4분기)에 생산된 부가가치를 전부(전산업) 합산한 것이 GDP라고 할 수 있다.

GDP가 늘어나고 있을 때에는 경제 성장률이 높아지고 있다고 판단된다.

경제성장률은 경기가 좋을수록 높아지지만, 경기가 나빠질수록 거꾸로 낮아져서 경우에 따라서는 마이너스치를 취한다. 경제성장률이 마이너스로 된다고 하는 것은 경제규모가 작아진 것을 의미한다.

그런데 GDP가 늘어났다고 하더라도, 그것으로 반드시 경제가 성장했다고는 할 수 없는 경우가 있다. 경제 전체의 물가 수준이 올라간 만큼일지도 모르기 때문이다. 예를 들면, 생산된 물품의 개수는 똑같을지라도 그 물품의 값이 천원에서 천이백 원으로 상승한다면 생산액은 그만큼 높아진다. 그때, 그 물품의 생산이 활발해졌다고 판단해서는 안 된다. 생산 수준의 변화를 보기 위해서는 단가의 변화에 의한 영향을 제외하고 개수의 변화에 주목할 필요가 있다.

그와 같이, 경제성장에 관해서도 물가의 변화에 의한 영향을 제외하여 평가할 필요가 있다. 그 때문에, 생산되고 있는 상품이나 서비스의 값을 어느 기준 년에 고정하고 매 년의 GDP를 수정 계산하는 작업이 이루어지고 있다. 그 결과 얻어진 GDP를 실질GDP라 한다. 이어서 말하면, 명목GDP를 실질GDP로 나눈 치를 GDP디플레이터라고 한다. GDP디플레이터의 변화는 경제 전체의 물가의 움직임을 보이는 것이 된다.

경제성장을 논의하는 경우는, 실질GDP의 성장률에 주목하는 것이 보통이다. 물가상승이 진전되고 있다면 명목GDP의 성장률은 높아지고 있지만, 실질GDP의 성장률은 그 정도는 아닐지도 모른다. 때로는 실질GDP의 성

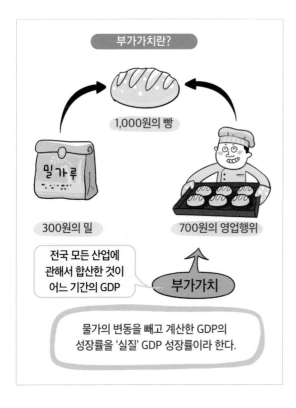

부가가치란?

1,000원의 빵

300원의 밀

700원의 영업행위

전국 모든 산업에 관해서 합산한 것이 어느 기간의 GDP

부가가치

물가의 변동을 빼고 계산한 GDP의 성장률을 '실질' GDP 성장률이라 한다.

장률이 명목GDP의 성장률을 상회하는 경향이 나타날 수도 있다. 그것은, 물가 수준이 저하하는 경제에서 볼 수 있다.

물가가 계속 하락하는 상황디플레이션도 경제의 안정적 성장을 가로막는 요인이 될 수 있다. 여기서 문제는 잠재성장률이다. 잠재성장률은 노동, 자본 등 생산요소를 최대로 활용하여 달성하는 성장률을 의미하는 것으로, 한 나라 경제의 기초체력을 나타내는 지표로 쓰인다.

한국의 잠재성장률은 1997년 말 외환위기 이후 일시적으로 반등하여 2000년대 초기에 4~5%수준을 유지했으나, 글로벌 금융위기가 터진 2008년에 3.9%를 보인 후 완만하게 하향해 2019년에는 2%대로 떨어졌다.

최근 3년간2017~2019년 한국경제의 잠재성장률의 낙폭이 OECD경제협력개발기구 36개국 가운데 세 번째로 큰 것으로 나타났다. 한국보다 잠재성장률의 낙폭이 큰 나라는 터키0.7포인트와 아일랜드1.7포인트 두 나라뿐이다. 반면 미국과 프랑스 등 18개국은 최근 3년 사이 잠재성장률이 상승했다.

4

미크로경제, 매크로경제란?

어느 한편만으로는 잘못된 판단을 해버리는
복잡하고 밀접한 관계이다.

경제의 움직임을 볼 때, 크게 두 가지 견해가 있다. '매크로 Macro 경제'와
'미크로 Micro 경제'이다.

'미크로'란 '미시'로 번역된다. 나라 전체, 세계 전체라고 하는 커다란
통합으로부터 경제를 보는 것이 아니라 보다 가까운 시점, 다시 말하면 보
다 작은 경제의 구성단위의 움직임을 붙잡고 가는 것으로 경제의 움직임을
살펴보고자 하는 사고방식이다. 보다 자신에게 영향이 있는 긴밀한 시각에
서 받아들이는 '미크로경제'란, 구체적으로 '가계'와 '기업'이 분석의 대상
이 된다. 가계란 우리들 개인 개인의 경제활동을 말한다.

예를 들면, 어느 정도의 소득이 있다면 어느 정도의 소비를 하며 저축을 하는가 하는 등이다.

'자기 한 사람의 경제활동인데 뭐 대단한 일이 되지는 않잖아. 세상에 무슨 영향을 준다고 할 수 있을까' 하고 생각하는 사람도 있을지도 모른다.

그러나 흔히 경기가 좋고 나쁨을 재는 기준으로서 잘 사용되는 GDP국내총생산나 GNP국민총생산의 약 60%는 우리들의 매일의 소비활동에 의하여 이루어지고 있는 것이다.

기업의 움직임에 관해서는, 얼마나 비용을 들여 어떤 제품을 얼마만큼 생산하는가, 거기에 어느 정도의 가격을 붙여서 판매하는 것인가 하는 것이 분석의 대상이다.

또 개별 기업뿐만 아니라 그 집합인 산업 전체의 동향도 미크로경제의 대상이 된다. 산업의 가운데 어떠한 시장이 형성되고 있는 것인가, 경쟁이 활발하게 이루어지고 있는가 혹은 규제에 의해 보호되고 있는 것인가 라고 하는 것은 경제 본연의 모습에 크게 관련되어 있다.

한편 '매크로경제'는, '미크로경제'가 세상을 가계나 기업 등 개별적인 움직임으로부터 파악해 가고자 하는 것에 대해 보다 커다란 시점으로부터 경제를 살펴보고자 하는 것이다. '매크로'는 '거시적'이라 번역된다. 나라 전체의 움직임이나 정부의 활동이 여기에 해당된다.

나라경제 전체의 움직임을 보이는 지표로서는 GDP나 국민소득, 물가의 움직임이나 실업률, 국제수지라고 하는 것이 있다. 이러한 지표의 움직임을 관찰하면서 정부는 경제가 적절한 수준으로 유지되도록 경제정책을 행하고 있다.

그래도 오해해선 안 된다. '미크로경제'와 '매크로경제'는 전혀 별개의 것은 아니다. 서로 보완하는 관계이다. 어느 쪽인가 한쪽만을 보고서 다른 쪽을 살펴보지 않는다면 엄청난 잘못을 저질러 버릴 수도 있다. 예를 들면, 여러분이 저금을 늘려보려고 했다 하자. 그때, 여러분 한 사람 한 사람은 급

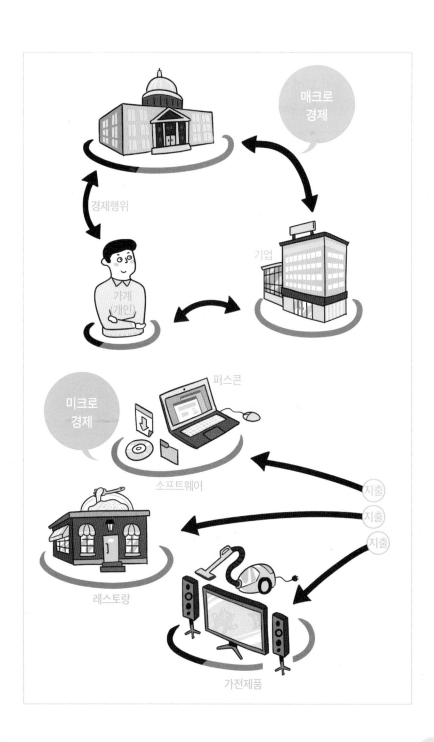

여 가운데서 저금으로 돌리는 돈을 늘려보고자 할 것이다. 그렇게 하면, 나머지 소비로 돌릴 분이 줄어들게 된다. 개별 단위로 본다면 그것은 근소한 변화일지도 모르지만, 이것이 합해져서 나라 전체의 레벨까지로 되면, 소비의 감소분은 무시할 수 없을 정도의 거액이 될 수 있다.

우리들의 소비동향은 GDP나 GNP의 약 60%를 차지하고 있는 매우 중요한 활동이다. 이 사실 자체도 커다란 영향이 되어 나타나지만, 그 정도에 그치지 않고, 소비가 감소한다면 기업은 상품이 팔리지 않게 되어 점차 매상이 줄어들면 종업원의 임금도 늘어나지 않게 된다. 그렇게 되면, 결국은 임금으로부터 저금으로 돌아가는 여유분도 막히게 된다.

이와 같이 개개의 레벨에서는 이렇게 하는 쪽이 좋다고 생각해서 한 일이 결과적으로는 반대의 결과를 초래하게 되는 것을 '합성의 오류'라고 한다. "나무를 보고 숲을 보지 못 한다."고 하는 말은, 미크로와 매크로의 관계를 볼 때에도 들어맞는 것이다.

5

경기순환의
패턴은?

키친 파동, 주글라 파동,
콘트라티에프 파동 등이 있다.

자본주의 시장경제는 자유로운 경제활동을 기초로 하기 때문에 필연적으로 경기변동을 수반한다. 즉, 경기는 파도와 같이 좋아진다든지 나빠진다든지 순환하며 변동하는데, 그 변동에는 어느 정도 일정한 규칙성이 있고 어떤 것이든 산과 골짜기로 구성되어 되풀이 되는 파동성을 가지고 있다. 경제활동의 활황과 침체로 인해서 발생하는 이와 같은 유동적 경제변동을 경기순환Business cycle이라고 하는데, 경기 후퇴에서 불황은 경기변동의 골짜기라 생각해도 좋다.

주기가 약 40개월인 경기순환을 '키친 순환Kitchin's cycle'이라 하는데, 이 경기 파동은 주로 기업의 재고투자의 변동을 원인으로 본다. 기업이 보유하고 싶다고 생각하는 적정한 재고수준이 현재 수중에 있는 재고량과 엇갈린 상황에서 그것을 조정하기 위해서 기업이 생산을 확대하여 재고를 쌓아 둔다든지 생산을 줄여서 재고를 축소하는 결과 생기는 파동으로, 시장 경제활동에서 흔히 잘 볼 수 있는 순환이다.

키친순환은 약 3년 정도의 단기 파동인 데 비해, 9~10년 주기의 중기 순환을 '주글라 파동Juglar's waves'이라 부른다. 경기의 주순환으로서 가장 잘 알려진 이 파동은, 기업의 설비투자의 유인이 되는 기술혁신의 규칙성, 설비투자가 진부화하기까지 잘 관찰되는 경기순환이다. 그 과정은 아래 그림에서 보이는 것처럼 ① 번영, ② 후퇴, ③ 침체, ④ 회복의 4국면으로 나누어진다.

더욱 장기의 순환으로서는 러시아의 경제학자 N. D. 콘트라티에프의 이름을 붙인 **콘트라티에프 순환**Kondratieff cycle이 있다. 이것은 40년에서 50년의 주기로 장기파동의 하강기에 커다란 발명이나 기술혁신이 일어나고, 이로 인해 바닥을 치고 있던 경제가 구조적으로 활성화된다고 한다. 그가 지적한 대로 2000년 전후부터 발전한 정보기술에서 거슬러 올라가 1950년 전후부터 발전한 석유 에너지와 자동차, 1850년경부터 시작한 제철과 철도, 1800년경부터 시작된 산업혁명과 증기기관의 실용화, 이런 것이 경기상승의 원동력이 되

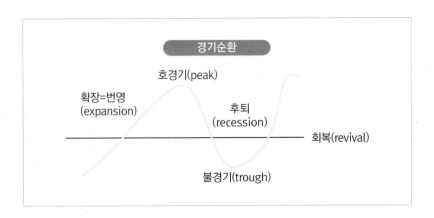

경기순환

호경기(peak)

확장=번영
(expansion)

후퇴
(recession)

회복(revival)

불경기(trough)

았다. 2010년대에 한국은 세계적 경기파동의 제4의 물결 상승기를 맞이하고 있다. 제4의 물결에서 상승요인이 되는 것으로 우주과학과 생물과학의 발달, 재생가능 에너지 등 여러 가지가 있지만, 사회구조면에서 보면 ICT, IoT가 직접적인 영향을 준 것이다.

또한, 한센Hansen A. H.은 17년 주기의 건축순환이 있음을 지적하였고, 사이몬 쿠즈네츠Simon Kuznets, S.는 20년 주기로 경제성장률에 파동이 있음을 발견했다. 그 외에 장기파동으로서는 경제발전의 단계에 따라 변화하는 추세적인 파동이 있다.

다음으로, 단기파동에 관해서는 가격경기, 수량경기라는 분류도 있다. 가격경기는 물가상승에 의하여 금액으로 본 생산이나 매출, 소득 등이 늘어나기 때문에 호경기로 되기도 하겠지만, 그 반동으로서 불경기를 초래할지도 모른다. 그 전형적인 예는 제1, 2차 석유파동에 기인한 광란물가와 함께 급격한 경기변동이 있었다.

이처럼 경기순환은 일반적으로 1회의 변동에 소요되는 주기의 장단에 따라서 장기 40~50년 파동, 중기 10년 파동, 단기 2~6년 파동으로 구분된다.

그러나 현실적으로는 하나의 중기파동에 몇 개의 단기파동이 혼재하는 등 여러 가지 성격의 경기변동이 복합되어 나타나기 때문에 일정기간 중에 경기의 순환적인 흐름을 몇 개의 파동으로 명확히 구분하여 파악하기는 매우 어렵다.

한편, 경기의 순환을 그 변동 현상이 주로 일어나는 분야별로 **건축순환, 설비투자순환, 재고순환, 내구소비재순환** 등으로 나누고, 요소별로는 예컨대, 판매액이나 수주량, 설비투자, 재고 등의 지표별 변화를 살펴보아 경기의 좋고 나쁜 방향성을 실감할 수 있다. 그러나 이러한 순환은 전체 경기의 동향에 선·후행하여 움직이거나 또는 같이 움직여서 경기순환의 심도를 더 강하게 하거나 약하게 할 수도 있다.

일반적으로 설비투자의 의사결정은 장기적인 전망에 근거를 두고 행하기 때문에, 설비투자의 변동 사이클은 재고의 변동 사이클에 비하여 장기화 된다. 따라서 생산능력의 과잉이나 부족이 현저해지면 비로소 전환점이 도래한다. 시장수요와 공급의 양면에 영향을 미친다는 의미에서 기업의 설비투자는 장기적 경제성장에 커다란 열쇠를 쥐고 있다.

6

통화란 무엇이며 어떤 기능이 있나?

현금, 은행예금을 포함한
통화는 경제의 혈액이다.

　경제를 설명하는 중요한 개념의 하나로서 '통화', 즉 돈을 문제로 삼는다.
돈이란 무엇인가? 참 이상한 질문 같다. 돈 많은 부자라고 할 때 돈은 재산
wealth 이란 의미다. 경제활동의 근간을 이루는 것은 말할 필요도 없이 돈이
고, 그것을 경제학에서는 화폐 또는 '통화'라고 한다. '통화'라고 하는 말로
부터 맨 먼저 경화 나 지폐의 모양이 떠오르지만, 그것들은 '현금통화'라
하여 '통화'의 일부를 구성하고 있다. '통화'에는 현금뿐 아니라 은행에 맡
겨두고 있는 예금 등도 포함된다. 예·저금의 구좌가 있다면 자동인출구좌
만의 대체저금계좌에 의하여 돈의 지불이나 수취를 결제할 수 있다. 요컨

대, 예금도 현금과 똑같이 지불의 수단으로서 이용할 수 있기 때문에 통화로 간주되는 것이다.

보통예금이나 당좌예금 등 명의인의 요구에 따라서 자유롭게 인출한다든지 예입한다든지 할 수 있는 예금 그 자체를 '예금통화'라 한다. 정기예금이나 외화예금 등 일정기간 예입하지 않으면 안 되는 예금은 '준예금'이라 불려진다. 나아가, 타인에로의 양도를 자유로이 행할 수 있는 정기예금을 '양도성예금' 또는 'CD'라 하며 주로 기업 간의 결제를 위해서 이용되고 있다.

그리고 '예금통화', '현금통화', '준통화', 'CD' 이 네 개를 포함하여 'M2+CD'라 부른다. 신문 등에서 '머니-서플라이' 혹은 '통화 공급량'이라고 하는 말을 흔히 듣는데, 이것은 어느 시점에 있어서 'M2+CD'의 총액을 뜻한다.

본래, 통화는 세 가지 기능을 가지고 있다. 하나는 '가치교환기능'이다. 가령 사회에 통화가 존재하지 않는다면, 자기 스스로 만들어 낼 수 없는 물건을 가지기 위해서는 물물교환을 할 수밖에 없다. 이것은 그리 간단한 일은 아니다. 화폐가 없다면 자기가 '원하는 물건'과 '필요 없는 물건'을 쉽게 교환할 수 없기 때문이다. 그래서 통화는 물건과 물건, 가치와 가치와의 교환을 촉진하는 기능을 가지고 있다고 할 수 있다.

통화의 두 번째의 기능은 '가치척도기능'이다. 화폐의 존재에 의하여 모든 상품의 가치가 하나의 척도로서 결정되기 때문에 재화나 서비스의 거래가 이뤄지기 쉬워져 경제활동이 용이하게 이루어지게 된다.

세 번째의 기능은 '가치보장기능'인데, 통화의 가치를 장래에 남길 수 있다는 것이다. 예를 들어, 침대 매트리스에 현금을 넣어 두거나 한밤중에 자기집 대추나무 밑에 금화를 묻는 구두쇠는 부를 통화의 형태로 보유하는 것이다. 요컨대, 가치의 저장수단으로서 통화라면 언제까지 보관해도 괜찮다. 물건이 필요해진다면 그때에 축적 보관해둔 통화를 사용하여 물건을 사면 좋을 것이다. 결국, 통화의 '가치보장기능에 의하여 우리들은 시간을 연결한 경제행동을 취할 수가 있다.

이상 통화의 세 기능을 간단히 설명했지만, 통화, 즉 화폐의 존재에 의해 경제주체의 활동이 용이하고도 효율적으로 이루어진다. 이러한 통화의 기능이, '통화는 경제의 혈액'이라고 하는 이유이다.

또, 역사적으로는 중국이나 터키 등에서는 기원전부터 통화가 존재하고 있었다고 한다. 그것들은 주로 금속을 주조하여 만들어진 화폐였다. 우리나라에서 최초의 화폐는 고려 성종 15년서기 996년에 처음 발행된 '건원중보'라고 한다. 조선 시대에 들어와서는 1408년 태종 때 우리나라 최초의지폐라고 알려진 '저화'와 조선시대 최초의 동전인 '조선통보'가 제작되었다.

화폐는 인간의 역사를 통하여 경제사회의 발전을 지속시켜 왔다. 현대의 우리들의 생활도 통화의 존재에 의하여 크게 편리함을 누리고 있는 것이다.

7

GDP, GNI란?

GDP, GNI란?

생활실감에 가까운
부가가치의 합계는 GNI

GDP^{Gross Domestic Product, 국내총생산}란 한 나라 안에서 일정기간(분기 또는 1년)에 새로 생산된 상품과 서비스의 부가가치를 합계한 수치다. 여기서 **부가가치**(value added)란 어떤 기업의 생산액에서 다른 기업으로부터 구매한 원재료 등 중간투입액을 뺀 것으로 새로이 만들어진 '순가치의 증가분'을 말한다.

예를 들어 제분소가 농가로부터 10억 원어치 밀을 사서 밀가루를 만들어 15억 원에 팔았다면, 제분소의 부가가치 생산액은 15억 원 산출액에서 10억 원의 투입액을 뺀 5억 원이 된다. 이와 같이 계산하는 것은, 제분소가 사들인 밀 값에 농가의 생산물 값이 이미 산입되어 있기 때문에, 각 산업의

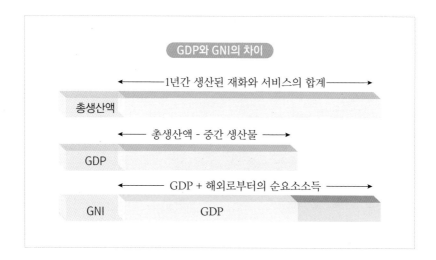

GDP와 GNI의 차이

← ──── 1년간 생산된 재화와 서비스의 합계 ──── →

총생산액

← ── 총생산액 - 중간 생산물 ── →

GDP

← ──── GDP + 해외로부터의 순요소소득 ──── →

GNI　　　　　　　GDP

생산액을 집계할 때에도 밀 값과 같이 이중계산되는 것을 피하기 위해서이다.

　매출액 등 금액으로 측정한 생산은 물가가 상승하면 그만큼 부풀려진다. 따라서 GDP가 명목상 증가해도 물가상승에 의한 것이라면 살림살이 형편이 그만큼 좋아졌다고는 할 수 없다. 요컨대, 경제의 규모가 얼마나 확대되었나를 정확히 판단하기 위해서는 물가상승의 영향을 뺀 실질GDP를 살펴보아야 한다.

　GDP는 그 규모뿐 아니라 일정기간에 얼마나 성장 혹은 저하했는가 하는 변동에도 관심이 집중된다.

　한국의 경제 규모를 의미하는 GDP는 최근에도 세계 12위 수준을 유지하고 있다. 세계은행WB에 따르면 2018년 한국의 명목GDP는 1조 6,194억 달러로 전 세계 205개국 중 12위였다. 1위는 미국으로 명목GDP가 20조 4,941억 달러에 달했다. 이어 중국13조 6,082억 달러, 일본4조 9,709억 달러, 독일3조 9,968억 달러, 영국2조 8,252억 달러, 프랑스2조 7,775억 달러, 인도2조 7,263억 달러, 이탈리아2조 739억 달러, 브라질1조 8,686억 달러, 캐나다1조 7,093억 달러, 러시아1조 6,576억 달러 순이었다.

GDP의 계산식

$$GDP = C + I + G + X + I$$

국내 총생산　　소비　투자　정부　수출　수입

민간 수요　　공적 수요

내수(국내 총수요)　　외수(외국수요)

한국의 GDP 순위는 2009~2013년 14위에서 2015~2016년 11위까지 올랐다가 2017년 이후 12위가 됐다. 세계은행은 직전 3년간 평균 환율을 적용해 각국의 GDP 규모를 달러화로 환산해 발표한다.

세계은행은 또, 각국의 GDP 측정과 아울러 1인당 GNI[Gross National Income, 국내총소득]도 측정 발표한다. 2018년 1인당 GNI에서 한국은 2018년 3만 600달러로 192개국 중 30위를 차지했다. 2017년 31위[2만 8,380달러]에서 한 계단 올랐다.

GDP와 GNI의 차이는 어디에 있는가?

오늘날 기업이나 사람의 글로벌화의 흐름 속에서 종래 GNP라 불리던 국민총생산은 GNI로 명칭을 바꾸었다. GDP가 국내에서 생산된 부가가치의 합계임에 대해서 GNI는 국민이 생산한 부가가치의 합계를 의미한다. 경제를 나라와 나라 사이의 '국경' 혹은 '영토,' '국민'으로 구분하여 볼 것인가 하는 그 차이다. 따라서 한국인이 외국에서 생산한 부가가치, 즉 예컨대 한국인이 해외채권 투자수익이나 해외취업 임금소득 등은 GDP 계산에는 들어가지 않지만, GNI에는 산입된다. 반대로 한국에 사는 외국인이 생산한 부가가치 해외로의 요소소득 지불 는 GDP에는 계산되지만, GNI에는 계산되지 않는다.

GDP와 GNI는 비슷한 국민소득 개념이지만, 우리들에게 관련된 경제의 규모를 생활실감 에 보다 가까운 형태로 파악하고자 하는 경우에는 GNI쪽이 보다 적합하다고 할 수 있다.

8

기업은 왜 필요한가?

위험분산, 생산효율을 높이고
자금조달을 쉽게 한다.

세상에는 자기만으로 장사를 하고 있는 사람이 없는 것은 아니지만, 대부분의 사람들은 기업에서 일하여 임금을 받아 생활한다. 기업을 경영하고 있는 사람도 있지만, 그런 경우도 혼자서 일하고 있는 것은 아니고 종업원을 고용하고 있다. 왜 우리는 자기 혼자서 사업을 하지 않고, 회사라는 구조에 의존하는 게 많은 걸까.

기업은, 개인 한 사람으로서는 감당할 수 없는 위험risk을 분산시켜 주는 구조이다. 지금 어떤 개인이 무언가의 사업을 자기 혼자서 생각하고 있다고 해보자. 은행이나 지인으로부터 돈을 빌려서 사업을 시작한 경우, 운이 좋으면 큰돈을 벌 수 있겠지만 운이 나쁘면 투자한 돈만 날리고 빈털터리 신세가 되어 야반도주를 하지 않으면 안 된다. 최근 한국에도 퇴직 후 자영업을 시작한 사람들의 76%가 2년 내에 망했다는 보도가 있다. 창업에는 상당히 큰 도전정신이 왕성하지 않는 한 위험을 무릅쓰고 함부로 뛰어들 수 없는 일이다.

그러나 뜻이 맞는 친구와 함께 작은 규모지만 회사를 만들어 이익이나 손실이 발생해도 두 사람이 절반하도록 계약한다면 어떨까. 큰돈벌이를 하더라도 그것을 혼자 차지할 수는 없지만, 일방적으로 큰 손해를 볼 위험성도 작아지기 때문에, 그런 거라면 사업을 시작해 보려고 생각하는 사람이 나오기 마련이다. 사업에 찬동하여 동참할 뜻을 가진 사람 수가 늘어나면, 한 사람이나 두 사람만으로 껴안는 위험부담은 더욱 분산될 것이다.

이와 같이 회사는 위험을 분산하고 비즈니스를 쉽게 하는 구조다. 만일 기업이라는 구조가 없다면, 우리들은 위험을 한 사람이 껴안을 것을 두려워해 소극적으로 되어 세상 전체의 경제활동도 위축될 것이다. 기업이란 구조가 있어야 우리들은 새로운 아이디어나 기술을 실제의 비즈니스에 연결할 수가 있다. 그런 의미에서는 기업이라고 하는 구조는 경제발전과 시장경제의 중요한 기초라고 할 수 있다.

샐러리맨으로서 회사에 근무하는 것도 우리들의 **위험 회피**의 행동이다. "남에게 의지할 바에는 재력 있는 사람에 의지하는 것이 좋다."는 말이 그것을 나타내고 있다. 회사 근무란 게, 아무리 대기업 최고경영자가 된다 해도 거부가 되는 확률은 거의 없지만, 매월 급료를 정확히 받을 수 있다. 싫고 미운 상사나 싼 월급을 받고 참고 일하며 회사에 다니는 것은 회사가 소득의 변동 리스크를 흡수해 주기 때문이다.

더욱더, 회사를 만들면 비즈니스가 쉬워지는 면이 있다. 첫째로, 자기 스스로 모든 일을 해치우는 것보다 회사에서 일하는 동료가 서로 일을 분담하는 편이 일의 능률은 전체로서 올라간다. 둘째, 생산규모를 어느 정도 크게 한 쪽이 단위당 생산비용이 낮아진다. 특히, 생산을 위해서 커다란 설비가 필요한 산업에서는 개인이 꾸준히 생산을 하는 것은 거의 불가능하다.

셋째로, 자금 모으기도 용이해진다. 금융기관 입장에서도 사업에 실패할지 어떨지 알 수 없는 개인보다 개인의 리스크가 분산되는 회사에 돈을 빌려 주는 편이 안심이다. 변제능력에서 생각해도, 한 사람의 경우보다 회사를 만든 쪽이 대략의 자금을 조달할 수 있기 마련이다. 회사라는 조직 형태가 있고서야 비로소 설비나 자금을 대량으로 필요로 하는 기업, 산업이 가능해진다.

9

정부의 역할이란?

정부의 역할이란?

Q

경제를 조정하고
안정화시키는 역할

'정부'란 나라나 지방자치체를 가리킨다. 그 경제적인 역할을 한 마디로 말하자면, 사회의 행복을 높이기 위하여 '가계'나 '기업'으로는 할 수 없는 것을 담당하는 것이다. 그것은 크게 나누면 세 가지이다.

우선, 가계나 기업으로부터 징수하는 세금을 밑천으로 하여 치안의 유지나 국방, 도로나 항만의 정비, 공원이나 녹지의 설치, 교육이나 복지의 실시 등 여러 가지 재화나 서비스를 제공하는 역할이 있다.

민간에 맡겨서는 충분히 공급되지 않는 재화나 서비스 이것을 공공재라 한다를 정부가 제공함으로써 가계나 기업은 그 은혜를 받을 수가 있다. 도로나 항만,

국방·경찰 등의 공적 재화·서비스는 국민생활에 필요불가결한 것으로 민간 기업에 맡겨서는 충분한 공급이 불가능하다.

둘째, 정부는 생활보호, 실업보험 등 사회보장제도에 의하여 소득의 재분배를 도모한다. 시장경제에 맡겨두어서는 소득의 격차와 빈곤이 확대될 가능성이 커서 사회불안으로 연결되지 않을 수 없기 때문이다.

경제적인 상황뿐만 아니라 우리들을 둘러싸고 있는 위험(건강상이나 재해 위험)에 의해서도 격차는 생긴다. 사회의 안정을 도모하기 위해서도, 또한 인권상의 관점에서도 이러한 위험의 발생으로 생기는 격차를 경감시키는 것이 정부에 요구되고 있다.

셋째, 정부의 역할은 '경제 전체의 조정'이다. 이 점에 관해서는 정부의 역할을 인정해야만 할 것인가 아닌가, 인정해야 한다면 어느 정도까지로 할 것인가에 관한 논란이 있다.

'경제 전체의 조정'은, 두 개의 측면으로 나눠진다. 하나는 경제의 룰rule 만들기이다.

갖가지 규격을 제정함으로써 경제활동이 효율적으로 또한 원활·공정하게 이루어지도록 조성하는 것이다. 그러나 한편으로 과잉 규제나 낡아버린 규제가 경제의 활력을 망가뜨린다는 비판이나 정부가 제정하는 규정이 반드시 편리성으로 이어지지 않는다는 지적도 있다.

정부에 의한 '경제의 조정·안정화'의 또 하나의 측면은, 재정에 의한 경기의 조절이다. 불황 시에 개인이 앞질러 불안해서 저축을 늘리려고 하면 불황을 더욱 심각하게 만들어버리기 쉽다. 그래서 정부가 경기순환에 의해서로 번갈아 오는 호황과 불황을 안정적으로 극복하기 위해 불황 시에는 경기를 자극하는 정책을, 반대로 호황 시에는 경기의 과열을 억제하는 정책을 전개한다. 이것을 '재정정책'이라 한다.

정부가 재정지출을 늘리거나 감세하면 GDP에 플러스로 되는 것으로 생각되고 있고, 정부가 공공사업을 활발하게 발주한다든지 하는 것으로 경제 전체의 수요를 환기하여 '유효수요의 창출' , 결과적으로 가계나 기업이 이익을 얻어 경기가 상승한다고 하는 생각이다.

그런데 공공사업이나 감세를 행하기 위한 원자로서 흔히 국채 를 대량으로 발행하는 것은 문제시되고 있다. 더욱이 재정정책이 효과를 발휘하기까지에는 어느 정도의 시간을 요하는데다 경제상황 변화에 대응하여 정책타이밍을 잘 맞출 수 있을지 의문시하는 의견도 있다.

시장경제에 정부가 어떻게 개입해야 할 것인가, 여러 가지 의론이 많다. 소득의 재분배에 관해서는 시장경제에 맡겨 두어서는 소득격차가 확산되어가지 않을 수 없고 또 빈곤층이 커질 가능성도 다분히 있다. 이들은 사회불안으로 연결되지 않을 수 없기 때문에 정부가 세금의 징수와 사회보장제도를 통하여 결과적으로 생기는 격차를 축소시키는 역할을 하는 것이 바람직스럽다.

정부의 역할 가운데 '공공재의 공급'과 '소득의 재분배'는 기본적인 정부의 역할로서 많은 학자들에 의해 받아들여지고 있다.

10

시장 메커니즘이란 무엇인가?

가격이란 장치로 수요와 공급의 균형을 유지

경제학자나 이코노미스트들은 종종 '시장 메커니즘'을 주시하라고 말하지만, 이 시장 메커니즘은 도대체 무엇을 의미하는 것인가.

우선 똑같은 물건이라면 파는 사람은 조금이라도 높은 가격으로 팔고 싶어 하고, 사는 사람은 파는 사람 가운데서 가장 싼 판매가를 붙이고 있는 사람을 찾아내어 그 사람에게 사려고 할 것이다. 파는 사람은 물건을 사주지 않으면 돈을 벌 수 없기 때문에 파는 사람 사이에서 **가격할인 경쟁**이 시작된다. 그리고 가장 싼 가격을 붙이고 있는 판매자가 물건을 팔 수 있다. 그 때문에, 판매자는 그 물건을 가능한 한 효율적으로 즉, 비용이 들지 않게 생산할 수 있도록 끊임없이 노력하지 않으면 안 된다.

한편, 판매자는 가장 높은 가격에 사주는 구매자를 찾아내기 마련이다. 그 물건이 인기가 있는 물건일수록 구매자 사이에서 구입가를 인상하는 경쟁이 격렬해진다. 그래서 가장 높은 값을 부른 구입자에게 그 물건이 건너간다. 결국, 그 물건은 그것을 가장 원하고 있는 사람에게 건너가기 마련이다.

이 시장 메커니즘에는 경제의 관계로 보아 바람직한 면이 있다. 왜냐하면, 제각기 경쟁에 따라서 그 물건은 가장 효율적으로 생산되고, 그리고 가장 필요로 하고 있는 사람의 손에 건너가기 때문이다. 더욱이 그 물건의 생산에는 여러 가지 자원, 즉 원자재나 노동력 등이 사용되고 있는 점도 생각하면, 시장 메커니즘은 결국에는 한정된 자원을 가격이란 장치를 통하여 가장 효율적으로 활용하는 구조라 할 수 있다.

더욱더 시장에서 결정하는 가격은 구매자의 수요와 판매자의 공급을 언제나 균형화하는 기능을 갖고 있다. 예를 들면, 무언가의 이유로 그 물건의 가격이 높아진다면 판매자는 수익이 많아지기 때문에 공급을 늘리려고 한다. 거꾸로, 구매자의 수요는 줄어들 것이다. 그렇게 되면 재고가 발생하기 때문에 판매자는 판매가를 낮추어서 구매자의 수요가 높아진다. 이 조정은 재고가 없어질 때까지 계속된다.

반대로, 무언가의 이유로 그 물건의 가격이 떨어진다면 수요가 많아지고 공급이 줄어들기 때문에 시장에서는 상품부족이 발생하고 물건 값이 올라간다. 그 조정은 상품부족이 없어질 때까지 계속된다. 결국, 가격에는 시장의 수요와 공급을 자동적으로 균형화하는 힘이 있는 것이다.

이와 같이 시장에 맡겨 둔다면, 한정된 자원이 가장 효율적으로 활용되고, 그 위에 가격 변동을 통해 유지된다. 물론 이와 같은 메커니즘이 착실히 기능하기 위해서는 여러 가지 조건이 만족되지 않으면 안 된다. 그러나 시장 메커니즘은 잘 기능한다면 매우 편리한 구조라고 할 수 있다.

이것만은 꼭 알아두고 싶은
100문 100답 교양경제

Chapter 2

시 장 경 제 와 　 정 부

이것만은 꼭 알아두고 싶은
100문 100답 **교양경제**

11

Q

자유 시장경제를 채용하지 않고
정부 계획경제를 채용하는 나라도 있다.

'시장경제'란 사유재산의 소유를 인정받은 기업이나 가계가 자주적인 의
사결정하에 자유경쟁시장을 통하여 재화·서비스를 매매함으로써 물건이
나 서비스의 가격과 수요량·공급량이 결정된다고 하는 경제시스템을 가
리킨다. 그 특별히 뛰어난 성질의 열쇠는 '가격'이란 통일적인 지표에 있다.
시장에 참가하는 기업이나 가계의 행동이 가격에 의하여 결정되기 때문에,
예를 들면 어떤 상품을 보다 싸게 공급할 수 있는 기업과 보다 높은 돈을
내더라도 그것을 갖고 싶어 하는 사람이 시장을 통하여 매매를 함으로써
공급을 하는 측에는 보다 많은 이익이, 수요를 하는 측에는 보다 많은 만족

이 주어진다. 결과적으로 보다 효율적인 경제활동이 실현되기 마련이다.

최종적으로는 시장의 거래에 참가하는 기업 가운데 비효율적인 것은 경쟁에 패하게 된다. 한편 보다 낮은 생산비로 공급할 수 있는 기업이나 혁신적인 물건이나 서비스로 수요를 창조할 수 있는 기업이 시장에서 활동을 시작한다. 이렇게 하여 시장경제는 언제나 경제를 진화시키는 역할을 하는 것이다.

시장경제와는 근본적으로 다른 계획경제는 이른바 사회주의국가, 예를 들면 구소련이나 동유럽국가들, 중국, 북한 등에서 채용되어 왔다.

계획경제의 특징은 '정부가 수요를 예측하고 계획적으로 생산·분배를 하고' '생산수단은 공유화되는'데 있다. 시장경제가 '가격'을 축으로 하고 있어서 정부의 역할은 보완적임에 대하여, 계획경제는 '정부'를 축으로 하고 있다고 할 수 있다.

계획경제의 목적은 국가적 견지에서 계획적으로 기업이나 가계에 물건이나 서비스를 생산·배분함으로써 안정적이고 공평한 경제성장을 실현하려는 데 있다. 요컨대, 정부가 모든 것을 통제함으로써 시장경제의 결점이나 한계를 극복할 수 있다는 것이다.

시장경제는 효율성을 중시하고, 계획경제는 공평성을 추구해 왔다고 할 수 있다.

실제로 나라가 한꺼번에 전 산업의 생산계획을 세우는 데에는 방대한 사무작업이 필요하다. 그러나 엄밀한 지휘명령계통이 없다면 입안한 계획의 실시는 어렵다. 또 정부에 의한 재량의 여지는 너무 크기 때문에 정부의 그때그때의 가치판단에 계획이 좌우되는 결과로 되기 쉽다 정부의 재량에 따라 바람직하지 않는 경제의 상태가 초래되는 것을 '정부의 실패'라고 한다.

이들 문제로부터 계획경제의 실현은 어중간한 것에 그치고 만다. 예를 들면, 소련은 과학기술이나 군사력기술 등의 면에서는 확실히 세계최첨단의 우위성을 자랑하고 있었다. 그러나 많은 산업에서는 정부의 명령이 충분히 미치지 못하는데다 기업이나 노동자의 창의 연구와 노력이 그다지 받아들여지지 않았다는 것이다. 결국 일찍이 계획경제를 채용하고 있던 나라들도 시장경제로 이행한다든지 시장경제의 원리를 경제에 받아들인다든지 하고 있다.

한편 매우 우수한 성질을 가진 시장경제라고는 해도 결점이나 한계가 있는 것이 오래 전부터 지적되어 왔다. 시장경제의 결점으로서 가장 큰 것은 경제의 효율성을 가져오는 대신에 결과적인 공평성이 달성되지 않을지도 모른다는 점이다.

또 시장경제가 효력을 발휘하는 범위에는 한계가 있다. 어떤 특징을 가진 재화·서비스시장에서는 시장경제의 원리를 유효하게 작동시키지 않는다고 하는 문제가 있어 거기에 경제주체의 자유에 맡겨두어서는 바람직하지 않은 결과를 초래하는 것이다. 그것을 '시장의 실패'라 부른다. '시장의 실패'의 전형적인 예로서 자유방임에 맡겨두어서는 충분히 공급되지 않는 성질이 있는 '공공재·공공서비스' 외에 '독·과점', '외부성' 등을 들 수 있다. 외부성이란 '시장의 거래가 시장의 외부에 영향을 미치고 있다'는 의미이다.

이러한 상황을 해결하기 위해서는 역시 정부의 개입이 필요하다. 예를 들면 '폐기물을 배출하는 행위에 과세를 한다.', '폐기물 처리를 기업에 의무지운다' 등의 정책을 취함으로써 폐기물 환경 비용이 가격에 반영되어 결국, 폐기물에 의한 사회적인 손실을 억제할 수 있는 것이다.

12

경쟁이 왕성하면
무엇이 좋은가?

가격이 떨어져
소비자에 득이 된다.

경쟁은 바람직하다고 생각하고 있는 사람은 경제학자 정도일지도 모른다. '경쟁 같은 거 하지 말고 모두가 협력한다면 좋을 텐데', '경쟁사회에선 인간성이 사라진다.'는 등의 말을 자주 들을 수 있다. 그러면 시장경제에서 경쟁은 왕성하지 않는 편이 좋은 것인가.

지금, 어느 길가에 빵집이 한 곳만 있어 그 길목의 빵 판매를 독점하고 있다고 하자. 소비자는 그 빵가게의 빵 값이 아무리 비싸도 거기서 사지 않을 수 없다. 그러나 새로운 빵집이 그 동네에 진출하여 동일한 품질의 빵을 값싸게 팔기 시작했다고 하자. 그때부터 소비자는 새로운 빵집으로 가기 마련이다.

원래부터 있는 빵집은 그걸 보고 값을 내리지 않을 수 없을 것이다. 그렇게 되면 새로운 빵집은 더욱 값싸게 팔려는 경쟁이 반복되어 빵 가격은 저하해 간다.

빵가게가 두 집뿐 아니고 세 집, 네 집으로 늘어나 경쟁이 격심해지면 더욱더 빵 값은 싸질 것이다. 이에 따라 가격뿐 아니라 빵의 품질로 승부하는 경쟁도 예상된다. 어느 쪽인가 하면 소비자 입장에서는 무척 고마운 일이다.

그런데 동네의 빵장사들이 서로 모여 담합하여 '빵 값 경쟁은 이만 하자'고 결정했다면 어떻게 될까. 빵가게 간에 경쟁이 없어져서 소비자는 어떤 빵집에서나 똑같은 가격의, 게다가 팔리지도 않는 빵을 비싼 값에 구입할 수밖에 없다. 혹은 관공서가 '이 길목에는 이제 더 이상 새로운 빵가게는 진출하지 못한다.'고 하는 규칙을 결정해 버린다면, 값의 저하도 품질의 향상도 보증되지 않는다. 이와 같이 경쟁이 왕성하지 않은 상태를 생각해도 시장경쟁이 바람직함을 이해할 수 있다. 물론 경쟁은 모든 사람들을 만족하게 해 줄 리는 없다. 빵장사에게 있어서는 경쟁상대가 있으면 손님을 놓치지 않기 위해서 값 저하에 떠밀려 돈벌이가 적어진다. 경쟁에 진 빵장사 가운데에는, 점포를 그만두는 곳도 나올 것이다. 경쟁이 좋지 않다는 발상이 이러한 상황에서 나오는 것은 당연하다.

그러나 **시장 메커니즘**은 완전히 부정해야만 하는 것일까. 빵장사의 값 내리기 경쟁을 금지하고 빵 값을 빵장사끼리 협정으로 결정하게 한다면, 빵장사는 기쁘겠지만 소비자는 불리해진다.

경제학에서는 이 문제를 다음과 같이 생각한다. 우선, 빵장사에게는 시장원칙으로 경쟁해야 한다. 빵장사끼리의 경쟁에서 소비자가 받는 메리트는 역시 무시할 수 없고, 빵장사의 경쟁력은 시장경쟁을 통해 제고되기 때문이다. 빵장사로 하여금 경쟁을 시키지 않는 상태에서 가격과 소비자 선택권을 억제하는 정부정책에 의해 국민생활을 보호한다고 하는 이치는 억지로 통하지 않는다.

그리고 경쟁에 이겼다, 졌다고 하는 차이는 결과적으로 소득의 차에 나타나기 마련이기 때문에, 소득이 높은 빵장사로부터는 많은 세금을 걷고, 소득이 낮은 빵장사의 세금을 낮추는 방법으로, 경쟁이 가져오는 결과를 부분적으로 완화시키도록 한다. 경쟁에서 뒤쳐진 낙오자에 대해선 사회안전망을 통해 패자 부활의 기회를 주면 된다는 취지다.

그런데 사람들은 대개 경쟁을 싫어한다. 삶이 팍팍해지고 경쟁에서 졌을 때 감내해야 할 고통이 싫기 때문이다. 하지만 고통 없는 인생사는 가능하지도 않다. 경쟁에서 이기기 위해 최선을 다하고, 실패하더라도 포기하지 않고 재도전하는 자세야말로 성공으로 이끈다.

경제도 마찬가지다. 개인 간, 기업 간 자유로운 경쟁을 통해 창조적 파괴가 이뤄져야 경제가 발전한다. 시장경제체제에서 정부의 역할은 자유로운 경쟁 환경을 조성해 창의적인 기업활동을 최대한 조장해 주는 일이다. 지금 한국정부의 정책은 어떤가. 경쟁을 싫어하는 군중심리에 영합해 경쟁억제정책을 남발하고 있다. 자영업자를 위한다면서 소비자 선택권, 기업 사업권을 침해하며 편의점 출점 규제를 했다. 집값이 다시 들썩이자 아파트 분양가상한제를 시행하겠다고 한다. 분양가상한제는 더 좋은 입지에 더 좋은 아파트를 지어 돈을 벌려는 건설회사 간의 경쟁을 제한한다. 시장원리로 보면 재건축·재개발을 활성화해 새 아파트 시장의 경쟁을 촉진하는 방식으로 집값 상승 압력을 줄여야 할 텐데, 현 정부는 시장의 흐름과는 정반대 길을 택하고 있다. 관념상의 '평등'이나 '공정'보다 '자유경쟁'을 통한 성장이 더 절실한 한국의 현실이다.

13

규제완화는
어떤 효과가 있는가?

경제효율성을 높이지만,
경기부양효과는 크게 기대할 수 없다.

    1960년대 초 이후 한국은 급속한 경제발전을 이루기 위해 정부주도의
개발계획하에 나라가 한 덩어리가 된 경제정책이 취해졌다. 그 가운데는
시장이나 기업의 자유보다도 국민경제 전체의 효율적 운영이라는 데에 주
안점을 두었기 때문에 정부의 지침이 확실히 지켜져야만 한다는 체제가 굳
어져 온 것이다. 그 때문에 한국경제에는 수많은 규제가 존재하게 되었다.

    정부규제는 경제발전 단계에서는 취약한 산업을 보호하고 키워간다는
의미에서, 당초는 그 나름대로 경제적 근거가 인정되었다. 그러나 시대의
변화에 따라서 그 근거가 무의미하게 된다든지 규제가 오히려 폐해를 발생

시킨다든지 하는 경우도 적지 않다. 그런 경우, 규제완화가 필요하게 되지만, 규제완화에는 바람직한 효과가 있는 한편 한계나 문제점 또한 없을 리는 없다.

규제완화의 최대의 장점은, 그것에 의해 소비자 이익이 높아진다는 것이다. 규제완화는 시장의 경쟁 상태를 높여서 가격을 인하시키는 것이 일반적이다. 물론, 규제에 의해 보호되어온 생산자로서는 경쟁에 따라 가격인하를 강요받기 때문에 아무리 수요가 증가한다 해도 수익이 반드시 증가할 리는 없다.

그러나 소비자와 생산자를 합해서 보면, 규제완화는 전체로서 플러스로 작용하는 것으로 생각된다. 또, 경쟁의 격화는 가격저하를 초래할 뿐 아니라, 장기적으로 생산자에 의한 왕성한 기술혁신, 노동생산성 향상에로의 유인이 된다.

그러나 기술혁신의 플러스 효과는 어느 편인가 하면 경제의 효율성을 높인다고 하는 형태로 경제의 공급 측에서 발휘되는 것이며, 경기부양의 즉효약으로는 되지 않는다. 예를 들면, 이제까지 규제산업에 고용되어 온 노동자가 규제완화에 의한 경쟁격화 가운데 비용 삭감을 위해서 해고된다고 한다면 그것은 경제 전체의 수요에 있어서는 마이너스 요인이 된다.

산업 간 고용조정이 원활하게 진전되지 않게 되면, 단기적으로 실업이 증가할 가능성도 있다. 따라서 규제완화는 단기적인 경기대책으로서는 부적절하며, 어디까지나 장기적인 성장전략의 수단으로서 유효할 것이다.

규제완화의 장점으로는 시장경쟁원리의 부활에 의한 경제효율의 증진, 소비자 욕구에 따른 상품 및 서비스의 다양화 촉진, 자유시장에 대한 관료통제의 폐해 감소 등을 들 수 있지만, 시장의 실패가 발생할 우려도 있다. 예를 들어 환경·건축규제를 완화하는 경우, 도시공해나 쾌적한 생활환경 파괴 등 외부불경제 현상이 발생할 우려가 있다.

규제완화의 장점은 사람들에게 평등한 형태로 발생하는 것은 아니다. 불리하게 되는 사람들도 나온다. 예를 들어 슈퍼 등의 출점을 이제까지 고려해온 대규모 소매점포의 철폐에 상점가의 사람들의 생활이 불편해질 수 있다.

또한 독점이 주는 피해를 지나치게 강조한 나머지 모든 독점을 일시에 경쟁시장으로 바꾸어야 한다고 생각해선 안 된다. 시장에는 1개 기업이 생산을 전담하면 생산비가 절감되고 효율성이 높아지는 '자연독점natural monopoly'이 있기 때문이다.

또한 정부가 도시근교의 공장허가나 하천 상류지역의 환경오염방지 지구의 지정을 무조건 풀어줘 버린다면, 도시 환경문제를 확대시킬 우려가 있는데다 당해 토지 소유자의 자산이익만 초래하기 때문에 불공평한 분배문제를 낳을 수도 있다.

물론, 규제완화의 관점은 소득격차의 확대를 가능한 한 시정한다고 하는, 공평성의 관점에서의 정책도 필요하다. 그러나 공평성의 추구는 어디까지나 소득 수준을 기준으로 하여 세제 등 직접적인 소득재분배의 수단에서 행하는 편이 바람직할 것이다.

14

가격통제의 정책효과는 있는 걸까?

저소득층 소득 및 고용효과는
부정적이다.

경제학의 기본원칙 중의 하나는 정부가 시장성과를 개선할 수 있다는 것이다. 실제로 정부가 가격통제를 도입하는 것은 시장에서 결정된 결과가 불공평하다고 판단되기 때문이다. 시장가격의 통제는 가난한 사람들을 도울 목적으로 도입되는 경우가 많다. 예를 들어 **임대료 통제**는 모든 사람들에게 주거비의 경제적 부담을 낮춰 주려는 것이고, **최저임금제**는 저임금근로자들의 임금소득 개선을 돕기 위한 제도이다. 임대료 통제는 집주인이 세입자들에게 받을 수 있는 임대료의 상한을 규제하는 것인데, 이 정책의 목적은 가난한 사람들의 주거비 부담을 덜어주려는 데 있다. 그러나 경제학자들은 오히려 임대료 통제가 저소득층의 생활수준을 향상시키는 데 매우 비효율적이라고 비난한다. 또, 임대료 통제가 시행되면 임대료는 낮아지지만, 임대주택 집주인들의 주택유지 보수 노력을 저해하고 집을 구하기가 더 어려워진다.

가격상한제가 가격의 법정 최고수준을 규정하는 데 반해, 근로자들에게 최저의 생활수준을 보장할 목적으로 1985년에 최저임금제를 도입하였다.

최저임금제의 효과를 충분히 이해하기 위해서는, 어느 경제든 노동시장이 하나만 있는 것이 아니라 서로 다른 부류의 근로자들로 구성된 다양한 시장으로 이루어져 있다는 사실을 유의할 필요가 있다. 최저임금제의 효과는 근로자들의 기술과 경험에 의해 좌우된다. 높은 기술력과 오랜 경험을 갖춘 근로자들의 임금은 시장균형 수준보다 높기 때문에 최저임금제의 영향을 받지 않는다. 따라서 이들에게는 최저임금제의 실효성은 없다. 최저임금제는 청소년 노동시장에 가장 큰 영향을 미친다. 10~20대의 청소년 인력은 숙련도와 경험이 낮은 계층이기 때문에 균형임금도 낮은 편이다. 최저임금의 고용에 미치는 영향의 크기에 대해서는 논란이 있었지만, 대체로 최저임금이 10% 상승하면 청년고용이 2~3% 하락하는 것으로 연구 보고되어 있다.

최저임금제는 노동에 대한 수요를 변화시킬 뿐만 아니라 노동의 공급량에도 영향을 미친다. 최저임금제를 옹호하는 사람들 중에는 이 제도가 저소득 노동계층의 소득을 향상시킬 수 있는 방법의 하나라고 믿는다. 그러나 그들이 지적하는 바와 같이 최저임금으로 가난한 생활수준을 벗어날 수 없다.

또 최저임금제에 반대하는 사람들은 이 정책이 빈곤을 퇴치하는 최선의 방책이 아니라고 주장한다. 이들은 최저임금이 높아지면 실업이 발생하고, 최저임금의 수혜자들은 용돈을 벌 목적으로 시간제 노동을 하는 중산층 가정의 많은 청소년들이라고 한다.

한국에서 2017년 이후 2년에 걸쳐 최저임금을 29%나 인상했지만 빈부격차는 되레 커지면서 도·소매, 음식·숙박, 유통 분야의 자영업 폐업이 속출하며 일자리 증가로 이어지지 않았다고 보도되었다. 이처럼 한국 정부가 '소득주도 성장'정책의 핵심수단으로 시행하고 있는 최저임금의 경제적 효과는 부정적이다.

정부가 시장가격의 통제가 아닌 다른 방법으로 가난한 사람들을 돕는 방법이 있다. 예컨대, 저소득층을 돕기 위해 임대료보조금을 지급하면 임대료 통제와는 달리 임대주택의 공급을 저해하지 않으므로 주택부족 현상을 야기하지 않는다. 마찬가지로 임금보조제도는 고용을 줄이지 않고 저소득 근로자들의 생활수준을 높일 수 있다. 임금보조제도의 한 예는 근로소득 환급제도earned income tax credit로서 저소득층의 소득을 보충해 주는 제도이다.

다만, 이와 같은 대체적인 정책수단은 가격통제보다는 우월하지만 역시 완벽한 것은 아니다. 임대료보조나 임금보조를 위해서는 정부의 재정지출이 필요한데, 문제는 국민들이 그 나름의 사회적 비용을 추가 부담하지 않으면 안 된다는 것이다.

15

시장의 실패란?

Q
독·과점, 공해문제 등을
들 수 있다.

'시장의 실패' 중 하나의 예로서 '독점시장'을 들 수 있다. 독점이란 어떤 물건이나 서비스를 공급하는 기업이 1개사밖에 없는 특수한 시장이다.

오늘날 한국에 있어서는, 전력, 도시가스, 전화 등 인프라 기업이 독점기업인 경우다. 어느 것이나 국내에는 복수의 지역회사가 있지만 어떤 지역에 살고 있는 사람의 눈에서 보면 거래할 수 있는 전력회사나 전화회사는 1개사뿐이기 때문에 실질적으로 독점기업이 된다.

이들 기업이 왜 독점이 되는 것일까? 그것은 이러한 업종의 회사를 설립하기 위해서는 막대한 초기투자가 필요하기 때문이다. 예를 들면, 전력으로 말하면 어느 기업이 신규로 시장에 진입하고자 해도 발전소나 송전선, 변전소 등의 설비를 자사에서 모두 만드는 것은 사실상 곤란하다.

이러한 조건이 있는 산업 _{초기투자가 막대한 이런 산업을 장치산업이라 부른다.} 에서는 저절로 독점형태가 되기 쉬운 것이고, 이런 원리에서 독점이 일어나는 것을 '자연독점'이라 한다. 독점기업이 물건이나 서비스를 제공하는 시장에서는 공급 측의 경쟁이 일어나지 않기 때문에 사회 전체로서 바람직한 수준보다도 높은 가격이 붙는다. 이것이 다름 아닌 독점에 의한 '시장의 실패'이다. 이 때문에 적절한 가격이 붙을 수 있도록 정부가 규제라는 형식으로 개입할 필요가 있다.

또한 1개사에 의한 '독점'에 한하지 않고 공급하는 기업이 몇몇 사에 한정되고 있는 경우 _{이것을 '과점'이라 한다} 에도, 흔히 비슷한 말을 할 수 있다. 그 전형적인 사례가 철도나 휴대전화 캐리어 등의 산업이다.

그밖에 '시장의 실패'의 전형적인 예로서 '공해' 문제를 들 수 있다. 예를 들면, 어느 기업이 강의 상류에 공장을 지어 그 폐액 _{오염물질을 포함한 액체} 을 강 하류와 바다로 흘려보내고 있다고 해보자. 전혀 규제가 없는 경우는, 이 기업은 그냥 공짜로 폐액을 처리할 수 있을지도 모른다. 그 때문에 생산되는 재화의 코스트에 환경에 대한 영향이 반영되지 않게 되고, 이 기업은 시장에서 값싸게 상품을 공급할 수 있게 되는 것이다.

그것을 사는 쪽도 환경에 대한 영향을 신경 쓰지 않고 값싸게 그 재화를 손에 넣을 수 있기 때문에 결국은 원래 기업이 배출한 오염에 의한 손실 _{예컨대 하천 하류의 어업자가 입은 피해} 을 어느 누구도 보상하지 않게 되어 버리고 만다.

이와 같이 정부의 개입이 없다면 시장의 가격에 반영되지 않는 사회적인 비용이 존재하는 상황을 가리켜 '**외부성**'이 있다고 한다. 시장의 거래가 시장의 외부에 영향을 미치고 있다고 하는 의미다.

이러한 상황을 해결하기 위해서도 역시 정부의 개입이 필요하다. 예를 들면, '폐액을 배출하는 행위에 과세한다.'든지 '여기에서 생산된 상품이 시장에서 거래될 때에 과세한다.'거나 '폐액의 처리를 기업에 의무화한다.'는 등의 정책을 취함으로써 이 재화의 시장에 있어서 폐해의 비용이 가격에 반영되어 이윽고 폐액에 의한 사회적 손실을 억제할 수 있는 것이다.

16

재정이란
무엇인가?

재정의 역할 외에
경기와의 관계가 깊다.

　매크로경제를 떠받치는 경제주체의 하나는 정부다. 정부는 국민으로부터 징수한 세금이나 국채 등을 발행하여 얻은 돈을 재원으로 하여 국민에게 여러 가지 행정서비스를 제공한다든지 **사회자본**Infra-structure의 건설에 사용하고 있다. 정부의 일련의 금전적 경제적 활동의 총칭이 **재정**財政이다.

　재정에는 다음의 세 가지 역할이 있다.

　첫 번째 정부 재정의 역할은 **자원배분의 기능**이다. 민간에 맡겨두고 있어서는 채산성 등의 문제 때문에 실행되기 어려운 재화나 서비스의 제공을 재정을 통하여 행하게 함으로써 사회 전체의 자원이 적절하게 배분되도록 하는 것이 목적이다. 이 목적을 달성하기 위하여 정부는 시장 메커니즘이 효율적으로 기능하기 위한 환경정비나 외국과의 정책협조를 구하기도 한다. 국민생활의 안정을 위해 필요한 도로, 항만, 하수도, 공원, 교량건설 등 사회간접자본의 정비나 국방, 외교, 경찰, 복지 등의 행정서비스를 제공하는 것이 포함되어 있다.

두 번째 정부 재정의 역할은 소득의 재분배이다. 저소득자에 대해서는 본인이 납부한 세금 이상의 서비스가 제공되는 한편, 고소득자에 대해서는 누진세율에 의해 보다 무거운 소득세를 부과함으로써 사회 전체의 소득을 재분배한다.

세 번째 정부 재정의 역할은 **경제의 안정화**이다. 본래 국가 재정에는 호황 시에는 세수입이 자연 세수되는 것으로 과잉된 자금이 흡수되고, 불황 시에는 세수가 감소하여 개인의 소득이나 기업의 이익이 감소하는 것을 방지한다고 하는 **자동안정화장치**automatic stabilizers가 짜여져 있지만, 불황 시에는 공공사업을 확대한다든지 감세를 하는 등 정책적인 재정출동이 한층 중시되고 있다.

위 세 가지 재정의 역할 중 오늘날 가장 중시되는 것이 경제의 안정화 기능이다. 특히 공공사업비의 지출 등 정부의 재량에 근거한 정책재정정책, Fiscal Policy에 의해 경기를 자극하는 역할이 큰 비중을 차지한다. 재정정책을 구체적으로 말하자면, 불황 시에는 공공사업에 대한 지출을 늘린다든지 소득세나 법인세의 감세를 하여 총수요를 환기하고, 거꾸로 경기가 과열될 우려가 있을 때에는 재정지출을 억제하거나 증세를 하는 등 총수요 증가를 억제한다.

미국 등 선진 각국에서 현재 가장 시급한 정책 이슈 중의 하나는 재정적자 문제다. 정부가 세금으로 걷어 들이는 금액보다 더 많이 지출한다면 재**정적자**budget debt가 발생하여 국민저축이 감소한다. 이에 따라 대부자금의 공급이 감소하고 시장이자율이 상승한다. 따라서 정부가 재정적자를 메우기 위해 차입을 하면 가계와 기업들에 의한 투자를 밀어내는 셈이다. 즉, 재정적자를 메우면 민간투자 재원으로 활용할 수 있는 대부자금의 공급량이 줄어들고, 대부자금의 공급이 감소함에 따라 이자율이 높아져서 시장에 차입하는 가계와 기업의 대부자금 수요가 위축된다. 재정차입으로 인한 민간투자의 감소를 밀어내기 (crowding out) 현상이라고 한다.

이와 같이 정부의 재정적자에 관한 가장 기본적인 교훈은 재정적자로 국민저축이 감소하면 이자율이 상승하고 민간투자는 위축된다. 민간투자의 위축은 고용과 소비의 위축으로 이어져 실물경기의 위축을 초래한다. 반면에 재정수입이 지출을 초과하면 재정흑자 (budget suplus) 가 발생하며, 이 금액은 정부채무 잔액의 일부를 상환하는 데 사용된다.

한국의 재정지출 증가율은 1998년 외환위기나 2003년 신용카드 사태, 2009년 글로벌 금융위기 상황을 제외하고는 경제성장률을 크게 넘지 않았다. 그런데 2017년부터 3년 연속 재정지출 증가율이 경제성장률의 2배를 뛰어넘는 이례적인 양상을 보인다. 2018년에는 총지출 증가율 7.1%이 경제성장률 3.1%의 2.2배였고, 2019년에는 총지출 증가율 10.8%이 경제성장률 전망치 2.0%의 5배 이상에 달할 것으로 예상된다. 수십 차례 IMF 구제금융으로 연맹해 온 아르헨티나나 장기간 경기침체를 겪어온 일본의 경험은 재정건전성의 중요성을 일깨운다. 튼튼한 국가재정은 소규모 개방경제의 마지막 보루임에 틀림없다.

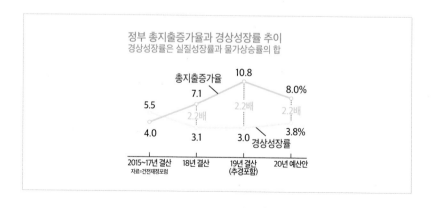

정부 총지출증가율과 경상성장률 추이
경상성장률은 실질성장률과 물가상승률의 합

총지출증가율 10.8 8.0%
7.1
5.5 2.2배 2.2배 2.2배
4.0 3.1 3.0 3.8%
경상성장률

2015~17년 결산   18년 결산   19년 결산   20년 예산안
자료=건전재정포럼   (추경포함)

17

나라의
예산 내역을 보면?

Q

국가 경영의
구조와 규모를 나타낸다.

나라의 살림살이 예산에는 '본예산', '잠정예산' 및 '보정예산'이 있다.

본예산이란 국회의 심의·의결을 거쳐 성립하는 기본적인 나라 살림살이 예산으로, '당초예산'이라고도 한다. 그 내용은 일반회계, 특별회계, 정부관계기관예산으로부터 성립되고 있다. 일반적으로 예산이라고 할 때에는 일반회계를 말한다.

일반회계는 나라의 기본적인 세입과 세출을 관리하는 회계로 세입에는 조세, 인지 수입, 국채 등이 있다. 세출에는 국채비_{국채의 이자지불, 상환 등의 비용}, 사회보장비, 지방교부세, 공공사업관계비, 교육·과학 진흥비, 국방비 등 기본적인 국가경비를 마련하기 위한 예산이다.

특별회계란 나라가 특별한 사업을 행하는 경우 등에 특정 세입을 가지고 특정 사업을 시행하기 위한 예산으로 일반회계와는 별도로 관리되고 있다. 여기에는 특정사업특별회계(조폐, 인쇄, 우정사업, 공공사업 등), 보험특별회계(지금운용부 등에 의한 융자), 정리특별회계(국채의 이자지불·상환 등) 등이 있다.

신문 등 매스컴을 통하여 떠들썩하게 얘기되는 일반회계는 다시 정권의 정책 스탠스(stance)를 가장 잘 나타낸다. 특별회계는 종래에는 주목도가 낮았지만, 낭비나 다액의 잉여금의 축적에 더하여 관할부처나 관련의원의 기득권의 온상이 되고 있다는 비판을 흔히 들을 수 있다.

나라의 예산은 1년마다 단락을 지어 처리되는데, 이것을 '회계연도'라 한다. 한국의 회계연도는 재정법에 의하여 그해 3월 1일부터 다음 해 2월 말일까지로 되어 있다. 외국에서는, 영국과 일본이 똑같이 4월 1일부터 다음 해 3월 31일까지이고, 미국은 10월부터 다음 해 9월, 독일과 프랑스는 1월 1일부터 12월 말까지이다.

각 회계연도의 세출은 같은 회계연도의 세입에 맞추어 조달하지 않으면 안 되며, 그 회계연도 내에 밖에 사용할 수 없다. 이것을 '예산의 단년도주의' '회계연도독립의 원칙'이라 부른다.

매년 예산을 편성하고 국회에 제출하는 것은 행정부에만 주어진 책임과 권한이다. 행정부가 예산을 작성하는 과정에서 거시적인 예산규모는 전년 여름쯤에 결정된다. 그 때문에 경기대책을 위한 추가경정예산이 연도의 도중에 빈번히 편성된다. 거시경제의 안정과 예산의 관계를 논하기 위해 추가경정예산은 중요하다.

일반회계의 세입에는 공채금(국채발행 수입)이 계상되어, 그것이 사회보장, 교육, 국방, 공공사업 등 정책적인 세출로 충당된다. 지방교부세교부금이나 국채비(국채의 원리금 상환) 등 의무적인 세출도 다액으로 요구되지만, 최근 경기침체하에서 고용불안과 소득과 부의 양극화가 확대되고 있으므로 사회안정망 확충과 청년층 일자리 창출에 도움이 되는 정부지출의 필요성도 크다.

　나라 예산의 주된 수입원은 국민의 **세금**이다. 국가의 빚인 국채도 궁극적으로는 세금으로 원리금 변제가 이루어진다는 생각을 한다면 과세의 선불인 셈이다.

　세금은 납세의무자와 납세부담자가 동일한 **직접세**와, 납세의무자가 세금을 상품이나 서비스의 가격에 덧붙여서 그 최종구입자가 부담하게 되는 **간접세**로 나눠진다. 국세의 경우, 소득세나 법인세는 직접세, 소비세나 주류세는 간접세다.

　소득세의 중과세감이 높아지면 근로의욕을 저하시킬 수 있고, 소비세율의 인상 또한 경기에 악영향을 미칠 수 있다. 반대로, 소득세의 누진_{소득이 높아질수록 세율을 높이는 것}구조는 경기의 자동조절 기능으로서 어느 정도는 필요하고, 소비세율을 높여서 인구 고령화 등 복지 세출에 충당해 나가야 할 필요도 있다.

　어쨌든, 예산에 있어서 세입, 세출의 크기는 이른바 '정부의 크기'를 의미한다. 높은 세 부담으로 큰 정부서비스가 제공되는 사회와, 낮은 세 부담으로 정부의 역할을 한정적인 선에 그치게 하는 사회_{자기 책임으로 보충하는 사회} 중 어느 쪽을 추구해야 할 것인가 하는 문제, 이 문제에 대하여 국민 한 사람 한 사람이 국가예산의 내역에 보다 주목해야 할 것이다.

18

작은 정부란?

경기의 조정에 대한
정부의 역할을 부정했다.

　　자본주의 여명기와 독점자본주의 대공황기 시대가 흘러 제2차 세계대
전 후에도 경제학계에는 여러 학파가 등장했다. 여기서 경제에 대한 정부
의 역할에 대한 생각을 하나의 축으로 하여 논쟁이 벌어졌다. 예를 들면,
사무엘슨Samuelson, P.A에 의해 케인즈 이론과 신고전파 경제학을 융합시킨 '신
고전파 종합'이란 학파가 생겨났다. 그의 생각은 개별 시장에 있어서 가격
의 자율조정기능을 중시하면서도 케인즈가 주장한 바와 같이 정부의 재정
정책이 경제 전체의 균형을 달성하는 역할을 다하는 적극적인 수단임을 인
정하는 것이다.

요컨대, 미시적 관점에서는 신고전파에 가깝고 거시 경제적으로는 케인즈 학파에 동의하는 견해라고 할 수 있다. 경제 불황에 즈음하여 케인즈가 찾아낸 문제는 수요부족이며, 신고전파 종합에서도 이 시점을 계승하고 있다. 이 때문에 불황기 정부가 재정지출을 확대한다고 하는 정책 처방전을 사용한다. 여기서 주의해야 할 점으로는 물가의 상황이다. 수요견인demand-pull형의 인플레는 일반적으로 불황기에는 일어나지 않는다.

이 때문에, 정부지출을 확대하는 형식으로 시장에 개입하더라도 물가에 미치는 영향은 그리 우려할 일은 아니라고 생각한 것이다. 그러나 1970에 볼 수 있었던 현상은 스태그플레이션stagflation, 즉 경기침체와 물가상승이 공존하는 상태였다. 여기서 만일 신고전파 종합의 처방전과 같이 정부가 재정지출을 확대해 버린다면 그만큼 수요가 늘어나기 때문에 총수요면에서의 인플레 압력이 강해지고 점점 인플레이션을 앙진시켜버리고 만다. 그렇다고 해서 재정지출의 삭감 등을 통해서 인플레를 억제하려고 하면, 그것이 더욱 심각한 불황을 만드는 방아쇠 역할을 하고 말 것이다.

결국 신고전파 종합은 스태그플레이션이란 뜻밖의 일에는 속수무책, 아무런 대책을 제시할 수가 없었던 것이다.

이후, 신고전파 종합에 대신하는 형식으로 학계의 각광을 받은 것은 프리드만Friedman, M등 시카고 학파에 의한 머니터리즘monertalism이다. 머니터리스트들은 통화량을 경제안정을 좌우하는 주요인으로 본다. 즉, 장기적으로는 실체경제경제성장와 물가는 독립적으로 움직이는 것이고, 금융정책을 통하여 통화 공급량을, 혹은 물가를 조정할 수 있다고 하는 이론이었다. 이런 사고방식에 근거하여 실제로 금융긴축이 이루어졌던 것이 스태그플레이션으로부터의 탈각에 기여했다고 한다.

한편으로, 프리드만은 케인즈가 주장한 것처럼 실체경제에 대한 정부의 개입, 예컨대 경제 불황기의 공공투자 등을 명확하게 부정했다. 이것은 정부의 시장개입이 흔히 정치적 동기에 근거하여 이루어져 '정부의 실패'가 생겨서 '시장의 실패'를 보다 심각하게 만든다고 생각했기 때문이다.

이것은 신고전파의 사상을 계승하는 것으로, 시장경제에 대한 정부의 역할을 제한적으로 본 '작은 정부'라고 하는 사상적 배경이 되고 있다. 1980년대 이후 21세기 초에 걸쳐서 영국, 미국, 일본 등 주요 선진국에서 규제개혁이나 특수법인의 정리통합, 공기업의 민영화 정책 등이 추진되었는데, 방향성으로서는 '작은 정부론'에 근거를 두고 있다.

현재에는, 이제까지 소개한 복수의 사고방식을 중심으로 여러 가지 학설이 서로 대립하면서 각기 이론적인 분석을 보다 심화시켜가고 있다. 이와 관련하여, 노벨경제학상의 수여가 1969년부터 시작하여 1970년에는 사무엘슨이, 또 1976년에는 프리드만이 각각 같은 상을 수상하였다.

19

정부의 경제정책에는
어떠한 것이 있나?

경제정책에는
재정정책과 금융정책이 있다.

경기는 호·불황을 순환한다. 그러므로 아무리 불황이라 하더라도 장기적으로 시장은 자연히 경기회복으로 향해 가기 마련이다. 그래서 정부는 그러한 자율적인 경제의 운동을 방해해서는 안 되며, 시장의 자유로운 활동을 보장하고 자기 자신 스스로 최소한의 필요한 역할을 다해야만 한다는 주장이 나오는 것도 수긍이 간다. 게다가 1990년대 일본경제의 버블bubble 발생과 같이, 오히려 정부가 시장상황이나 경기를 잘못 판단했기 때문에 실시한 경제정책이 오히려 사태를 악화시켜버린 일도 있다.

그러나 그렇게 말해도 불황을 눈앞에 두고 정부가 아무 일도 하지 않는다는 것도 더 큰 문제가 될 수 있을 것이다. 특히 정부는 나날이 경제정책 운영에 책임을 지고 있기 때문에 사태를 정관하는 것은 직무태만이라고 하는 비판을 받을 것이다. 그 때문에 그때그때에 응해서 여러 가지 모양으로 경제정책을 실시하고 있다.

경제정책은 크게 재정정책과 금융정책으로 나눈다.

재정정책에는 공공사업에 의한 경제적 작동을 활발하게 하는 자극책이나 감세 등이 있다. 어느 쪽이나 소비자의 구매력(물건을 사는 힘, 즉 소득)을 높이고자 하는 것으로, 그로써 사회적으로 수요를 환기하고 경제를 부양시키고자 하는 것이다.

공공사업을 행하면 그에 수반하여 그에 부수하는 산업이 자극되어 부양 효과가 널리 퍼져 간다. 예를 들면 도로공사를 행하면 건설업자로부터 시작하여 그 업자에게 원재료를 납품하는 기업이나 인재파견회사, 그리고 그 사람들이 드나드는 식당이나 술집 등, 연이어 일거리가 연결되어 최초에 투입한 돈보다도 훨씬 커다란 경제효과를 가져오게 될 것이다. 이것을 '승수효과'라고 한다.

다만, 이러한 재정정책은 근래에 그 효과가 약화됐다는 비판이 높아지고 있다. 그 이유 중 하나는 대체로 한국의 공공사업이 가진 제도적인 비효율성이다. 예컨대 담합 등은 그중 가장 큰 문제이다.

또한 감세를 실시해도 그것이 가까운 장래의 증세를 위한 것으로 사람들이 예상한다면 모처럼 손에 쥔 돈이 일시적으로 늘어났다 하더라도 그것을 장래를 대비해 모아두고 소비로는 돌리지 않을 것이다. 그렇게 되면 경기는 조금도 조정되지 않고 무엇을 위한 정책인지 알지 못하게 되어 버린다.

다음에 **금융정책**인데, 이쪽은 공정금리 등을 조작하는 금리정책이나 채권의 매매에 의한 공개시장조작, 한국은행에 대한 예금금리를 변동시키는 예금준비율 조작이라는 것이 있다.

그러나 이쪽으로 하더라도 금리의 자유화 등의 환경변화에 의하여 정부의 정책의지를 관철시키기에는 문제가 있다.

이와 같이 문제는 많으면서도, 현재는 많은 경우 양자^{재정정책과 금융정책}가 조합된 모양으로_{이것을 Policy mix라 한다}, 실제로 경제정책이 왕성하게 수행되고 있다. 예를 들면, 금리를 낮춤으로써 경제를 원활하게 하는 한편, 재정정책을 통하여 더욱 더 경제를 자극한다고 하는 짜임새이다.

20

한국의 시장경제
발전과정과 과제는?

노동시장의
유연성 제고가 시급하다.

　1948년 수립된 대한민국 정부는 당초 자유시장 경제체제를 채택했지만 시장경제활동에 대한 제약이 적지 않았다. 따라서 정부는 먼저, 자원개발 및 대외무역에 대한 국가통제를 완화함으로써 시장경제체제를 강화하는 몇 가지 조치를 취했다. 예컨대, 적산敵産의 불하와 농지개혁이다. 이에 더해 경자유전耕者有田의 원칙에 따라 실제 농지를 경작하는 농민에게 불하한 농지개혁은 사유재산 보유인구를 크게 증가시켰다.

　한국의 시장경제체제는 1961년 등장한 박정희 정부의 제5차 헌법 개정으로 더욱 강화되었다. 헌법에 경제적 자유와 창의의 존중을 명문화하고,

1962년 이후 경제개발5개년계획을 추진하였다. 예컨대, 환율과 이자를 현실화하고 관세를 인하하는 등 시장경제원리에 충실한 경제운영을 시작했다. 그러나 1970년대 들어 시장경제는 잠시 후퇴했다. 그것은 안보 때문이었다.

닉슨 독트린 이후 안보환경이 악화되자, 한국은 자주국방능력을 배양하기 위해 정부주도로 중화학공업 육성에 박차를 가했다. 이 과정에서 정책입안자들은 시장경제를 무시한 저금리의 정책금융을 실시하면서 은행장 선임 등 금융기관의 운영에도 개입했다. 뿐만 아니라 중화학공업에 대한 과잉투자로 인플레이션이 발생하자 물가통제를 하면서 시장의 가격 구조가 왜곡되어 비효율적인 자원배분이 야기되었다. 이후 1978년경부터 한국경제의 국제경쟁력이 약화되어 수출이 둔화되고 소득분배도 악화되는 등 여러 경제사회적인 문제가 발생되었다. 이에 정부는 시장경제원리를 다시 찾아 충실해야 함을 표명하고 경제안정화정책과 함께 국제화를 위한 대외개방정책을 강화하여 추진하였다. 이런 정책이 1980년대에 들어 제5공화국 이후 지속되어 물가안정을 이룩하면서 정책금융과 중화학 투자계획도 수정했다. 그 결과, 정부의 산업지원은 기술, 인력, 지역개발 중심으로 바뀌면서 시장경제를 크게 활성화시켰다. 또 1980년에 독점규제 및 공정거래법을 처음 도입하는 등 안정적인 성장을 이룩한 결과 소득분배 역시 크게 개선되었다.

그러나 1980년 말까지 한국경제가 모든 측면에서 완전히 시장경제로 진화된 것은 아니었다. 그중 하나는 노동시장이다. 1970년대 중반기 한국의 노동시장은 무제한적 노동공급 상황에서 제한적 단계로의 **전환점**Turning point 을 지났지만, 정부정책은 사용자 측에 우위를 둔 노동정책을 써서 시장에 개입한 결과 임금결정 및 노사관계의 불균형을 지속시켰다. 그 결과, 1980년대 후반 노동운동의 일환으로 급격히 민주화운동이 분출하였다. 1987년 노동법이 개정되면서 산업현장을 중심으로 노조결성이 활성화되어 전국의 노동조합 수는 1985년 2,534개에서 1989년 7,861개로 급증했다. 이렇게 증가한 노동조합은 사용자에 대해 강력한 독과점적인 지위를 행사하게 된다.

이후 한국의 시장경제에서 노사 간 세력 불균형은 생산성보다 높은 임금인상을 초래하였고, 사용자들의 노동자해고권마저 행사하기 어렵게 되었다. 이는 결국 기업수지를 악화시켜 1997년 외환위기를 초래한 요인으로 작용했다. 또한 당시 급격한 임금상승과 노사관계의 경직성은 대기업들로 하여금 자본집약적인 생산방식을 가속화하게 하였을 뿐 아니라 90년대에 들어와 글로벌화의 물결 속에서 국내 생산시설을 중국 등 외국으로 이전하는 동기가 되었다.

1980년대 후반에서 1990년대 초기까지의 한국경제는 또 다른 이유로 시장경제원리가 원활하게 작동할 수 없었는데, 그것은 금융개혁의 부진 때문이었다. 1980년대 초부터 민간주도의 경제와 대외개방정책의 일환으로 금융시장 국제화와 자유화를 적극적으로 전개했다. 그런 과정에서 종전의 정책금융이 대폭 축소되었음에도 불구하고 대기업 중심의 대출이 그대로 이어져 대기업은 경쟁적으로 과잉투자에 나섰다. 이와 같이 금융부문의 부진이 1997년 외환위기를 촉발한 주요 원인이 되었다.

이처럼 노동 및 금융 분문에서 시장경제원리에 따른 개혁이 이루어지지 못한 결과 1997~98년간 외환위기를 겪었지만, 외환위기는 한국의 시장경제체제가 선진화되는 전화위복의 계기로 되었다. IMF와 G7선진국의 도움을 받아 외환위기를 극복하였고, 금융시장 개혁과 기업의 지배구조 및 정리해고 등 글로벌 시장경제원리를 받아들이게 되었다.

그러나 2000년대에 들어서도 현재 한국의 시장경제와 관련하여 가장 시급히 개선되어야 할 것이 노동시장의 유연성 제고이다. 노동시장의 유연성이란 노동서비스에 대한 수요나 내용이 변할 때 노동공급관련 내용이 얼마나 빨리 효율적으로 변할 수 있는가를 말한다. 노동시장의 유연성을 기업 차원에서 본다면, 기업은 종업원의 수와 근무시간 또는 그들의 기술

수준을 상품생산의 변화와 내용에 따라 얼마나 쉽게 조정할 수 있는가 하는 것인데, 기업의 이와 같은 능력은 고용에 대한 정부의 규제로 제한을 받을 수가 있다. 그렇게 되면 기업을 운영하기 힘들게 되고, 기업의 경쟁력이 떨어지게 되는 것은 물론이다.

이것만은 꼭 알아두고 싶은
100문 100답 교양경제

Chapter 3

금 융 의 역 할

이것만은 꼭 알아두고 싶은
100문 100답 교양경제

21

'금융'이란
어떤 것인가?

금융은 이자를 수반한
돈의 흐름이며 경제의 윤활유이다.

금융이라고 하는 것은 돈을 융통하는 것이기 때문에, 당연히 빌려준 돈에도 빌린 돈에도 이자가 붙는다. 예를 들어 여러분이 돈을 은행에 맡기는 가장 큰 이유는 이자에 의해 맡긴 돈을 늘리려는 데 있을 것이다. 또 나라가 발행하는 국채나 회사가 발행하는 채권을 사는 것도, 그것을 가지고 있는 것으로 이자를 받을 수 있기 때문에 사는 것이다.

한편 은행 측에서 본다면, 예금자에 대하여 이자를 지불하기 위해서는 맡은 돈을 그대로 계속 가지고 있어서는 아무것도 안 된다. 그 돈으로 벌지 않으면 이자분의 지불로 자기 쪽은 아무것도 아닌 것이 되어 버리고 만다.

그래서 은행은 기업 등 자금을 필요로 하는 곳에 돈을 빌려준다. 그때에는 당연히 이자를 요구한다. 이렇게 빌려주어서 얻어진 이자수입의 일부를 예금자에 대한 이자지불로 돌리는 것으로 은행은 나날이 경영을 성립시키고 있다.

이와 같이 금융기관은 가지고 있는 돈을 운용하고 싶다고 생각하고 있는 사람들과, 돈을 빌려 뭔가를 하고 싶다고 생각하는 사람들과의 가교 역할을 담당하고 있다고 생각하면 좋을 것이다. 이 세상에 금융기관이 없어진다면, 돈이 필요한 사람들은 개별적으로 돈을 내어 줄 만한 사람을 찾아다니지 않으면 안 될 뿐만 아니라 금액이 크면 클수록 그 때문에 노력은 한없이 커질 것이다. 그런 수고를 대신해서 떠맡아 주는 것이 금융기관이다.

이 금융이 잘 작동하지 않게 된다면 세상에 돈이 잘 돌아가지 않게 되고 경제활동은 정체해 버린다. 이 때문에 '금융은 경제의 윤활유'라 하며, 그 중요성은 다른 산업보다도 큰 것이다.

물건의 흐름 뒤에 돈의 흐름, 돈의 흐름은 물건의 흐름에 그림자처럼 바싹 달라붙어 있다. 거꾸로 말하면, 금융을 수반하지 않는 경제활동은 없다고 해도 좋다.

아주 옛날 물물교환의 시대에는 돈이 없어 금융도 없었지만, 현대 사회에서는 금융이 잘 돌아가지 않으면 세상에 경제활동과 돈이 돌아가지 않게 된다. 돈이 상품이나 서비스의 매개를 하고 있기 때문이다. 그런데 여기서 곤란한 일이 하나 일어난다. 가계에도 기업에도 돈의 출입, 즉 수입과 지출이 꼭 일치한다면 문제는 없지만 실제는 그렇게 되지 않는다. 아무래도 돈의 과부족이 생긴다. 그래서 돈이 남아도는 곳에서 모자라는 곳으로 돈을 빌려주고 빌리는 융통장치가 만들어진다. '금융'이라는 것은 간단히 말하자면, 이 돈의 융통인 것이다.

돈은 있어도 그 빌려주고 빌리기가 잘 될 수 없다면 어떻게 될까. 누구나 자신이 얻은 돈의 범위 내에서만 물건을 살 수밖에 없게 된다. 모든 사람의 지출은 곧 모든 사람의 수입으로 되기 때문에, 전체의 지출이 억제된다면 전체의 수입도 억제된다. 돈을 빌려주고 빌리지 않는다면 경제의 규모를 크게 할 수가 없게 된다.

이에 비해서 돈의 융통이 가능한 경우, 기업은 장래의 매출을 믿고 돈을 빌려 공장증설이나 설비투자를 할 수 있고, 개인도 급여나 상여금이 어쨌든 호주머니에 들어올 것을 전제로 은행으로부터 돈을 빌려서 내 집을 건축할 수가 있다. 주변에 돈이 없어도 물건을 살 수 있기 때문에 그만큼 경제활동이 활발해지기 마련이다.

22

한국은행은
어떤 역할을 하나?

발권은행, 정부의 은행,
은행의 은행으로서의 역할을 수행한다.

한국은행은 우리나라의 중앙은행이다. 어느 나라 경제든 통화제도를 운영하려면 그 제도를 책임지고 운영하는 중앙은행이 있어야 한다. 미국의 연방제도이사회, 영국의 영란은행 등 세계 각국의 중앙은행의 역할은 거의 공통하고 있고, 한국은행도 예외는 아니다.

나라의 법화제도를 운영하는 기관으로서 중앙은행은 크게 나누면 세 개의 얼굴을 가지고 있다. 그것은 '발권은행'으로서의 얼굴, '정부의 은행'으로서의 얼굴, '은행의 은행'으로서의 얼굴이다. 그리고 이들의 역할을 통하여 경제안정화를 위한 금융정책의 운영을 담당한다.

여러분의 돈지갑 가운데 들어 있는 지폐를 좀 꺼내 보면, '한국은행권'이라 쓰여 있을 것이다. 이것은 한국은행이 지폐를 발행하고 있기 때문에 '발권은행'으로서의 일이다. 그 가운데에는 새로운 지폐를 인쇄하는 것 외에 낡은 지폐를 점검하여 너무 더러워진 것이나 찢어진 것을 소각하는 일도 포함되어 있다. 다만, 한국은행이 지폐를 발행한다 해도 함부로 인쇄하여 시중에 유통시킬 리는 없다. 정부 또는 민간에로의 신용공여, 외화나 금의 취득이라고 하는 거래의 뒷받침이 있고서 비로소 지폐가 발행된다. 또 한은권의 발행한도액 그 자체도 법령에 정해져 있다.

'정부의 은행'으로서의 역할은 정부의 예금을 받아들인다든지, 반대로 자금을 정부에 빌려준다든지 하는 외에 각종 법령에 의거하여 국고사무, 외국환사무, 국채사무를 정부를 대신하여 수행하는 것이다. 예를 들면, 한은은 국고금의 출납사무를 수행하게 되어 있고, 국고금의 수지는 모두 한은에 있는 정부의 예금구좌 대부분은 무이자의 당좌예금의 수불로서 처리된다. 그 때문에 세금 등은 한은의 정부예금구좌로 들어가고, 정부의 지불은 한은을 지불인으로 하는 정부수표를 발행함으로써 이루어진다.

한국은행은 시중은행처럼 일반 기업이나 개인과는 거래하지 않는다. 따라서 우리들이 한은에 예금구좌를 가지고자 해도 안 되는 일이다. 한국은행의 거래상대는 정부 이외에는 일반 금융기관뿐이다. 그래서 '은행의 은행'으로서의 역할이 나온다. 한국은행이 거래하는 금융기관은 시중은행, 장기신용은행, 신탁은행, 재한 외국은행, 신용금고, 농협은행, 수협은행, 증권금융, 증권·단자회사 등으로, 거래의 내용은 예금·대출·채권의 매매 등이 중심이다.

한국은행은 이러한 금융기관과의 거래를 통하여 금융을 조정하는 역할을 한다. 예를 들어 한은이 시중은행에 대출할 때의 금리인 공정금리 기준금리를 인상시킨다고 해보자. 그것을 계기로 시중은행은 기업 등에 대한 대출금리를 인상시킬 것이기 때문에 돈을 빌리기 어려운 상태, 즉 금융이 단단히 죄어지는 쪽으로 상황을 만들어간다. 또 시중은행에 강제적으로 쌓여져 있는 준비예금의 이율을 변경한다든지, 금융시장에서 채권을 매매하는 방법으로 시중에 나도는 돈의 양을 조절할 수도 있다. 한국은행은 이들의 조절수단에 의하여 금융시장에서 일어나는 자금의 과부족을 평준화함과 동시에, 경기나 물가 측면에서 경제가 혼란에 빠지지 않도록 안정화 방책을 도모하고 있다.

23

금융시장의 구조란?

돈의 융통기간과 차용서 종류에 따라
여러 시장으로 구성된다.

어떠한 시장에서도 사는 사람이 자기가 원하는 것을 사고, 파는 사람이
그 대금을 받는다고 하는 거래가 이루어지고 있다. 그러면 **금융시장**이란 시
장에서는 어떠한 거래가 이루어지고 있는 것일까. '금융시장이라고 하는
정도이기 때문에 돈의 거래가 이루어지는 시장일 것이다.'라고 하는 상상
은 되지만, 그 '돈의 거래'란 무엇을 의미하는 것일까?

금융시장이란 한마디로 말하면 돈의 융통, 즉 대출과 대부가 이루어지는
것이다. 예를 들면, 백만 원 빌리고 싶다고 생각하는 사람이 백만 원 빌려줘
도 좋다고 생각하는 사람으로부터 백만 원을 빌린다고 하는 거래가 이루

어지는 것이 금융시장이다. 다만, 여기서 두 가지 점에 주의할 필요가 있다.

첫째로, 후에 트러블이 발생하지 않도록 대차를 한 것을 입증하는 '차용서'를 빌리는 사람이 빌려주는 사람에게 넘길 필요가 있다. 둘째로, 빌리는 사람은 빌려주는 사람에 대하여 돈을 빌려주는 것의 '사례'를, 예를 들어 금리라고 하는 형태로 차용서와 교환하여 지불하지 않으면 안 된다. 차용증서에 대한 수요는 사례　가 높으면 높을수록 강해지고, 낮으면 낮을수록 약해진다.

차용서의 종류에 따라서 금융시장은 몇 가지 유형으로 나누어진다. 예를 들면, 나라가 발행하는 차용서인 국채를 거래하는 시장을 채권시장 이라 한다. 회사가 발행하는 차용서인 사채　가 거래되는 사채시장도 서서히 정비되고 있다. 국채시장과 사채시장을 합쳐서 공사채시장이라고 하는 경우도 있다. 국채나 사채의 경우, 차입자의 나라나 기업은 금리를 대출자에게 지불한다.

한편, 회사는 주식을 발행하여 자금 모으기를 하는 경우도 있다. 주식의 경우 기업은 빌린 돈을 돌려 줄 필요가 없이 금리 대신에 배당이라고 하는 사례를 지불한다. 국채나 사채는 대차기간이 1년 이상, 주식은 대차기간이 정해져 있지 않기 때문에 그것들을 거래하는 시장을 장기금융시장이라고 한다.

이에 대하여 1년 미만의 단기자금을 거래하는 시장이 단기금융시장인데, 단기금융시장의 대표 격은 콜·어음시장이다. 콜은 '부르면 답 한다'고 하는 의미로 은행만이 참가할 수 있는 인터뱅크시장, 은행만이 아니라 일반 기업 등도 참가할 수 있는 시장을 오픈시장이라 한다. 인터뱅크시장으로서 금융기관끼리 극히 단기의 대차관계를 행하는 장이 콜시장이다. 또 기업이 발행한 차용서의 일종인 어음이 거래되면서, 콜보다 조금 장기자금의 거래를 하는 장이 어음시장이다.

또 장기대부시장, 즉 공·사채시장이나 주식　시장은 장기금융시장이라 부른다. 공사채시장은 채권을 거래하는 시장이고, 주식시장은 주식을 거래하는 시장이다. 채권, 주식은 모두 기업 등이 자금을 조달하기 위해서 발행하는 유가증권이지만 기업에 있어서는 채권으로 조달한 자금은 변제의무가 있는 부채임에 대해서, 주식은 변제의무가 없는 자기자본이 된다.

공채시장에는 사채社債나 금융기관이 발행하는 금융채, 국가가 발행하는 국채, 지방자치단체가 발행하는 지방채, 정부보증채를 포함한 공사채 등이 거래되고 있고, 채권을 발행하는 기채시장과 발행된 채권을 매매하는 유통시장으로 구성된다.

금융시장은 살아있는 생물이기 때문에 그 움직임은 나날이 변화한다. 금융시장의 움직임으로서 모두가 관심을 가지는 것은, 돈이 시장에서 헐렁하게 남아돌고 있는지 부족한 상황인지 하는 점이다. 금융시장에 참가하고 있는 것은 금융기관뿐이라고는 해도 거기에의 공기는 즉각적으로 은행의 대출태도 등에도 반영되기 때문에 기업이나 개인도 무관심할 수는 없다.

금융시장의 변화는 계절에 의한 것과 경제동향에 의한 것이 있고, 이 두 개의 요소가 서로 얽혀서 종합적인 움직임이 된다. 예컨대 금융의 계절성으로서는 연중 봄에는 나라의 신예산의 집행으로 재정 면으로부터의 지불이 늘어나기 때문이고, 대체로 가을·겨울로 가면 보너스 자금과 기업의 연말결산자금의 수요가 우르르 몰려나오기 때문에 바싹 죈다고 하는 사정이다.

또 경기가 상승하는 궤도에 진입하고 있다면, 기업의 자금수요가 많아지는데다 세금에 의해 빨아올리는 액도 늘어난다는 점에서 금융은 바싹 죄이고, 반대로 불황이 되면 자금수요가 빠져나가 금융은 완화로 향해 간다. 한국은행은 경제동향을 조망하고 경기가 과열이 될 우려가 있다고 본다면 금융시장이 긴축기미로 될 수 있게 하고, 반대로 불황이 심각해질 듯해 보이면 완화상태가 되도록 정책적으로 유도한다.

24

기준금리 변동의 효과는?

기준금리의 변경은
한국은행의 정책방향을 나타낸다.

　경제뉴스의 가운데 기준금리의 변동은 톱클래스의 취급을 받는다. 정식으로 한은총재의 발언이 신문지상을 크게 장식한다든지 재계수뇌의 우려 섞인 견해가 소개된다든지 한다. 기준금리가 금리체계의 중심이며 경기나 물가정책의 예리한 수단이기 때문에, 누구나 그 동향에 관심을 가지고 있기 마련이다.

　기준금리라고 하는 것은 한국은행이 거래처인 시중 금융기관에 돈을 빌려주는 경우에 적용하는 금리이다. 정확하게는 어음할인을 할 때에 기준으로 해야 할 '할인율'이나 대부할 때에 기준으로 해야 할 '대부이자율'이라 한다. '기준율'이라 부르는 것도 이 비율을 공시하는 것이 법률로 의무 지워져 있기 때문이다.

한국은행이 기준금리를 높인다면 시중 금융기관 측도 일반 대출금리를 높이지 않는다면 채산이 맞지 않게 된다. 기업으로서는 차입비용이 상승되기 때문에 투자를 억제하고 더 이상 차입을 하지 않으려 하기 마련이다.

한편 소비자 입장에서는 금리가 오르면 저금을 하는 편이 유리해지기 때문에 소비할 돈을 억제하여 저금으로 돌리게 된다. 이렇게 하여 경기상승이 억제됨과 아울러 금융기관의 자금부족에 따른 파탄이란 위기는 회피된다. 다만, 어느 정도 금리를 인상하는 것이 좋을 것인지 하는 데는 명확한 지표가 없다.

그러므로 자칫 잘못하면 도리어 경기를 후퇴시키고 문제를 더 크게 만들어 버리게 될 것이다. 이 부분이 중앙은행으로서의 역량을 보여주는 점이라 할 것이다.

반대로 경제가 불황인 때에는 기준금리를 내린다. 그렇게 하면, 기업은 돈을 빌리기 쉬워져 투자가 늘어나며 그와 아울러 일자리도 늘어날 것이다. 또 소비자들도 돈을 은행에 맡겨두기보다 쓰는 쪽이 좋다고 생각하기 때문에 총수요가 환기되어 갈 것이다.

이렇게 금리를 상하로 변동시키면서 한국은행은 시장에 흐르는 돈의 양을 조정하고 지속적인 경제성장을 실현해 가고자 한다. 다만, 이러한 공정이율조작은 금리의 자유화가 일어난다면 그 효과가 약화될 것이다.

우리나라에서는 기준금리의 영향력이 예상외로 크다. 왜냐하면 우리나라의 금리체계의 중심적인 존재가 기준금리이기 때문이다. 즉, 기준금리가 움직이면 다른 시중금리도 장기판이 요동하듯 일제히 유동한다. 기준금리가 오르면 시중은행은 한국은행에 그만큼 높은 이자를 지불하지 않으면 안 되기 때문에 기업이나 가계에 대한 대출금리를 올려서 차액을 확보하고자 한다. 신용도가 높은 기업에 대한 대출에 적용되는 단기 프라임레이트 등은 기준금리에 완전 연동되는 게 관습처럼 되어 있다. 또 기준금리가 오르면 금융기관끼리의 대차인 콜이나 어음의 금리가 상승하고 예금금리나 장기금리에까지 파급되는 경향도 있다.

우리나라에서 기준금리의 영향력이 큰 또 하나의 이유는 그때그때의 한은의 경기판단이나 금융정책의 방향을 적확하게 나타내기 때문이다. 기준금리가 상승할 때에는 한은이 경기과열과 물가상승을 걱정하고 있는 증거이고, 반대로 기준금리를 내릴 때는 경기가 침체하고 있기 때문에 경제활동을 자극할 필요가 있다고 판단한다.

이 때문에 기준금리가 움직이면 그 밖의 금융정책도 일제히 같은 방향으로 움직여 나갈 것이 예상된다. 예를 들어 기준금리가 오른다면 시중은행에 대한 대출증가규제 등의 양적 금융정책도 긴축으로 향할 것이다. 그러므로 기준금리가 올라가면 금융권은 전반적으로 부조화 속에서 경기하강 속도가 빨라질 수 있다. 나아가 국제경제의 경기 상황이 부진한 가운데 기준금리의 인상은 신중해야 할 것이다. 특히 기축통화국인 미국의 금리인상이 한국경제에 미치는 영향이 크기 때문이다.

25

통화량의
조절 수단은?

공개시장조작,
법정지급준비율, 재할인율

중앙은행이 화폐공급량을 조절하기로 결정하면 중앙은행의 행동이 은행제도를 거쳐 어떤 결과를 가져올 것인지에 대해 생각해 보아야 한다.

중앙은행이 통화량을 조절하기 위해 사용할 수 있는 수단에는 세 가지가 있다.

하나는 **공개시장조작**open market operations이다. 이것은 중앙은행이 민간으로부터 국채를 사거나 파는 행위를 말한다. 즉, 한국은행이 화폐공급을 늘리려고 국채매입대금을 지급하면 돈이 시중에 유통되어 화폐의 양을 증가시킨다. 반대로 통화량을 줄이려면 국채를 매각한다. 이처럼 공개시장조작은 집행하기 쉽다. 사실 중앙은행이 민간으로부터 국채를 매매하는 행위는 개인들이 보유자산의 구조를 조정하기 위해 하는 거래와 비슷하다. 물론 개인들끼리 국채를 사고 팔면 돈의 주인만 바뀔 뿐이지 시중에 나도는 통화량은 변하지 않는다. 중앙은행은 주요 법률이나 은행관련 규정을 변경하지 않고도 언제든지 공개시장조작을 통해 소폭 혹은 대폭 통화량을 조절할 수 있다.

또 하나의 방법으로 법정지급준비율reserve requirements은 은행들이 받아들인 예금 중에서 의무적으로 보유해야 되는 지급준비금의 최저비율이다. 법정지급준비율의 변동은 은행들이 지급준비금으로 창출할 수 있는 화폐의 양에 영향을 준다. 법정지급준비율예금준비율을 인상한다면, 그만큼 시중은행이 자유롭게 대출할 수 있는 돈은 줄어들고, 반대로 낮게 한다면 은행의 대출은 활발해진다.

중앙은행의 통화량 조절 수단 중 세 번째는 재할인율discount rate이다. 재할인율은 중앙은행이 시중은행에 제공하는 대출금에 부과되는 이자율이다. 시중은행의 지급준비금이 부족한 경우에는 중앙은행으로부터 자금을 차입한다. 지급준비금 부족사태의 원인에는 급작스런 예금의 감소나 과도한 대출 등이 있을 수 있다. 중앙은행이 시중은행에 자금을 대출해 주면 은행의 지급준비금이 증가하고 이 지급준비금으로 은행들은 더 많은 양의 통화를 창출할 수 있다.

중앙은행은 재할인율의 조정을 통해 통화량을 변동시킬 수 있다. 재할인율이 높으면 시중은행들은 중앙은행으로부터의 지급준비금 차입을 자제하게 된다. 따라서 재할인율이 인상되면 은행 전체의 지급준비금이 줄어서 화폐공급이 감소한다. 반대로 재할인율이 낮아지면 시중은행들이 중앙은행으로부터의 지급준비금 차입을 늘리므로 은행 전체의 지급준비금이 늘어나 통화량이 늘게 된다.

중앙은행이 보유하고 있는 위 세 가지 정책 수단은 통화 공급량에 강력한 영향을 미친다. 그렇다고 해서 아무런 문제없이 시중 통화량을 정확하게 통제할 수 있는 것은 아니다. 하나의 문제는 가계들이 예금형태로 보유하려는 화폐의 양을 중앙은행이 모두 통제할 수 없을 뿐만 아니라 은행들이 대출하려는 금액을 통제할 수 없다는 것이다. 그러나 이들의 행동을 완벽하게 예측하거나 통제할 수 없다곤 해도 중앙은행이 방심하지 않는다면 이런 것들은 큰 문제가 되지 않을 것이다.

26

은행의
역할이란?

금융중개 외에
결제기능도 있다.

어떤 길목에도 훌륭한 빌딩에 깨끗한 은행의 간판이 눈에 띈다. 대부분의 소비자로서는 은행은 돈을 맡기거나 빌리는 곳이다. 한편, 기업으로서는 은행은 돈을 빌리는 곳이다. 소비자는 돈이 수중에 남아 여유가 있어도 어디에 빌려준다면 좋을지 잘 알지 못하고, 돈을 떼일 리스크를 개인에 떠맡는 것은 피하고 싶다는 점이다. 다른 한편, 기업은 설비투자 등을 위해서 부족한 돈을 어디에서든 조달해야 할 필요성에 쫓기고 있을지도 모른다.

그러므로, 그 사이에 끼어들어 돈의 중개를 행하는 기관이 있으면 매우 편리하다. 빌려줄 사람인 개인 소비자와 빌릴 사람인 기업을 연결하는 기관, 이것이 은행이다.

은행은 빌려주는 사람으로부터 모은 대량의 돈을 리스크를 껴안으면서도 개별 기업에 대출한다. 기업에는 주식이나 사채를 발행하여 소비자로부터 직접 자금을 조달한다. 그런 직접금융이란 방법도 있지만, 은행이 사이에 끼어들면 자금을 빌려주는 사람과 빌리는 사람을 직접 연결할 필요는 없어진다. 이것을 간접금융이라 한다. 빌려주는 사람으로부터 빌리는 사람으로 돈을 융통하는 은행의 역할을 금융의 중개기능이라 한다. 이 기능은 소비자와 기업의 사이뿐 아니라 지역 간이나 국가 간에도 발휘된다. 은행은 자금조달을 중개함으로써 이자차익_{빌리는 사람에게 대부 금리와, 빌려주는 사람에게 넘기는 금리의 차액}을 벌기 마련이다. 이자차익은 은행이 예금을 모은다든지 융자대상의 기업을 심사한다든지 하는 행위의 대충자금으로서 얻는 보수로 생각해도 좋을 것이다.

더구나 이 금융중개기능은 경제 전체로 본다면 예금을 비약적으로 팽창시키는 이상한 효과도 가지고 있다.

지금 은행 A가 예금자로부터 맡겨진 돈을 주위의 기업에 대출을 해주는 경우를 생각해 보자. 은행 A는 대출하는 돈을 그 기업의 거래은행인 은행 B_{은행 A자신의 일도 많은}의 예금구좌로 불입한다. 한즉, 은행 B는 그 예금을 자기 주위에 있는 다른 기업에 대출을 하고, 그 기업의 거래은행인 은행 C의 예금구좌로 돈을 불입한다.

이러한 프로세스는 무한히 계속되어 경제 전체에 예금이 크게 팽창하게 된다. 이것을 은행의 신용창조기능이라고 한다. 실제로, 사회 전체의 예금의 양을 집계하면, 초기 예금의 수십 배에 달하고 있다.

은행에 고유의 업무로서는 이들 외에 결제기능이 있다. 거의 모든 세대가 공공요금이나 현금카드를 사용한 구매대금 등을 은행구좌로부터 자동납부하고 있다. 은행은 보통예금에 의한 대체 저금계좌나 당좌예금에 의한 수표 발행 등을 통하여 이러한 결제업무를 행하고 수수료 수입을 얻고 있다.

다만, 실제는 그 은행의 고객인 소비자나 기업 간의 대차 관계가 은행 단위로 집계되고, 그것이 은행 간의 대차관계로 바뀌어져서 거기서 생기는 차액만이 은행 간에 결제되고 있다.

27

기축통화란
무엇이며 그 요건은?

세계통화로서의
안정성 등이 필요하다.

세계에는 지역이나 나라 수만큼 통화의 종류가 있다고 해도 과언은 아니다. '유로'와 같이 복수의 나라에서 하나의 통화를 사용하는 예는 극히 드물다.

그 때문에 각국 간의 무역이나 투자의 결제에 저마다의 통화를 사용한다면 대단히 품이 들 것이다. 그래서 실제로는 '**기축통화**Key currency'라 부르는 세계통화로 흔히 결제되는 것이다.

요컨대 기축통화란 많은 사람들이 외국과의 거래관계에서 사용하는 돈이다. 따라서 세계적인 결제에 받아들여지는 성질을 가진 통화에 필요한 조건으로서 '세계적으로 유통량이 많고', 그 나라가 세계경제 가운데 차지하는 경제규모가 커서 '통화로서의 가치가 안전하며', '자유롭게 거래되는 금융시장이 세계 각지에 발전하고 있는' 등을 만족할 필요가 있다.

결국 기축통화가 될 수 있는 핵심은 세계 각국의 사람들이 그 돈을 가지고 자유롭게 장사를 하려고 생각할 정도의 안전성이 필요하다는 점이다. 그와 같은 통화는 세계에서도 조금밖에 없다.

현재 기축통화로서 가장 잘 사용되고 있는 것이 미국의 달러이다. 예를 들어 한국의 무역에 있어서 수출입 금액의 대부분을 원화가 아닌 미국 달러로 결제하고 있다. 따라서 한국무역은 미 달러 환율의 영향을 받고 있기 때문에 기축통화 환율이 변화하면 한국기업의 비즈니스 환경이 변해버릴 것이다. 즉, '원고'라면 수입에 유리, 수출에 불리해진다. 그러나 기축통화의 미국의 기업은 환율로부터 영향을 받지 않고 장사를 할 수 있다. 따라서 일반기업뿐만 아니라 나라 전체에 있어서도 메리트가 있다. 가령 '돈을 많이 찍어내도 통화가 좀체로 싸지지 않는다.'는 점이다.

기축통화는 그 나라 가운데만 아니라 세계 중에 사용되고 있기 때문에 돈의 양이 늘어나도 세계 각지 구석구석에 널리 쓰여진다. 그 때문에 통화의 가치가 떨어지기 어렵고 환율도 잘 떨어지지 않는다는 면이 있다.

이렇게 되면, 기축통화를 가진 미국은 다른 경제대국에 비해 돈을 찍기 쉬워 정부도 경기대책을 하기 쉽다. 이것은 전 국민에게 있어서 큰 메리트가 된다.

최근 일본 엔이나 중국 위안화가 기축통화로 '될 수 있다'거나 '돼야 한다'는 주장도 있다. 중국의 위안화는 장래 가능성은 있다고도 하지만, 중국의 국가신용등급과 자본시장 개방 정도, 위안화의 국제화 수준, 금융시장의 개방 정도 등을 모두 고려하면 인민위안화를 안전한 자산으로 분류하여 기축통화가 되기에는 아직 더 많은 준비시간이 걸릴 것이라는 평가가 많다. 좋든 싫든 아시아의 대표적 안전자산이자 기축통화는 아직은 중국

위안화가 아니라 일본 엔화라는 현실을 인정하지 않을 수 없다. 한·일 경제협력체제의 복원이 시급한 과제다. 대외 의존도가 높은 한국경제는 국제금융 위험에 철저히 대비하지 않으면 안 되기 때문이다. 보유외화 4,000억 달러의 여유를 가진 상황이라도 그렇다. 3조 달러가 넘는 외화를 가진 중국도 유사시 어려움을 겪을 수 있다는 분석이 나오고 있으니 말이다.

현재 유럽공동체EU의 나라들에서 사용하고 있는 '유로'는 EU지역권 내에서 경제 활성화를 도모하기 위해서 1999년 도입되었다. 이제 공동체 발족으로부터 10년 전후로, 향후 유로도 또 하나의 기축통화로서 달러와 어깨를 나란히 국제적인 결제 등에 중용되어 갈 것이다.

지폐나 동전처럼 물리적 형태를 갖추지 않은 가상화폐디지털 통화의 세계에서 기축통화로 평가받는 비트코인Bitcoin은 중앙정부의 관리나 통제를 받지 않는다. 국가 간 거래 시에도 환전이 필요하지 않으며 환율의 영향도 받지 않아서 누구나 손쉽게 익명으로 비트코인 계좌를 개설할 수 있는 것도 큰 장점이다. 그래서 아직 규제가 미미하기 때문에 불법적인 목적으로 비트코인을 악용할 위험성도 있다. 지난 2년간 국내 가상화폐관련 사기 피해액이 2조 7,000억 원에 이른다는 법무부 통계는 놀라운 사실이다. 또, 북한으로 추정되는 해커들이 가상화폐 투자자를 주 표적으로 삼아 공격하고 있다는 보도도 왜 비트코인 규제가 글로벌 추세인지 보여준다.

그러나 암호 화폐의 역사는 아직 짧기 때문에, 4차 산업혁명시대에 디지털 금융혁신과 함께 비트코인이 실물 화폐처럼 얼마나 더 실용적으로 글로벌화하고 기능할지는 두고 봐야 할 것이다.

28

채무의 증권화란?

은행의 불량채권 처리를
쉽게 하는 방법

지금 은행 A가 기업 B에 대하여 100억 원을 대출해 주었다고 하자. 100억 원은 은행 A에 있어서 채권, 기업 B에 있어서는 채무이다. 그런데 기업 B가 경영부진에 빠져 은행 A로부터 빌려 쓰고 있는 100억 원을 변제하기가 어려워졌다고 하자. 즉, 은행 A에 있어서 기업 B에게 빌려 준 100억 원은 불량채권이 되어버린 것이다. 채무도 금액이 커지면 채무자보다 대부자에게 중압으로 작용하게 된다.

이 경우에도 은행 A는 100억을 회수할 수 없게 되면 매우 곤란한 사태에 빠지게 된다. 또 불량채권을 떠안은 은행 A는 기업 이외의 회사에 돈을 신규로 대출하는 것도 슬슬 평계대며 꽁무니를 뺄지도 모른다. 실은 이러한 상황이 외환위기 이후 한국뿐 아니라 버블 Bubble 붕괴 이후 일본의 은행 부문을 한동안 지배해 왔던 것이다.

그런데 경영부진에 빠지고 있는 기업 B가 주식을 100억 원분만큼 새로이 발행했다고 하자. 그리고 은행 A가 그 주식을 인수했다고 하자. 그때 기업 B는 은행 A로부터 100억 원을 받고 그 100억 원을 사용해서 은행 A에 대한 채무를 변제할 수 있다.

한편, 은행 A에 관해서 보면 불량채권화되고 있던 기업 B에 대한 채권이 회수되어 자기 손에는 기업 B에 대한 채무가 자사의 주식으로 변환되어 기업 B의 주식이 100억 원분 남아 있다.

이렇게 해서 기업 B로부터 보면, 은행 A에 대한 채무가 자사의 주식으로 변환되어 버린다. 채무의 증권화란 이런 상황을 말한다.

그런데 이 증권화는 어떠한 결과를 초래할까. 기업 B로부터 보면, 갚을 수 없어 곤경에 처해 있던 채무가 해소되고 증자도 받을 수 있기 때문에 경영재건으로의 새 길이 열리는 계기가 된다. 한편 은행 A측에서는 불량채권이 정확히 회수됐다고 하는 메리트가 생긴다.

물론 기업 B가 또다시 경영부진에 빠진다면, 보유하고 있는 주식의 시장가격이 떨어진다고 하는 리스크는 있다. 그러나 기업 B의 대주주가 된 은행 A는 그 경영재건에 적극적으로 뛰어들 것이다.

나아가 경우에 따라서 은행 A는 기업 B의 주식을 제3자에게 팔 수도 있다. 기업 B용 채권은 채권인 채 그대로 자신이 떠안은 만큼밖에 없겠지만, 주식으로라면 팔린다. 기업 B의 재건에 기대를 거는 투자가도 찾아보면 있을지도 모른다. 또한, 설령 주가가 떨어져 매각손이 나와도 은행 A로서는 채권의 회수를 포기하기보다 적은 손실로서 마무리 짓는다고 하는 일도 있을 것이다.

이와 같은 채무의 증권화는 미국이나 유럽사회에서 회사 재건의 방법으

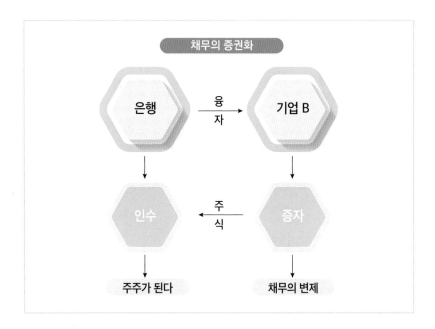

채무의 증권화

은행 ──융자──▶ 기업 B

인수 ◀──주식── 증자

주주가 된다   채무의 변제

로서 1980년대부터 활용되고 있다. 토지 등 부동산도 똑같은 구조로 채무의 증권화가 진전되고 있다. 한국에서도 2016년 조선, 해운기업의 부채문제를 두고 논란이 많았지만, 은행부문이 껴안은 불량채권의 문제를 빨리해소하고 경제를 활성화해야 한다는 점에서 채권의 증권화가 중요한 정책방향이 될 것이다.

29

경제주체와 금융의 관계는?

경제주체 간에서의
자금의 거래를 금융이 중개한다.

　눈에 보이는 상품이나 서비스에 대하여 돈을 지불하는 행위는 실물경제
이고, 돈 그 자체의 가치를 가지고 거래되는 것이 화폐경제이다. 그래서 실
물경제와 화폐경제는 별도의 것으로 보이지만, 실은 수레의 양 바퀴와 같
이 불가분의 관계에 있다.

　한 나라 경제의 주체인 기업, 가계, 정부가 어떻게 **실물경제**와 **화폐경제**에
관계하고 있는지를 살펴보자. 가계는 노동의 대가로서 기업으로부터 임금
을 수취하고 상품이나 서비스를 소비하는 것으로 기업에 돈을 환원한다.
다만, 가계는 수취한 돈　소득의 전부를 소비로 돌리지는 않는다. 소비지출하고 남은 자금은 은행에 예금한다든지 주식이나 채권, 부동산 등의 투자로 돌린다. 요컨대, 화폐경제에서는 가계는 주된 자금의 지출자가 된다. 다만, 가계도 주택 론 등을 통하여 자금의 취득자가 되는 경우도 있다.

한편 기업은 사업자금을 은행 등의 금융기관으로부터 차입한다든지, 주식이나 채권을 발행하는 것으로 조달한다. 요컨대 화폐경제에서는 기업은 주로 자금을 받는 사람이 되지만, 동시에 이익의 일부를 은행 등에 수탁하고 주식이나 채권에 투자하여 운용하기 위해 기업은 자금을 내는 사람이다.

또한 정부도 국채 등을 발행하여 금융기관을 통해 매각함으로써 자금을 조달한다. 그렇게 하여 얻은 자금은 세금과 합해서 정부의 재원이 되어 공공사업 등에 지출된다.

전술한 바와 같이 경제주체 간의 돈의 거래가 화폐경제이고, 화폐경제의 담당자가 금융이다. 그리고 금융에 수반하는 여러 가지 기능이나 현상이 금융시스템이다.

금융의 가장 기본적인 역할은 돈이 남아있는 경제주체로부터 돈이 부족한 경제주체로 자금을 융통하는 것이다. 게다가 현재는 경제가 국제화하고 있어서 자금은 글로벌하게 융통되고 있다. 이에 따라 국내외를 포함시킨 투자와 저축은 같아짐과 동시에 자금의 과부족은 제로로 된다.

금융기관의 역할은 경제주체 간의 자금의 거래를 중개하는 것이고, 금융시스템의 담당자이다. 예를 들면, 은행은 예금자에 대하여 원금보증과 이자의 지불을 약속하고서 모은 돈을 기업 등에 대출하는 것으로 운용한다_{간접금융}. 예금자에게 원금을 보장하는 이상 은행은 '위험하다'고 판단한 기업 등에는 자금을 빌려주지 않으며 빌려준다 해도 반드시 담보를 받는다. 그럼으로써 위험을 최소한으로 억제하려는 것이다.

한편 직접금융에서는 증권회사가 투자가와 기업의 사이를 중개한다. 증권회사는 투자가가 불리해지지 않도록 정보제공 등은 행하지만, 투자 그 자체는 투자가의 자기책임에 근거하여 행해진다.

또 보험회사는 계약자로부터 맡겨진 보험료를 주식이나 채권에 투자하는 것으로 금융시스템의 일부를 담당하고 있다.

30

미국을 덮친
'서브프라임 론'이란?

🔍

레버리지 경영과
금융파탄의 길

작금의 미국경제를 이야기하는 경우 '서브프라임 론' 문제의 영향을 피해 갈 수는 없다. 서브프라임 론은 신용도가 상대적으로 낮아서 상환능력이 없을 수도 있는 개인소득이 낮고, 소득이 불안정하고, 과거에 파산한 적이 있는 사람들에 대하여, 비교적 높은 금리로 금융기관이 대출한 주택융자를 가리킨다. 서브프라임론이 일반적으로 되었던 2003년경은 호경기를 배경으로 미국의 주택가격이 상승기조에 있었기 때문에 빌려 쓰는 사람이 변제할 수 없게 되더라도 주택을 매각한다면 대부금을 즉각 회수할 수 있는 상황이었다. 금융기관도 서브프라임 론의 대부를 적극적으로 행하게 되어 최초의 수년간의 변제액을 가볍게 하여 그 후 본격적인 변제가 시작되는 식의 대출조건을 설정하여 빌리는 사람들을 모았다. 당시 미국의 주택 붐이었다. 주택시장은 계속 오르고 있었다.

그러나 2007년경부터 주택가격이 제대로 오르지 않게 되자 주택융자를 해준 측_{모기지 회사}은 대출한 융자채권을 그대로 보유하는 대신, 즉각 은행이나 증권회사에 팔아서 현금화했다. 서브프라임 론 채권을 매입한 금융기관은 그것을 '증권화'했다. '증권화'란 채권의 덩어리를 분할해서 작은 단위의 금융상품_{증권}으로 바꾸어 시장에서 파는 방식을 말한다.

그러나 실제의 과정은 조금 복잡하다. 서브프라임 론은 원래 위험성이 높은 상품이기 때문에 작은 구좌로 분할한다고 해서 위험이 없어지는 것은 아니다. 그래서 상업·투자은행은 주택담보채권의 위험을 숨기려고 다른 우량증권화상품_{국채나 초우량 대출채권, 사채 등}과 론에서 증권화된 상품을 혼합한 새로운 금융상품을 만들어 냈다. 이것을 CDO_{Collateralized Debt Obligation:채무담보증권}라 부른다.

CDO에 대해서는 신용보증회사조차 그 위험성을 잘 모르고 때때로 트리플A_{최고등급}를 매기기도 하여 글로벌 시장의 큰손인 헤지펀드나 기관투자가 등 세계의 투자가들도 기꺼이 대량으로 그것을 구입했다. 그리고 CDO를 구입한 투자자는 그것을 담보로 싼 금리로 자금조달을 해서 그것을 다시 자산운용에 사용_{레버리지 경영}함으로써 금융시장의 거래액은 점점 더 팽창했다. 그러나 이 같은 레버리지 경영은 2007년 7월경부터 치차_{齒車}가 역방향으로 돌아가기 시작하자, 연이어 파생상품에 관련된 금융회사들의 마이너스 수익의 연쇄가 작동하기 시작했다. 결국, 미국의 거대 투자은행 리먼 브러더스 등 금융회사들의 대폭적인 손실로 시장이 금융공황을 발생시켰다. 버블의 붕괴다.

미국은 기축통화를 가진 나라로 세계경제의 중심이다. 서브프라임 론으로 인해 주식, 채권 등 투자상품에 대한 불신이 확대되면서 전 세계 주가가 급락하고 자본의 흐름도 불안정해졌다. 글로벌 경제는 급속히 침체를 보였다. 과거 미국경제를 지탱했던 제네럴모터스 나 포드 같은 거대 기업도 경영위기에 빠졌다. 혹자는 미국이 과거 제조업 중심의 경제에서 금융시장과 IT에 입각한 '금융입국'으로 변신하려고 했지만 끝내 좌절하고 말았다고 말하기도 했다.

Chapter 4

국 민 생 활 과 물 가

이것만은 꼭 알아두고 싶은
100문 100답 교양경제

31

소비는 어떻게 결정되나?

소비는 임금, 자산 가격 외에
경기 동향에도 좌우된다.

경제학에서 '가계'라고 할 때는 수요 소비 측의 최소단위를 의미한다. 따라서 가계란, 그 구성원인 우리들 한 사람 한 사람의 '지갑'이라고 생각하자. 우리들은 기업 등에 노동력과 자본을 제공한 대가로 받은 돈으로 소비와 저축을 행한다. 또 번 돈의 일부는 세금으로서 정부에 납부하여 우리들이 매일 받고 있는 공공서비스를 위해서 이용된다.

가계에 의한 소비는 우리나라 GDP의 절반 이상을 차지하고 있다. 따라서 경기에 미치는 영향도 매우 큰 것이다. 가계의 소비지출이 올라가면, 가계가 소비하는 재화나 서비스를 제공하는 측의 기업의 업적도 호전되기 쉬워진다. 또 기업의 이익이 늘어나면 납세액도 늘어나 정부의 재정이 풍족해진다.

그런데 우리들 자신의 행동을 뒤돌아보면 당연한 일이지만, 소비는 수입에 의하여 크게 좌우된다. 일반 가계에 있어서 주된 수입은 노동으로부터 얻어진 임금이기 때문에, 임금이 늘어나는 것은 소비확대로 연결되고 반대로 임금의 정체에 따라 소비확대는 억제된다.

또 자산 가격(금리, 주가, 지가 등)의 변동도, 이자나 배당으로부터 얻어지는 수입이나 자산을 매각할 때에 얻어지는 수입을 변화시키는 것으로부터 간접적으로 소비에도 영향을 미친다(이것을 자산 효과라 한다). 근래에는 소비에 대한 '자산 효과'의 영향이 늘어나고 있는 게 아닌가 하는 지적도 나오고 있다.

이 요인으로서 고령자를 중심으로 예·저금이나 주식·부동산 등을 야금야금 없애서 소비에 충당하는 사람이 늘어나는 것, 지급액이 금융기관의 자산운용에 연동하는 형식의 연금이 등장한 것 등을 들 수 있다.

또한 현시점의 임금이나 자산 가격뿐 아니라 장래에 예상되는 임금이나 자산가격의 추이에 대한 기대도 소비에 무시할 수 없는 영향을 미치고 있다. 예를 들면, '향후에는 임금이 늘어나지 않는 건 아닌가?', '노후자금은 부족하지 않을까?' 등과 같은 불안이 부풀어지면 지출을 억제하여 저축으로 돌리려고 하는 기분이 생겨나 역시 소비는 침체되기 쉽다.

아무튼 한정된 수입에서 최대의 만족을 얻기 위하여(이러한 개인의 만족도를 '효용'이라 부른다), 그 수입을 얼마만큼 소비하고 얼마나 저축하는가 혹은 한정된 시간을 어떻게 노동시간과 여가시간으로 할당할 것인가, 이런 것들이 가계에 의한 의사결정이 되고 그에 기인한 행동이 경제활동으로서 실현되는 것이다.

32

국채는 국민의 자산인가?

나라의 빚이면서
국민의 자산이다.

　아는 사람으로부터 돈을 빌릴 때 한참 지나고 나서 서로 '빌려줬다', '빌리지 않았다'고 하는 트러블을 일으키지 않기 위해서는 차용증서를 만들어 둘 필요가 있다. 나라도 돈이 부족할 때, 즉 정부의 재정적자가 발생했을 때에는 국민으로부터 돈을 빌리는데, 그때에 발행하는 차용증서를 국채라고 한다. 물론 빌린 돈은 기한이 되면 이자를 붙여서 변제해야 한다. 이를 국채의 상환이라고 한다.

　정부가 조세 수입보다 지출을 많이 하면 재정적자가 되고, 재정적자가 누적된 것이 '정부 부채' 또는 '국가 채무'이다. 재정적자가 계속되어 국채가 누적되면 정부에 큰 부담이 된다는 말을 흔히 듣는다.

정부는 빚을 갚기 위해서 적절한 변통방법을 이리저리 강구하지 않으면 안 되기 때문이다. 그러나 국채를 껴안고 있는 국민으로서는 상환시기가 되면 나라에 빌려준 돈을 회수하기 마련이므로 국채는 위험한 부채가 아니라 자기 자산인 것이다. 물론 나라는 국채를 상환하기 위해서 국민에게 과하는 세금을 늘릴 지도 모른다. 그래도 그 세금은 국채상환에 따라 자기 호주머니에 들어온 돈으로 지불할 수 있다. 그렇게 생각하면 국채가 좀 누적되었다한들 어디가 그리 나쁜가 하는 말이 된다.

문제는, 국민이 국채보유를 자기 자산으로 생각할 수 있는지 어떤지 하는 데 있다. '나라가 이렇게 산적되어 가는 빚을 정말 지불할 수 있는 걸까' 하는 의문이 많은 국민들 사이에 불안감으로 커지게 되면 국채는 신용을 잃을 수 있다. 급기야 채권의 신용력이 그냥 한 장의 종이에 지나지 않게 돼버리고 만다. 그렇게 되면 국가 재정은 파탄난다.

한국이 1997년 외환위기와 2008년 글로벌 금융위기를 극복할 수 있었던 것은 국가재정의 건전성이 유지되었기 때문에 가능했다. 그러나 최근 한국의 재정적자는 빠르게 늘어나고 있다. 연간 국내총생산 대비 국가채무의 비율이 2019년에는 40%를 넘어설 것으로 보이는데, 그 요인은 최저임금 및 일자리 지원 때문이다. 이런 정책은 합리적이라고 볼 수 없다. 급격한 고령화 추세로 복지지출이 급증하는데 성장이 뒷받침하지 못하면 국가채무는 눈덩이처럼 쌓일 수 있다는 게 문제다.

지금 재정적자로 국채의 누적이 230% 이상 지속되고 있는 일본과 같은 나라에서는 재정파탄이 발생할 가능성이 전혀 없을 것이라고는 할 수 없다. 재정건전성이 흔들리면 국민경제의 기초체력이 위협받을 수 있다. 뿐만 아니라 재정적자로 정부가 매각하는 국채의 양이 많아질수록 채권시장에서 채권가격이 하락하고 이자율이 상승한다. 이자율이 상승하면 민간투자가 위축된다. 이렇게 재정건전성이 흔들리면 한 나라 경제의 기초체력이 위협받을 수 있다.

그리고 국가채무의 증가로 국채시장에서의 국채 평가가 나빠지면, 외국인의 신규 투자가 둔화되거나 심할 경우 외국인이 투자자금을 회수하기 시작한다.

물론 국채발행이 증가한 원인이 정부가 경기침체의 타개를 위해서나 미래세대의 인프라 건설을 위한 목적의 재정적자였다면, 민간 부문의 투자위축은 일시적인 것으로 큰 문제로 보지 않을 수도 있다. 그러나 국가부채를 상환하기 위해 미래세대가 떠안아야 할 부담이 또 다른 문제가 되지 않을 수 없다. 이에 대해 어떤 사람은 어차피 정부채권을 국민의 자산으로 보유하고 있기 때문에 실질적으로 세금부담은 없다고 말한다. 그러나 이 말은 세금을 부담하는 사람과 동일한 채권을 갖고 있는 사람의 분포가 일치할 때만 타당할 것이다.

33

지방교부세란 무엇이고 어떤 문제가 있나?

전국에 동일한 행정서비스를 보증하는 재원조정

　하수도나 교육 등 지방자치체가 제공하는 행정서비스에 관해서는, 전국 어디에 살고 있어도 가능한 한 똑같은 수준이어야 한다고 우리들은 생각한다. 그러나 행정서비스를 제공하기 위해서는 재원이 필요하다. 인구가 적고 별다른 산업도 없는 지방에서는 충분한 행정서비스를 제공할 만큼의 재원을 얻는 것이 용이하지 않다.

　그 때문에, 나라 전체에서 모은 세금을 재정력이 낮은 지자체에 중점적으로 배분하는 구조가 필요해진다. 이것이 지방교부세라는 구조다. 결과적으로 본다면, 이 제도에 의하여 재원이 풍부한 서울 같은 자치체가 그렇지 않는 지자체 ~~예, 시 ~~를 지원한다는 모양이 되어 있다.

지방교부세에는 보통교부세와 특별교부세의 두 종류가 있다. 보통교부세는 지자체에서 제공되는 행정서비스에 관하여, 그 자치체가 모으는 지방세수로는 조달할 수 없는 분을 보충하는 것이다. 특별교부세는 지진이나 태풍 등 커다란 천재지변의 피해가 발생했을 때의 비용, 지방선거비용 등을 지원하는 것이다. 보통교부세가 지방교부세 전체의 대부분을 차지하고 있는데, 지방교부세의 재원은 국세 3세 소득세, 법인세, 주세와 소비세, 담배세로 되어 있다.

지방교부세 가운데 보통 교부세는 원칙적으로 기준재정수요액에서 기준재정수입액을 뺀 재원부족액과 같은 금액이 교부된다 재원이 남아있는 지자체에는 교부되지 않는다.

이 중에 기준재정수요액이란 표준적으로 되는 행정서비스의 경비를 계산한 것이다. 또, 기준재정수입액은 그 자치체가 얻고 있는 세수 등의 수입을 특정 방식에서 조정한 수치를 가리킨다. 특히 지방교부세 교부금은 지방재정의 자립도가 전국 평균 50.3% 보다 낮은 지방자치체의 재정운영에 있어서 중요한 역할을 다하고 있다.

그러나 이 지방교부세에 관해서는 많은 문제가 지적되고 있다. 지방교부세란 요컨대, 그 자치체가 제공하는 서비스와 수입과의 차액을 나라가 보충한다는 구조이기 때문에 지자체 측에 비용의식이 좀체로 작동하지 않는다. 실제 한국의 지자체는 비용을 의식하지 않고 인기성 복지사업이나 공공사업을 팽창시키게 된다. 복지와 공공사업의 이권이 얽히면, 대사건이 일어날 수 있다. 광역지자체 중 재정자립도 꼴찌 25.7% 인 전남도는 2020년부터 농민 24만 명에게 연 60만원의 '수당'을 지급한다고 보도했다. 농민수당은 전남 해남군이 처음 도입하자 한 달여 사이 전국 40여개 기초단체로 확산된 데 이어 광역단체까지 가세한 것이다. 농민에게 수당주는 것 자체는 나쁠 것이 없다. 문제는 돈이다. 자기 돈이 없는데 남의 돈을 받아서 눈앞의 선거에 이용할 수 있다. 대학생 등록금, 청년수당, 아동수당, 어르신수당 등에 이어 교복과 교과서, 수학여행비까지 주는 지자체가 늘고 있다.

현재 한국의 지방교부세라는 제도는 행정서비스의 균일화란 역할을 하는 한편에, 자치체로부터 비용의식을 빼앗아 중앙정부의 재정의존도를 높이고, 게다가 지방재정을 점점 악화시키는 효과를 가지고 있다. 이와 같은 문제의식으로부터 지방교부세의 구조를 축소함과 함께 지자체의 징수력을 높임으로써 재정 면에서 지방분권을 높여야만 한다는 의견이 강해지고 있다.

더욱이 국가 방침에 따른 공공사업의 비용을 조달하기 위하여 자치체가 발행한 지방채의 원리금상환비의 일부는 기준재정수요액에 직접 가산된다. 그 때문에, 지자체는 비용을 의식하지 않고 공공사업을 팽창시키게 된다. 그것과 공공사업의 이권이 얽히면, 대사건이 일어난다.

즉, 지방교부세라는 제도는 행정서비스의 균일화란 역할을 하는 한편, 자치체로부터 비용의식을 빼앗아 중앙정부의 재정의존도를 높이고, 게다가 지방재정을 점점 악화시키는 효과를 가지고 있다. 이와 같은 문제의식으로부터 지방교부세의 구조를 축소함과 함께 지자체의 징수력을 높임으로써 재정 면에서 지방분권을 높여야만 한다는 의견도 강해지고 있다.

34

사회보장이란?

생활의 위험에 대비하는 안전망

우리들이 의사에게 찾아 갔을 때 물론 진료비를 지불하지만, 비용의 전부가 아니라 일부만 지불한다. 이것은 건강보험조합 등 공적인 의료보험으로부터 돈이 지불되기 때문이다. 그리고 그 돈은 매월 납부한 보험료에 의해 처리된다.

한편, 정년을 맞아 일정 연령에 달하면 연금이 지급된다. 연금이 있기 때문에 나이를 먹고서도 안심하고 살 수 있다. 그 때문에 우리는 젊었을 때 보험료를 지불하고 있다.

우리들이 살아가는 동안 질병, 실업, 산업재해, 노령, 빈곤 등 갖가지 위험을 안고 있다. 사회생활을 영위하면서 피해 갈 수 없는 이러한 위험에 자기만으로 대비하는 것은 매우 어려운 일이다. 그 때문에 그 나라에 사는 사람들이 돈을 조금씩 내어 위험에 대비해두는 구조가 아무래도 필요하게 된다. 이것이 사회보장이다.

공공재와 더불어 사회보장에도 정부는 많은 지출을 한다. 전 세계 대부분의 국가는 사회보장제도를 두고 있지만, '행복한 삶'을 뜻하는 복지 혜택, 즉 사회보장의 범위와 정부의 제도 운영 방안에 관해서는 서로 의견이 다르다. 이른바 '복지 천국'이라 부르는 덴마크, 스웨덴, 핀란드 등 북유럽 국가의 제도는 정부의 과도한 경제 개입, 과도한 복지 혜택은 지속 가능한 것이 아니라고 일부 경제학자들은 비판한다. 또 미국에서는 의료보험제도의 개혁을 놓고 몇 년째 진통을 겪고 있다. 오바마 전 대통령이 국민 모두에게 의료보험의 혜택을 받을 수 있는 '오바마 케어'를 내놓았지만, 그 후 트럼프 정부는 오바마 케어로 의료보장을 받는 사람들의 범위를 계속 줄여가고 있다. 일부 미국인은 직장을 가지고 일을 해야만 혜택을 받을 수 있는 현행의 미국 의료보험제도가 충분한 의료서비스를 받기에 가장 좋은 제도라고 주장한다.

한국은 1997년 외환위기로 대량실업이 발생하고 빈곤문제가 악화되면서 사회안전망의 확충이 시급한 정책과제로 부상하였다. 노인, 장애인가구 등 생활보호대상자 이외에 빈곤 실업자를 대상으로 생활보호제도도 도입되었다. 이러한 사회보장제도의 확충은 한때 '생산적 복지론'의 성격을 둘러싼 논쟁을 불러일으키기도 했다.

이렇게 복지 문제는 각 나라의 사회보장 내용에 따라 그 운영방법이 천차만별이고, 국민이 느끼는 복지 만족도도 제각각이다. 이는 그 나라 사회 구성원이 원하는 정부의 크기가 달라서이다. 북유럽 국가의 국민들은 '큰 정부'로서 국민의 복지를 세심하게 챙겨주길 바라는 반면, 미국인들은 '작은 정부'가 자유경쟁시장의 질서 안에서 사회 구성원들이 스스로 행복한 삶을 찾아 갈 수 있도록 돕기를 원한다.

하지만 어떤 규모가 되었든 국민의 행복한 삶을 위한 정부의 역할이 중요하다는 것은 만국공통일 것이다. 더불어 정부의 주도하에 사회보장제도가 확충되어가기 위해서는 조세정책의 성공이 꼭 뒷받침되어야 하는 것도 사실이다. 당장 자기에게 혜택이 돌아오지 않는다 할지라도 내가 낸 세금이나 보험료가 주변 환경을 변화시키고 있다는 생각을 해야 할 것이다.

35

기업이나 가계의 경제 동향뿐만 아니라
금리, 주가에도 주목한다.

경제는 여러 가지 요소가 복잡하게 얽혀서 형성되고 있다. 어딘가 하나라도 톱니바퀴가 어긋나면, 그것은 무언가의 형태로 경제 전체의 움직임에 영향을 미치게 된다.

그러므로 경제의 동향을 살펴보는 경우에는, 보다 세부적인 차원에서 기업이나 가계의 경제 동향에 끊임없이 주의를 하여 관련 지표를 살펴 볼 필요가 있다.

일반적으로 현재의 경기상황을 판단하거나 향후 경기흐름을 예측할 때에는 개별 경제지표 및 종합 경기지표에 의한 방법, 설문조사에 의한 방법 등 외에도 금리나 주가지수의 흐름에도 주목한다.

개별 경제지표란 산업생산, 고용, 투자, 수출 등 주요 경제지표들의 추이를 보면서 각 부문별 경기 동향을 파악한다. 그러나 개별 경제지표는 경제활동의 한 측면만을 나타내기 때문에, 국민경제 전체의 동향을 파악하기 위해서는 각종 지표들 중 주요 지표들을 선정하여 이들을 가공 합성한 종합경기지수CI: Composite Index와 **경기동향지수**DI: Diffusion Index가 있다. 통계청에서 매월 편재하고 있는 종합경기지수의 전월 비 증감률이 플러스正인 때에는 경기상승, 마이너스負인 경우에는 경기하강을 나타낸다. 이 지수 증감률의 크기에 따라 경기변동의 진폭, 방향, 국면 변화까지도 알 수 있다.

예를 들어 통계청이 종합경기지수의 집계 결과, 2017년 5월을 경기정점peak으로 보고 이후 경기가 하강 국면에 들어 간 것으로 판단한 것이다.

종합경기지표와 함께 경기의 국면phase 변화를 판단할 때 주요국에서 흔히 사용하는 경기동향지수는, 지수가 50을 초과하면 경기 확장, 50 미만이면 수축, 50이면 경기가 전환점에 있는 것으로 보는 것이다.

경기흐름을 예측하기 위한 분석방법 중 **설문조사** 방법이 있다. 이것은 기업·소비자 등 경제주체들의 경기에 대한 판단, 전망에 대한 설문조사를 통하여 경기 동향을 파악하는 것으로 **기업경기실사지수**BSI: Business Survey Index가 이에 해당한다.

BSI는 기업활동의 수준 및 변화 방향에 대한 판단 의견이 전체 응답 중 긍정적인 응답과 부정적인 응답의 차로 집계된 지수를 통해 분석한다. 따라서 BSI가 0~200의 값을 가지는데 동지수가 100 이상이면 경기가 좋아질 것으로 보는 업체 수가 나빠질 것으로 보는 업체 수에 비해 많다는 것이고, 100 이하면 그 반대를 나타낸다.

또 하나의 경기 동향 설문조사로서 **소비자동향조사**가 있다. 이것은 경제상황을 바라보는 소비자들의 심리지수를 월별로 한국은행이 집계하는데, 100을 기준으로 한 심리지수가 기준치를 넘으면, 소비자들이 이 달의 경제

상황을 지난 10년간 평균적인 경제 상황에 비해 낮다고 판단하는 것을 뜻한다. 예를 들면, 2008년 글로벌 금융위기 이후 급락했던 소비자심리지수는 2009년 3월부터 상승세로 들어서 100을 넘어서 있다가 2018년 하반기 이후 기준치 이하로 떨어졌다. 이는 최근의 국내 경제상황을 바라보는 소비자들의 시각이 낙관상태에 있다가 비관으로 돌아섰다는 것을 뜻한다. 소비자 심리지수는 경기가 3~6개월 전부터 상승하거나 동행하는 특징을 갖는데, 최근 유가 등 물가 상승세에 대한 우려가 커지고 부동산·금리불안, 주가하락까지 겹치면서 지수가 떨어진 것으로 볼 수 있다.

경기의 좋고 나쁨은 금리, 주가의 변동에서 알 수 있다. 경제활동이 활발한 호경기인 때는 돈의 수요가 늘어나기 때문에 금리가 상승하지만, 불경기에는 기업의 업적이나 가계의 수입 감소를 전제로 차입금을 변제한다. 경제활동의 정체에 의해 돈의 수요는 줄고, 이에 따라 금리도 저하한다.

또한 '주식시장'에서는, 기업의 업적이나 경기 동향이란 요소가 좋은 것이든 나쁜 것이든 그 '조짐'이 나타난 단계에서 주가에 영향이 나타난다. 즉, 경기가 좋아지기 전에 주가는 올라가기 시작하고 경기가 악화하기 전에 주가가 떨어지기 시작하는 것이다. 그 때문에, 주가는 '경기의 선행지표'라고 부른다.

36

수요는 경기에
어떤 영향을 미치는가?

경기에 직접 영향을 미치는
유효수요

　수요란 상품이나 서비스 등을 기업이나 개인^{가계}이 구입하는 것, 혹은 구입하고자 하는 욕구인 것이다.

　수요에는 유효수요, 잠재수요, 절대적 수요 등이 있다. '유효수요'란 구매력^돈의 뒷받침이 있는 수요인 것, 지금은 돈이 없지만 소득이나 자산 등이 늘어나면 살 수 있는 수요를 '잠재수요', 구매력에 관계없이 갖기를 원하는 수요를 '절대적 수요'라고 한다.

　경기에 직접 영향을 주는 것이 유효수요이다. 아무리 사고 싶다고 하는 욕구가 있더라도 그것을 뒷받침하는 돈이 없다면 실제의 수요에 직접 연결되지 않기 때문이다.

케인즈 경제학의 커다란 기둥의 하나가 유효수요의 원리이다. 이것은 총 고용량은 총수요에 의하여 결정되고, 실업은 유효수요의 부족으로부터 일 어난다고 하는 것. 경기가 나빠지면 실업이 늘어나고 임금도 증가하지 않는 다. 그 때문에, 유효수요가 떨어진다. 유효수요가 떨어지면 기업은 더욱 생 산을 억제하기 때문에 실업자도 늘어난다. 실업을 없애고 경기를 좋게 만들 기 위해서는 정부가 공공투자를 늘려서 유효수요를 확대할 필요가 있다.

그래서 지금은 어느 나라에서나 경기가 나빠지면 공공투자나 감세, 금융완화 등을 실행하여 경기를 자극하고, 경기가 회복하여 실업자가 줄 어들면 공공투자나 감세정책을 그만두고 금리를 인상하여 경기를 조정한 다고 하는 것이다.

최근에는 케인즈 경제학이 많은 비판을 받고 있다. 왜냐하면 이른바 케 인즈류의 경제정책을 추진해 온 나라가 거액의 재정적자를 안은 채 머리가 아픈 상태이기 때문이다. 그러나 이것은 케인즈가 틀렸다는 것은 아니고, 케인즈 경제학을 활용해 쓴 정치가가 경기 상황에 맞지 않는 잘못된 정책 을 실행했던 데 불과하다.

경기가 나빠질 때에 나라가 돈을 빌려서 공공투자나 감세를 행 하여 총수요를 환기하는 것은 올바른 정책이다. 문제는 경기가 회복했을 때 의 정책이다. 경기가 회복하여 세수가 늘어날 때에 불황 시에 만든 빚을 갚지 않으면 안 되는데도, 많은 나라에서는 그렇게 하지 않았던 것이다.

오히려 호경기를 더욱 더 지속하기 위해서라는 등 재계·산업계 등의 요 구에 따라 공공투자를 늘리고 채무의 변제에 돌리지 않으면 안 되는 돈을 여기저기 인기정책에 써버렸다. 그 결과, 선진각국의 대부분이 거액의 재정 적자를 정부가 끌어안고 고통을 받고 있는 것이다.

이것은 어떻게 보더라도 케인즈의 책임은 아니고 권력 잡기에 급급한 정 치가의 책임이라 해야만 할 것이다.

37

물가는 어떻게 결정되나?

물가는 수요와 공급의 관계에서 결정되고
통화 자신의 가치를 나타낸다.

　물건의 가격, 즉 '물가는 경제의 실체를 나타내는 체온계'로 불리는 것으로부
터 알 수 있는 바와 같이, 경기와 물가는 밀접한 관계에 있다.

　물가의 변동에 커다란 영향을 주는 요소의 하나가 재화·서비스의 수요
와 공급의 상황이다. 소득의 증가 등에 의하여 어떤 재화·서비스의 수요
가 많아진다. 즉, 가격이 높아도 좋으니까 사고 싶다고 생각하는 사람이 늘어나면 그
재화의 가격을 밀어 올리도록 작용한다.

　한편 공급이 많아지면, 예를 들면 기술의 진보 등에 의하여 보다 싸게라
도 팔고 싶다고 생각하는 사람이 늘어나면 그 재화·서비스의 가격을 밀어

내리도록 작용한다.

또 어떤 재화·서비스의 가격변동은 그것을 생산요소로서 사용하는 재화·서비스에도 영향을 미친다. 예를 들면, 근래에는 중국 등 신흥국에 있어서 철광석 수요가 증가해 왔기 때문에 세계적으로 철광석 가격이 상승해 왔다. 그 때문에 국내의 철강사들도 철강제품의 가격상승을 진전시켜왔다. 노동임금의 상승도 똑같은 파급효과를 갖는 것으로 알려지고 있다.

다양한 재화·서비스의 가격을 집계한 것이 물가지수이기 때문에 경제 전체의 수요와 공급의 상황은 물가지수의 변동으로서 반영된다. 경기의 확대기에는 재화·서비스의 수요가 많아지기 때문에 물가는 상승하기 쉽다. 한편, 경기 후퇴기에는 반대로 물가는 하락하는 경향이 강해진다.

또 하나 가격의 측면으로서 물가는 통화 자신의 가치를 나타낸다고 할 수 있다. 물가가 올라간다는 것은 그 재화·서비스를 구입하기 위한 금액이 늘어나기 때문으로, 대가로서 지불하는 통화 자체의 가치가 올라가고 있다고도 할 수 있다.

이와 같이 물가는 실제의 재화·서비스와 통화와의 교환비율로서의 측면도 지니고 있고, 물가의 변동이란 재화·서비스와 비교한 통화의 상대적인 가치의 변화라고도 생각된다. 그 때문에 사회 전체에 나돌고 있는 통화의 양의 변화도 또한 물가에 영향을 주는 것이다.

역시 물가의 변동이 극단적으로 일어나는 케이스에는 이러한 통화가치의 격변이 배경에 있다고 한다.

38 인플레이션과 디플레이션의 원인은?

공급이 수요를 웃도는
디플레와 수요 증가에 의한 인플레

물가가 계속해서 상승하는 현상을 '인플레이션Inflaition, 인플레'이라 부른다.

일반적으로 경기가 한창 확대하고 있는 가운데는 인플레가 일어나기 쉽다. 그것은 경기확대에 따라 가계의 소득이 늘어남과 함께 재화나 서비스에 대한 수요가 늘어나기 때문이다. 이와 같이 수요의 증가에 의하여 발생되는 인플레를 수요견인인플레Demand-full-inflation라 부른다.

한편 부작·경작의 생산지 사정에 따른 농산물공급의 감소나 석유가격의 급상승 등 재화·서비스를 공급하는 측이 재화·서비스를 싸게 제공할수 없게 되는 문제도 또한 인플레의 요인이 된다. 이와 같이 공급 측의 비용이 상승함에 따라 야기되는 인플레를 '비용인상 인플레Cost-push Inflation'이라 부른다.

또한 '비용인상인플레'는 불황 시에도 생기는 일이 있고, 불황과 인플레가 동시에 일어나는 것을 '스태그플레이션Stagflation'이라 부른다.

그런데 인플레와 비슷한 현상으로서 '자산인플레'라고 부르는 상황이 있다. 이것은 일반의 재화 · 서비스가 아니라 주식이나 토지라고 하는 자산의 가격이 상승하는 현상을 가리키며, 통화 공급의 증가가 원인이 되기 쉽다고 한다. 사회 전체에 여유 있는 자금이 늘어나면 자금이 주식이나 토지 등의 투자처를 향해, 그들의 수요를 밀어 올려서 그 결과로서 자산의 가치가 올라간다는 사고방식이다.

또 인플레이션의 가운데 극단적으로 물가가 폭등하는 현상을 가리켜 '하이퍼-인플레이션'이라 부른다.

인플레와는 역으로, 물가가 계속해서 떨어지는 현상을 '디플레이션Deflation'이라 부른다. 그 요인도 인플레와는 역의 상태이다. 재화나 서비스의 수요가 상대적으로 낮아지고 공급 쪽이 상대적으로 높아지면 수요와 공급의 밸런스를 그대로 유지하고자 하여 물가를 끌어 내린다. 그 때문에 경기가 침체하고 있는 국면에서 디플레는 일어나기 쉽다고 한다.

언뜻 디플레는 우리의 일상생활에 있어서 '좋은 일'처럼 생각될 지도 모른다. 예를 들면, 예전부터 10,000원 하던 물건이 8,000원에 살 수 있다면 나머지 2,000원으로 또 원하는 것을 살 수 있다. 즉, 10,000원의 저금을 한 사람은 이 디플레에 의해 실질적으로 저금이 늘어 난 셈이다. 확실히 이것은 디플레의 좋은 측면이다. 재화나 서비스의 가격이 싸지면 그만큼 개인 소비가 활성화되어 가까운 장래에 경기가 회복하는 계기로 될지도 모른다.

그러나 우리가 부채를 지고 있다면 어떨까? 본래 1,000만 원의 부채 잔고를 안고 있는데 이와 같은 가격 하락이 일어났다고 한다면 지금은 800만 원분밖에 재화나 서비스를 살 수 없는 금액이기 때문에, 부채가 그대로

의 액으로 남겨져 버린 것이 된다. 이것은 실질적으로 부채의 부담이 늘어난 것에 지나지 않는다. 이런 예는 가계에 있어서이지만, 기업의 차입금에 있어서도 똑같은 말을 할 수 있다. 이와 같이 디플레는 실질적인 채무 부담을 무겁게 하는 효과도 갖고 있다.

최근 한국경제에 디플레이션을 예고하는 전조증상이 점점 많아지고 있다. 2017년 이후 경제성장률이 잠재성장률에 못 미치면서 저성장 추세가 나타나고 있다. 2019년 성장률은 1%대로 떨어질 것이란 관측이 많다. 기업의 설비투자, 소비, 제조업 생산의 저하가 현저한 가운데 온라인 유통 매출도 부진하고 재고율은 외환위기 수준으로 올라갔다. 소비자물가마저 하락세로 돌아섰으니, 디플레이션을 걱정하지 않을 수 없다.

39

스태그플레이션이란?

불황과 물가상승이
공존하는 상태를 말한다.

정체를 의미하는 '스태그네이션Stagnation'과 물가상승을 의미하는 '인플레이션Inflation'을 합성하여 만들어진 시사적인 말이다. 우리 말에는 꼭 맞는 역어가 없기 때문에 '불황과 인플레의 병존'이라든가 '불황하의 물가상승'등으로 번역되고 있다. 1970년대 초 오일 쇼크Oil Shock 이후부터는 경기가 침체하여 수요가 감소해도 실업률과 물가상승이 계속된다고 하는 현상이 두드러지기 시작하여 최근에는 선진국에 공통적인 고민거리로 되고 있다.

그 이유는 여러 가지 지적되고 있지만, 첫째는 비용인상 인플레이션Cost-Push-inflation이 요인이다. 즉, 강력한 노동조합의 교섭력을 배경으로 경기가 악화되어도 임금이 떨어지는 일은 거의 없어서, 이 때문에 기업은 불황에도 임금비용의 상승을 상품가격에 전가시키게 되었다. 물론 시장 수요가 극단적으로 폭락해 버린다면 가격 전가는 어렵게 된다. 그러나 실업자가 늘어나도 소득은 실업보험^{고용보험} 등에 의하여 어느 정도 보증되고 있기 때문에 옛날과 같은 수요의 급격한 폭락은 일어나기 어려운 상태에 있다.

또 재정지출의 면에서도 사회복지비의 지출이 경기와 관계없이 증대하는 경향이 강화되고 있는 것도 빠뜨릴 수 없다. 게다가 에너지자원의 가격이 OPEC^{석유수출국가구}의 움직임에서 파급되어 돌아오는 일도 있다. 특히 원유가격이 높게 오르면 스태그플레이션적인 경향이 강화된다. 이것은 원유가격의 고등이 국내 물가를 밀어 올리는 가운데 경기에 대해서는 강한 디플레 효과를 미치기 때문이다. 즉, 원유가격이 높게 오르면 수입대금의 급증이란 형태로 국내의 구매력이 산유국으로 이전해 버리고 그만큼 경기가 냉각되기 마련이다.

이렇게 경기가 냉각되는 가운데 실업이 늘어나고 물가가 오르면서 소득은 늘어나지 않는 악순환의 고리를 정부가 끊어야 하지만, 종래의 케인즈 정책 등으로는 실제로 명쾌한 해결책이 될 수 없는 상황이 되어 버렸다. '케인즈는 죽었다.'고 하는 것은 이런 의미이다.

이제까지 정부는 경기가 좋아 소비가 늘고 물가가 오를 때에는 금리를 올리거나 재정지출을 줄였고, 반대로 경기가 나빠질 때에는 금리를 내리거나 정부의 재정지출을 늘려 물가를 조정했다. 그런데 스태그플레이션 상황에서 정부가 경기침체를 해결하려고 재정지출을 늘리고 금리를 내리면 물가와 실업률이 더 상승하여 실질경제성장률이 떨어지는 역효과가 나타났다. 1980년대의 미국경제는 이러한 스태그플레이션의 전형이었다.

그러나 미국경제가 1990년대 후반 스태그플레이션에서 벗어날 수 있었던 계기는 1990년대 후반 클린턴 정부에서 '신경제^{New economy}'라 불리던 기술 혁신이었다. 정보기술 혁신으로 기업이 생산성을 높이자 원가가 감소한 결과 상품가격도 내려갔다. 상품가격이 내려가니 수요가 늘어나고 재고가 줄어들면서 기업의 매출이익이 증가했다. 그렇게 재투자로 공장이 다시 활발하게 돌아가면서 일자리가 증가하고 경기가 회복된 것이다.

40

'디플레스파이럴'이란?

Q

'세 개의 과잉'이
물가를 짓눌렀다.

　물가가 하락해도 수요가 올라가지 않아 경기가 침체하고 더한층 물가 하락이 진행해 버리는 현상을 '디플레스파이럴deflationary spiral'이라 한다. 버블bubble경제가 붕괴한 1990년대 이후의 일본도 이런 현상에 고통받게 되었다.

　우선, 물건이 팔리지 않게 되면, 그것을 생산하는 기업의 매출이 감소하고 업적이 악화한다. 그렇게 되면 기업에서 일하는 노동자의 임금도 올라가지 않게 되기 때문에 그런 상태에서는 물건을 사는 곳은 없다. 이렇게 하여 경제 전체의 수요가 내려간다. 수요가 떨어지면 물가는 내려간다.

여기까지는 이미 설명한 일반적인 디플레의 구조이다. 보통이라면, 물가가 하락함으로써 서서히 가계소비를 중심으로 수요가 본래의 상태로 돌아가 이윽고 경기가 회복국면에 들어간다. 이것은 디플레에 의하여 가계가 갖고 있는 예금의 실질적인 가치가 높아지기 때문이다.

그러나 일본은 오랫동안 물가가 낮은 수준에서 주춤거려 왔다. 그 원인의 하나는 '세 개의 과잉'이라 부르는 문제라고 생각된다.

일본의 기업은 버블 기에 과잉의 '생산설비', '채무', '노동력'을 껴안게 되었다. 특히 '채무'에 관해서는 디플레하에서는 실질적인 부담을 늘리는 것에 다르지 않고, 기업의 목을 조르는 것이 된다.

그래서 일본의 기업들은 업적이 다소 개선되더라도 연이어서 리스트라를 행하여 '세 개의 과잉'의 해소에 진력했다. 이에 따라 기업의 설비투자는 억제되었다. 그 위에, 인원정리나 임금억제, 장래 불안 등을 반영하여 가계소비도 침체하고 있었기 때문에 디플레 탈각에 필요한 총수요의 증가는 불충분한 수준에 그치고 있었다. 저조한 총수요 동향하에서는 기업 업적의 개선 속도는 지지부진한 상황이 되어 그 결과로서 점점 리스트라에 있는 힘을 다하는 꼴이 되었다.

이렇게 해서 경기와 물가가 서로 잡아당겨 부딪치는 모양에서 순환적으로 심각하게 돌아갔다. 이런 현상을 '디플레스파이럴'이라 부른 것이다. 한번 이런 악순환이 생기면 탈각은 좀체로 어려운 것이다.

최근에 와서 차츰 대기업을 중심으로 '세 개의 과잉' 해소에 목표를 설정하여 정상화하는 기업이 계속 늘어나고 있다. 이러한 기업들은 적극적인 설비투자에 박차를 가하고 있어 디플레 탈각의 계기가 되는 수요의 증가세가 착실히 이어져 왔다.

일본 정부는 그래도 쉽게 '탈 디플레 선언'을 하지 않았지만, 정부의 경기판단이 '월간 경제보고'에서 2006년 가을부터 '디플레'라는 문구가 사라져 이것이 사실상의 일본경제의 '탈 디플레' 시작이라 보아도 좋을 것 같다. 최근 일본의 노동시장은 '구인난'으로 외국인 노동력 수입에 관한 법을 개정한 것만 봐도 일본경제는 '디플레스파이럴' 상태를 벗어난 것으로 보인다.

이것만은 꼭 알아두고 싶은
100문 100답 교양경제

Chapter 5

무 역 과 환 율

이것만은 꼭 알아두고 싶은
100문 100답 교양경제

41

무역거래는 왜
이루어지는가?

비교우위나 제품차별화 등이
요인이 된다.

　　우리들 주변에는 다양한 외국 상품을 많이 볼 수 있다. 유럽제의 브랜드 제품이 눈에 띄는가 하면 식료품의 상당히 많은 부분은 외국에서 생산된 것이다. 석유는 거의 100%가 수입품이다. 반대로 한국에서 만들어진 제품도 왕성하게 수출되고 있다. 자동차, 조선은 한국 수출품의 대표선수였으며, 반도체, 스마트폰 등 전자공업제품에서도 한국제품이 세계시장에서 커다란 셰어를 유지하고 있어 아직 수출강국의 서열을 유지하고 있다.

　　그러면, 왜 **무역거래**가 이뤄지고 있는 것일까? 석유와 같이 한국에서 국내생산이 불가능한 자원은 부득이 산유국에서 구입할 수밖에 없다. 그러나 자동차 등은 특정 국가밖에 생산할 수 있는 제품은 아니다. 그래서 다른 나라에 비하여 그 나라가 생산하는 것이 가장 자신 있는 제품을 생산·수출한다고 하는 것이 전통적인 무역이론이다. 이런 생각을 비교우위의 원리^{비교생산비설}라고 하여, 영국의 경제학자 리카도가 19세기 초에 이론적 기초를 확립했다.

예를 들면, 영국과 포르투갈이 다 같이 모직물과 와인을 생산하고 있다고 한다. 그런데 영국에서는 와인보다도 모직물 쪽을 더 싸게 생산할 수 있다면 이때 영국에서는 모직물을 생산·수출하고, 포르투갈은 와인을 생산·수출하는 방식으로 분업하는 쪽이 두 나라 국민의 입장에서 바람직하다.

각 국이 갖고 있는 천연자원이나 노동력, 생산기술의 장점을 살려서 가장 값싸고 숙련된 제품을 생산·수출하는 것이 유리하다는 것이 비교생산비의 원리이다.

그런데 오늘날 무역거래를 살펴보면, 특히 선진국 사이에서는 동일한 분류에 포함해도 좋은 동질의 제품이 수출·입된다고 하는 형태^{수평 분업적 무역=산업 내 무역}가 점차 많아지고 있다. 비교우위의 원리가 설명하는 것은 나라에 따라서 수출품이 다른 무역거래^{수직 분업적 무역=산업 간 무역}이기 때문에 현대의 무역거래를 잘 설명할 수 없다.

그러면 수평 분업적 무역은 왜 성립하는 것인가. 상품의 생산에는 생산 규모를 크게 할수록 생산비가 떨어진다고 하는, 규모의 이익이 작용하는 경우가 있기 때문이다. 지금, 어느 나라에 자동차를 생산하는 회사가 있다고 하자. 그 회사로서는 국내에만 판매하기보다 외국에 수출하는 분도 합해서 생산한 쪽이 한 대당 생산비가 낮아진다.

한편 이웃 나라에도 똑같은 상황에 처하고 있는 자동차 회사가 있어, 가능하다면 수출을 하고 싶다는 생각을 하고 있었다고 한다. 여기서, 이 두 회사가 생산하는 자동차가 각각 견실한 특징^{브랜드}을 가지고 두 나라 소비자에게 명확히 구별할 수 있다고 한다면 - 이 상황을 '제품이 차별화되고 있다.'

고한다. - 상호 간에 자동차를 수출한다고 하는 상황이 발생한다. 이와 같이 생산에 있어서 규모의 이익과 소비에 있어서 **제품의 차별화**가 조합되면 동종제품에도 무역거래가 이루어지게 된다.

42

무역거래의 구조란?

🔍

무역 흑자는
외국에 돈을 빌려주는 것

　한국과 미국 간의 무역거래를 생각해 보자. 예를 들면, 한국에서 생산된 자동차를 미국 사람이 구입한 경우, 그 자동차는 한국이 미국에 수출한 것이 되며, 반대로 미국이 한국에서 수입했다고 할 수 있다. 미국에서 생산된 바나나를 한국이 구입한다면, 그 바나나는 미국이 한국에 수출하고 한국이 미국에서 수입한 것이 된다.

　그러면 미국이 한국으로부터 자동차를 수입했을 때, 어떤 일이 일어날까. 한국의 자동차 메이커가 달러로 자동차의 가격을 붙이고 있었다고 한다면, 그 달러 기준의 대금을 미국의 수입업자가 한국의 자동차 메이커에

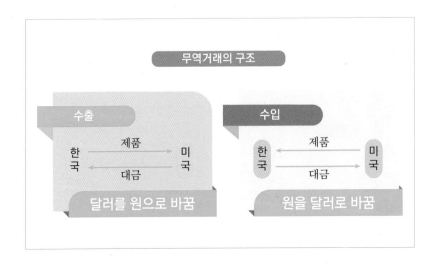

무역거래의 구조

수출

한국 →제품→ 미국
한국 ←대금← 미국

달러를 원으로 바꿈

수입

한국 ←제품← 미국
한국 →대금→ 미국

원을 달러로 바꿈

게 지불하게 된다. 달러 기준으로 대금을 수취한 한국의 자동차 메이커는 수취한 달러를 원화로 바꿀 것이다. 한편, 한국의 자동차 메이커가 달러 기준에서의 자동차의 가격을 붙이고 있던 경우는 미국의 수입업자는 현재 수중에 가지고 있는 달러를 원화로 바꾸어 지불할 필요가 있다.

어느 쪽이건 한국이 미국에 제품을 수출한 경우, 달러를 원으로 바꾸고자 하는 수요가 높아지게 된다. 한국이 미국으로부터 제품을 구입한 경우는, 그와는 반대로 원을 달러로 바꾸려는 움직임이 나오기 마련이다. 따라서 한국에서 보면 미국으로의 수출이 미국으로부터의 수입을 웃돌 만큼 달러를 원화로 바꾸는 수요가 강해진다. 그때, 달러에 비하여 원화의 가치가 높아지고 원고^{달러 저}압력이 걸리게 된다. 반대로 미국으로부터의 수입이 미국으로의 수출을 상회할 만큼 원을 달러로 바꾸는 수요가 높아져 원저^{달러고}압력이 걸린다.

그런데 한국이 제품을 미국에 수출한 경우 한국에서 본다면, 미국에 대하여 대금을 지불해달라는 청구서^{채권}가 발생한다. 물론 미국의 수입업자는 곧바로 대금을 지불할지도 모르지만, 그런 경우는 그만큼 한국에 달러가 들어온다. 그리고 한국은 그 달러를 언제든지 그에 상당하는 원화로 교환할 수 있기 때문에 달러는 한국이 미국에 대하여 돈을 빌려준 것을 증명하는 차용서로 간주할 수도 있다. 따라서 어쨌든 한국의 대미수출은 한국의 대미채권의 증가라는 결과를 초래한다. 반대로, 한국의 대미수입은, 전술한 것과 반대의 이유로 한국의 대미채무의 증가를 가져온다. 따라서 한국의 대미수출이 대미수입을 상회한다면, 즉 대미 무역수지가 흑자로 된다면 한국의 대미채권이 순으로 증가하게 된다. 이상의 의론은, 미국과의 무역거래뿐만 아니라 무역거래 전체에 있어서 성립한다. 즉, 무역이 전체로서 흑자라고 한다면, 한국은 돈을 그만큼 외국에 빌려주고 있는 셈이 된다.

43

값싼 수입품이 들어와
국내 산업이 곤란해지면?

반덤핑 관세를
붙인다.

수입품을 구입하는 기업이나 소비자 입장에서는 수입품 가격이 싼 것보다 더 좋은 것은 없다. 수입품의 공세로 어려움에 처해 있는 국내 기업에 대해서도 '당신들도 수입품에 지지 않도록 좀 싸게 팔아 주셔요.'라고 말하고 싶을 것이다.

국내 산업이 부득이 생산의 효율화를 하지 않을 수 없는 것이야말로 자유무역의 메리트라고 하는 것은, 시장경쟁을 중시하는 경제학의 정론일지도 모른다.

그러나 외국기업이 자기나라에 판매하고 있는 가격보다 더 싸게 상품을 팔아 준다면 어떨까. 그 외국기업은 우선 적자 가격으로 시장 점유율을 높이면서 국내 산업을 시장에서 퇴출시킨 후에 독점시장의 지위를 획득하여 떼돈을 벌 지도 모른다. 외국기업이 거기까지 목표로 하고 있지는 않다고 하더라도, '자국에서보다도 싸게 팔면서까지 우리의 시장을 망치지 않도록 해 달라.'고 하는 국내기업의 불만 제기가 전혀 난센스라고 치부할 수는 없을 것이다. 이와 같은 수출품 생산국에서의 판매가격보다도 낮은 가격으로 수출하는 것을 덤핑dumping이라고 한다.

이 덤핑이 행해진 경우에는, 정부는 국내 산업을 보호하기 위해서 대항조치를 취할 수 있다. 이것이 반덤핑관세이다. 세계의 무역자유화와 무역 룰의 강화를 목표로 하는 WTO세계무역기구의 협정에서도, 일정한 요건이 충족된다면 반덤핑관세의 실시를 인정하고 있다. 요컨대, ① 덤핑제품이 수입된 것, ② 그 덤핑제품과 비슷한 제품을 생산하고 있는 국내 산업이 실제로 손해를 입은 것, ③ 그 손해가 덤핑된 제품의 수입에서 발생했다고 하는 인과관계가 확인될 수 있을 것, ④ 국내 산업을 보호할 필요가 있을 것이라고 하는 네 가지 요건이 만족된다면, 수입국 정부는 반덤핑관세를 적용할 수 있다. 관세의 크기는 그 수입품의 덤핑가격과 정상적인 가격의 범위 내에서 설정할 수 있다.

1997년 이래 일본의 철강메이커가 미국에 수출한 많은 철강제품이 미국 내 철강메이커와 노동조합 등으로부터 반덤핑 제소되었다. 미국 상무성이 제소를 받은 후 국제무역위원회의 심사로 넘어가 상무성의 가결정, 상무본부의 결정, ITC의 최종결정이라는 순차적 이행 절차를 밟고 덤핑의 존재를 인정받게 되었다.

2017년 이후에도 미국 정부는 자국 산업과 일자리 보호를 위해 한국산 송유관 등 철강제품에 대해 고율의 반덤핑관세 예비 판정을 내렸다. 그 결과 한국은 일본, 캐나다보다 수출이 감소하게 되었다. 이와 같이 미국의 덤핑 제소가 자국 산업 보호를 위해 자유무역을 방해하는 것으로 WTO에 제소하는 경향으로 나타나고 있다. 반덤핑의 관세발동과 보호무역주의적인 정책과의 경계는 언제나 애매하다.

44

보호무역과 WTO의 역할은?

최근 미·중 간 보호무역의 강화 속에서
다층지역 간 무역으로 진전

정부가 규제를 가하지 않고 민간이 자유로이 수출입할 수 있는 자유무역
과는 달리 국제경쟁력이 약한 산업을 지키기 위해서 수입을 제한하는 것
을 보호무역이라 한다.

무역은 값싸고 풍부하게 생산하는 나라로부터 수입하고 값비싸고 생산
이 적은 나라에 수출함으로써 국제 분업, 즉 세계적인 자원의 재배분을 행
하여 국제 분업을 통한 공존공영을 도모함에 의의가 있다. 그러기 위해서
는 무역은 본래 자유무역일 필요가 있다. 다만, 어떤 나라나 국제경쟁력이
취약한 산업을 안고 있어 그것이 농업과 같이 해외에 전면적으로 의존하게

되면, 만일의 경우 전쟁이나 흉작으로 수입할 수 없게 된 경우에 곤란한 사정이 생길 수 있다. 그래서 해외의 값싼 생산제품이 대량으로 들어오지 못하도록 규제를 하는 것이다.

그러나 자국의 유능한 분야만 자유무역을 구가하여 외화를 벌고, 잘 못하는 분야에서는 국내 산업을 보호하기 위해 보호무역정책을 취하여 수입을 금지한다든지 제한한다면 오만하고 파렴치하다는 비방을 면할 수 없을 것이고 국제 분업, 즉 세계적인 자원의 재배분을 통한 공존공영도 성립할 수 없게 된다. 나아가 소비자인 국민으로서도 규제가 없다면 해외로부터 양질의 값싼 제품을 살 수 있는데도 값비싼 국내제품을 사지 않으면 안 되는 불이익을 감수하게 될 것이다.

또 정부가 일단 특정 산업을 보호하면 기득권이 발생하고 그것을 바꾸려고 하는 강렬한 저항이 일어난다. 보호무역주의로 지켜진 기간이 길면 길수록 국제경쟁력을 잃고 자립할 수 없게 되어 보호주의 철폐 여부는 당해 산업의 사활의 문제로 되기 때문이다. 그런데 일단 보호주의 수혜를 받게 되면 설령 자립할 수 있다 하더라도 계속 보호를 추구하기 쉽다. 이 때문에 자유무역을 원칙으로 하면서도 보호무역은 좀체로 지속되지 않을 수 없다.

제2차 세계대전 이후 IMF 국제통화기금와 함께 설립된 GATT 관세 및 무역에 관한 일반 협정라고 하는 국제기구에서 자유무역을 지키기 위한 논의가 이루어져 왔다. 관세 수입품에 매기는 세금의 인하나 수입 장벽이 되는 상관행의 시정 등에 관하여 논의가 이루어져, 자유무역의 추진에 커다란 역할을 해 왔다. 1995년에는 WTO가 설립되어 GATT를 대신하여 왔다.

GATT와 비교한 경우, WTO의 특질으로서는 다음과 같은 점을 들 수 있다. 첫째, 우루과이 라운드 교섭의 성과를 근거로 하여 지금까지 GATT의 대상이 되고 있지 않았던 서비스나 지적 소유권 등의 새로운 분야에서도 룰 rule 만들기가 목표로 된것이다. 조직적으로도 '물품의 무역에 관한 이

사회', '지적 소유권의 무역관련 측면에 관한 이사회'가 설치되고 있다. 실제로 WTO 시대가 되어 무역 교섭의 내용도 관세 교섭으로부터 금융·서비스 분야나 비관세 장벽에 관한 것으로 비중이 옮겨가고 있다.

둘째로, WTO 가맹국은 WTO 설립협정이나 기타 협정을 일괄하여 받아들이지 않으면 안 되고, 가맹국 간의 권리·의무관계가 동일하게 되었다. 이것은 협정마다 가맹국 간의 관계가 미묘하게 달라 있던 GATT와는 대조적인 점이며, 가맹국 간의 법률적 관계가 명확하게 된다고 하는 메리트가 있다. 무엇보다 최대의 특징은 분쟁해결의 틀이 개선된 것이다. 우선 모든 무역협정상의 분쟁에 관하여 통일적으로 적용되는 해결절차가 도입되었다. 그 때문에 협정마다 분쟁절차의 규정이 달라지고 있던 GATT 시대보다도 효율적인 운영을 할 수 있게 되었다. 또 무역 교섭을 두 나라 간에 위임하는 것이 아니라, 다국 간 사이에서 될 수 있는 한 투명성을 유지하면서 단기간에 분쟁을 해결하는 구조가 강화되었다.

이에 따라 군사적·경제적으로 우위에 서는 나라가 무역 교섭에서 일방적으로 주도권을 잡는다고 하는 상황이 회피될 수 있다. 나아가, 이제까지의 전 회원 일치의 원칙을 고쳐서 일방적인 조치의 발동이 금지되었다고 하는 점도 자유무역체제의 유지라고 하는 면에서 높이 평가할 수 있다.

WTO 본부는 제네바에 있다. 2년에 한 번, 참가국의 각료이사회가 개최되는 외에 상설 위원회가 설치되어 국제분쟁의 처리에 대응하고 있다.

그런데 최근 미·중 간 통상 패권 다툼과 보호무역주의 강화는 당분간 계속될 것으로 예상되는 가운데 WTO가 주도해온 다자 간 무역협정은 2011년 이후 별 진전이 없다. WTO의 핵심기능 중 하나인 '분쟁해결'은 미국이 상소기구의 신임위원 임명을 거부하면서 기능마비가 우려된다. 대신 이해관계가 비슷한 국가 간 무역협정은 계속 확산돼 왔다. 미국은 다자 무역협정 대안으로 꼽혔던 환태평양경제동반자협정은 탈퇴하는 대신, 미·멕시코·캐나다협정을 타결했다. 미·일 양자 간 협정도 마무리했다. 중국이 주도했던 '메가 FTA'인 역내 포괄적 경제동반자협정RCEP도 최근 협정 타결했다. 한국은 아세안, 중남미, 중동 등과 FTA를 통해 다양한 다층 간 무역협정에 참여하고 있다.

이처럼 향후 분야별·지역별 무역협정 여러 개가 중첩되는 '다층multilayered 무역'체제가 본격화할 가능성이 있다. 미·중 간 통상 분쟁과 브렉시트 등은 여전히 세계무역의 불확실성을 높이고 있고, 최근 일본이 '국가안보'를 내세워 반도체소재인 불화수소 수출을 규제하며 자국경제를 우선하는 보호무역주의가 더 강화될 전망이다. 따라서 무역의존도가 높은 한국은 향후 신 통상 규범 수립 주도, 핵심 신흥국과 수준 높은 FTA 타결 추진 등으로 위기 대응에 적극적으로 나서야 한다.

45 국제수지란 무엇인가?

외국과의 경제거래의 수지

한 나라 경제의 진정한 모습을 살펴본다면 해외시장 거래가 어떻게 되고 있는지를 파악하는 것이 중요하다. 해외시장의 경제관계 상황을 알려 주는 것이 국제수지 통계이다.

주부가 가계부를 만드는 경우 남편의 급여는 수입으로, 식비는 지출로서 계산한다. 게다가 주택융자의 변제나 하숙하고 있는 아이들에 대한 송금, 저축 등도 기록한다. 가계에 있어서의 가계부와 같이 어느 나라가 일정기간에 외국과 행한 경제거래를 정리한 것을 국제수지라고 한다.

그리고 그 경제거래를 종류별로 분류하고 그 내용을 체계적으로 정리한 통계표를 국제수지표라고 한다. 국제수지표는 상품이나 서비스의 거래 등을 정리한 경상계정과, 자본의 움직임을 정리한 자본계정으로 구성된다.

국제수지 가운데 가장 주목되는 것은 경상계정의 수지를 나타낸 경상수지의 움직임이다. 경상수지는 나아가, ① 상품의 수출입의 움직임을 정리한 무역수지, ② 운수나 보험 등 서비스의 판매·구입의 결과를 반영한 서비스수지, ③ 본국에 송금된 해외근무자의 임금이나 외국에서의 투자수익을 나타낸 소득수지, ④ 경제 원조를 위한 무상자금공여나 국제기관에 대한 갹출금 등을 나타낸 경상이전. 이 네 개의 항목으로 나누어진다 이 가운데 ①②③의 합계를 무역·서비스수지라고 한다.

경상수지가 흑자라고 하는 것은 무역거래 등을 통하여 한국으로 들어온 돈이 한국에서 나간 돈보다 많다는 것을 의미한다.

한편, 자본계정 쪽은 ① 직접투자나 증권투자 등 국제적인 자본이동의 결과를 정리한 자본수지, ② 정부가 보유하고 있는 대외자산의 증감을 나타낸 준비자산 증감, ③ 과세탈루. 이 세 항목으로 구성된다. 자본계정의 경우도 한국에 돈이 들어오는 것이 흑자, 나가는 것이 적자로서 계상된다.

예를 들면, 한국의 금융기관이 미국의 재무증권 국채을 구입한 경우, 돈은 한국에서 미국으로 흘러가기 때문에 그만큼 한국으로서는 자본수지의 적자요인이다. 그러나 재무증권은 미국정부가 발행한 차용증서이기 때문에 한국에서 볼 때 그 구입은 대외자산의 증가가 된다. 그 때문에 대외자산의 증가는 자본계정에는 적자로서 계상된다. 이걸 잘 이해해야 한다.

경상계정 경상수지과 자본계정은 표리일체의 관계에 있다. 예를 들면, 한국의 경상수지가 흑자라면 한국은 외국에 대하여 그만큼 돈을 청구할 권리가 있다. 그 권리는 외국의 채권이나 주식의 구입 혹은 외화를 수취한다고 하는 형식을 취한다.

그러한 행동을 반영한 돈의 유출입을 정리한 것이 자본계정이기 때문에, 경상수지의 흑자는 자본계정의 적자와 일치하게 된다. 다만, 현실로는 통계상의 오차나 누락이 존재하여 양자는 완전히 일치하지는 않는다.

최근 2019년 들어 한국의 내수경기가 침체하는 한편 경상수지의 적자로 국제수지 흑자 규모가 축소하고 있다. 국제수지 흑자의 크기가 한 나라 경제의 대외경쟁력을 표현한다는 주장이 있다. 확실히 그러한 견해가 틀렸다거나 일리가 없다고는 할 수 없다.

그러나 그렇게 단정지우기 위해서는, 공정한 경제거래가 국제 간에 이루어지고 있는지 어떤지를 엄밀하게 검증하지 않으면 안 된다. 관세나 비관세 장벽 등 불공정한 무역관행이 존재한다면, '국제수지 = 그 나라의 경쟁력'이라는 식으로 단순히 받아들일 수 있는 것은 아니다.

46

외환이란 무엇인가?

자국통화와 외국통화의 교환비율

국내에서나 외국에서나, 멀리 떨어져 있는 회사로부터 상품을 사는 경우 현금을 그대로 보낼 수밖에 없다면 매우 불편할 것이다. 도중에 현금이 없어져 버릴지도 모른다. 상품을 팔고 상대방으로부터 대금을 받는 경우도 비슷하다.

이러한 경우, 상품의 거래를 행한 당사자 간에 금융기관이 개입하여 대금의 결제를 도와주게 된다. 이러한 구조 가운데 쓰이는 수표나 어음 등의 수단을 환이라고 한다. 국내에서 이루어지는 환을 내국환이라 하는 데 대하여, 국경을 넘어서 이루어지는 환을 **외국환**이라 부른다.

지금 한국의 A사가 미국의 B사로부터 상품을 구입하고 그 대금 1만 달러를 B사에 지불하는 경우를 생각해 보자. 다만, 이때의 원과 달러의 교환비율, 즉 원의 대 달러 환율은 1달러당 1,000원이라고 하자. 그리고 A사는 한국의 C은행에 구좌를 가지고 있고, B사는 미국의 D은행에 구좌를 가지고 있다고 하자.

A사는 C은행에 대하여 그 1만 달러를 D은행에 설정된 B사의 구좌에 입금시켜 받도록 요청한다.

이 요청을 받은 C은행은 D은행에 대하여 거기에 예금하고 있는 자신의 구좌로부터 1만 달러를 인출하여 그것을 B사의 구좌에 입금하도록 요청한다. 이러한 프로세스가 끝난 시점에서 A사의 B사에 대한 대금지불이 완료되는 것이다. A사가 외국의 어느 회사에 제품을 판매하고 대금을 수취하는 경우라면 그와 역방향으로 자금이 움직이게 된다.

또한 이와 같은 외국환의 거래가 진전되기 위해서는, 은행끼리 상호 외환거래에 대한 계약을 체결하고 상대국통화 기준과 자국통화 기준의 구좌를 상호 개설해 둘 필요가 있다. 이것은 국내의 은행 간의 결제가 각 은행이 한국은행에 개설하고 있는 당좌예금구좌 사이에서 이루어지는 구조로 되어 있는 것과 다른 점이다.

외국환율의 구조 가운데에는 **자국통화**와 **외국통화**의 교환이 중요한 포인트가 된다. 그 교환비율이 환시세이다. 환시세에는 은행과 고객 간 거래에 쓰이는 대고객 시세와 은행 간의 거래에 쓰이는 은행 간 시세가 있다. 대고객 시세는 은행 간 시세에 수수료 등을 추가로 덧붙여 조정하여 결정한다.

예를 들면, 은행 간 시세로 1달러 1,000원이 된 경우, 소비자나 기업이 은행에 원화를 달러로 바꾸어 가지려고 한다면, 1달러의 값은 1,000원을 조금 넘게 된다. 반대로 달러를 원으로 바꾸려고 한다면 1달러의 가격은 1,000원을 조금 하회한다.

외환이 거래되는 외환시장은 한국은행이나 시중은행 등의 금융기관, 외국의 금융기관이나 환브로커 등으로 구성되어 있다. 그리고 한국의 은행끼리 혹은 한국의 외국은행이라고 하는 조합으로 외국환의 거래를 하고 있다. 그때의 중개역이 되는 것이 '브로커'라 불리는 존재이다.

그렇다곤 하나 외환거래소란 건물이 있는 건 아니다. 모든 거래는 전화에 의해 이루어진다. 또 최근에는 환은행 이외에서도 환금할 수 있게 되었고, 백화점 등에서도 달러 등이 그대로 쓰이는 시대가 되었다.

환율이 어떠한 기준으로 결정되는지에 관해서는 여러 가지 설이 있다. 양국 간의 물가수준의 차이를 반영하고 있다는 설 등 몇 가지 대표적인 학설이 있지만, 정치적인 요인에 좌우되는 일^{예컨대 누군가 유력한 정치인의 발언이나 전쟁의 발발 등}도 많아 좀처럼 합리적인 설명이 붙여지지 않는 실정이다.

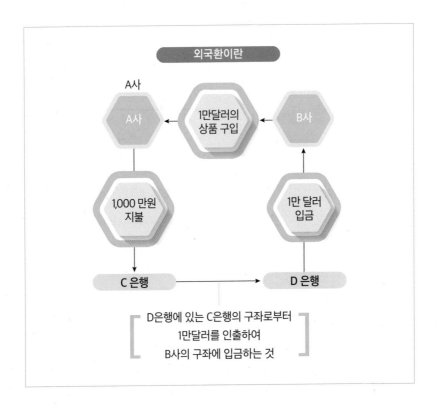

47

원화 가치의 변동 원인과
영향은?

원화 가치의 하락 속에서
수출 대기업이 성장했다.

　경제에는 '실물경제'와 '화폐경제'가 있다. 실물경제라고 하는 것은 실제로 상품이나 서비스를 매매하는 것이며, 화폐경제라고 하는 것은 돈을 상품과 같이 취급하는 것을 말한다.

　물품의 가격이 수요와 공급의 관계로부터 결정되는 것과 똑같이 돈의 가격도 그 돈이 필요로 되는 정도에 의하여 결정되는 것이다.

　예를 들면, 수출이 늘어나면 수출한 상품의 지불로서 외화가 국내에 유입된다. 유입된 외화는 그대로는 그다지 써먹을 데가 잘 없기 때문에 자기 나라의 통화로 교환하려고 한다. 자기 나라의 통화에 대한 수요가 공급을 웃돌아 그 통화의 가치는 상승하게 되는 것이다. 그것이 원이라면 원화 가치가 높아진다. 공급이 늘어나면 역의 메커니즘에서 '원저低'가 된다.

또 어느 나라의 금리가 높아져 그 나라의 은행에 돈을 맡긴다면 운용실적이 올라간다. 이때도 그 나라의 통화에 대한 수요가 높아져 한국의 경우라면 '원고高'로 된다.

게다가 그 나라에 대한 신용도라고 하는 것이 있다. 그 나라 경제의 장래성이 밝다면 그 나라에 투자할 가치가 충분히 있다는 이유에서 통화가치가 올라간다.

그러나 실제로는 이와 같이 단순히 환율이 움직여 가지는 않는다. 이러한 기초적 조건을 바탕으로 한 위에서 도리어 역방향의 투자를 하여 돈을 벌려고 하는 움직임이 나온다든지 그 밖에 돌연한 천재지변 등도 합세하기도 한다. 이처럼 환율의 동향은 매우 복잡한 메커니즘에서 결정된다.

'원고'가 되었다고 들으면 자못 '원'이 강해져 잘된 것 같은 인상을 받는다. 해외여행을 하는데도 유리하고 수입물가도 내려간다.

그러면 '원고'는 그대로 내버려둬도 좋은 상태일까?

'원고'가 되어 가장 영향을 받는 것은 수출산업이다. 그래서 1달러가 1,200원에서 1,000원이 돼 '원고'로 된 상황을 생각해 보자.

'원고'로 되기 전 미국 국내에서 1달러의 매상을 올린 수출기업이 있다고 하자. 이때 그 1달러를 '원'으로 교환한다면 1,200원이 되었다. 그러나 1달러가 1,000원으로 올라가 버리면 똑같은 1달러의 매상인데도 한국 '원'으로 바꿨을 때 1,000원밖에 되지 않는 것이다.

그래서 똑같은 상태에서 이전과 똑같은 만큼의 매상을 올려 보려고 한다면 가격 인상을 하지 않으면 안 되지만, 그렇게 한다면 미국 기업과의 경쟁에서 져버리게 될 것이다. 그렇게 원·달러 환율이 변화해도 이전과 똑같은 매상고에서 이윤율을 늘려갈 수밖에 방법이 없다. 이와 같이 '원고'는 수출을 주로 하는 기업에 있어서는 외국기업과의 경쟁을 생각할 경우 상당한 부담이 되는 것이다.

반대로 '원저'가 진전되면 어떻게 될까? 물론 '원저'가 진전되면 수출기업에 유리해질 것이다. 그러나 그렇다고 해서 수출을 점점 늘려간다면 각국과의 무역마찰을 일으키게 된다.

또한 소비자 측에서 말한다면, '원저'가 되면 수입물가가 올라가게 되어 일상생활을 압박하게 될 것이다. 게다가 외국여행을 할 때에도 '원저'가 되면 손해보는 기분이 될 것이다.

이와 같이 원고, 원저에는 각각 장·단점이 있다. 다만, 이러한 변화도 급격하게 일어나지만 않는다면 기업이나 소비자는 거기에 시간을 들여서 조정해 갈 수 있다. 그래서 급격한 변동일 듯 한 때에는 정부는 외환시장 개입을 통하여 그 변화가 가능한 한 둔화되어 가도록 노력해야 한다.

식량과 에너지를 비롯한 대부분 원자재를 수입에 의존하는 한국으로서는 환율이 오르면 모든 물가가 오르기 마련이다. 그러면 문정부가 시행한 최저임금의 가파른 인상이나 일자리 재정투자로 늘려놓은 서민층의 실질 구매력은 다시 훼손될 것이고, 이른바 '소득 주도 성장'은 기본부터 허물어져 버릴 것이다.

실제로 환율은 미·중 통상마찰, 미국 연준의 금리정책, 한·일 무역분쟁 등 우리가 어떻게 할 수 없는 많은 국제정치 외교적 요인들이 복합적으로 작용하여 변동하기 때문에 정부의 책임이 아니라고 부정할 수 없다.

한국은 경이적 수출 확대 속에서 경제성장을 이루어 왔지만, 끊임없는 환율 상승에 의존해 온 것이 문제다. 달러당 330원에서 출발하여 지금의 1,200원대에 이르기까지 원화 가치를 끊임없이 떨어뜨리면서 수출 대기업을 키워왔다. 그만큼 그 부담을 온 국민이 져온 것이다.

어쨌든, 원화 가치의 절상은 한계기업의 퇴출과 산업구조조정을 촉진하여 국가경쟁력 향상에 도움이 되며, 원화 가치의 하락은 모든 자산의 가치를 무차별적으로 떨어뜨리는 것이므로 더욱 큰 문제다. 한국과는 달리 일본은 과거 고정환율제 시대에 달러당 360엔이던 엔화 환율을 지속적으로 절상하여 2011년에는 76엔까지 내려가기도 했지만 현재 달러당 110엔 선에서 선방하면서 수출과 성장을 이루어 왔으며, 이는 본받을 만하다.

48

원고高와 원저低,
어느 쪽이 좋은가?

원고高는 산업의 경쟁력과
국내의 구매력을 높인다.

　달러 등 외국통화에 대하여 원화의 가치가 높아지는 것을 원고高, 그 반대를 원저低라 하는데, 어느 쪽이 한국경제에 있어서 바람직한 것일까? 신문을 읽으면 '원고高로 경기는 더욱 악화'라든지, '원저低 저지 겨냥하는 정부·한은韓銀'이란 헤드라인을 보는 일도 있어, 실제로 환율의 변화가 국내경제에 미치는 영향에는 플러스·마이너스의 양면이 있음을 느낀다.

　원고高로 된 경우에 관하여 생각해 보자. 원고高, 즉 '원화가치가 높아진다.'는 것은 예컨대 1달러 = 1,000원이던 것이 1달러 = 900원이 된다고 하는 상황이다. 이것은 한국의 수출산업에 있어서는 바람직한 건 아니다. 예를 들어 1달러＝1,000원에서 100만 원이란 가격을 붙인 퍼스콘은 1천 달러_{=100만÷천}에 수출된다. 그러나 원고가 진행되어 1달러=900원이 되었다고 하자. 이때 100만원의 퍼스콘은 약 1천 111달러_{100만÷900}에 팔린다. 달러 기준에서는 가격상승이 되기 때문에 퍼스콘의 수출 대수는 줄어들어 버린다. 반대로 한국이 외국에서 수입하고 있는 상품은 원고에 의해 지금까지보다 가격이 떨어지기 때문에 한국 국내에서는 한국제품보다 외국제품을 사려는 움직임이 나올 것이다.

이와 같이 원고는 산업의 경쟁력을 약화시켜 국내의 생산활동에 좋지 않은 영향을 미친다.

'원고로 경기는 더욱 악화된다.'고 하는 것은, 이와 같은 원고의 효과를 염두에 둔 말이다. 원저는 경기에 있어서 플러스이기 때문이다.

그런 한편, 원고는 좋은 면도 있다. 원고가 진전되면, 한국에 수입되는 제품의 가격이 떨어진다. 그래서 수입품을 구입하고 있는 기업이나 소비자는 같은 돈으로 지금까지보다 많은 수입품을 구입할 수 있게 된다.

이러한 상황을 '한국의 구매력이 실질적으로 올랐다.'고 한다. 회사로부터 받는 급여는 같은데도 이전보다 많은 수입품을 살 수 있게 되는 것은 소

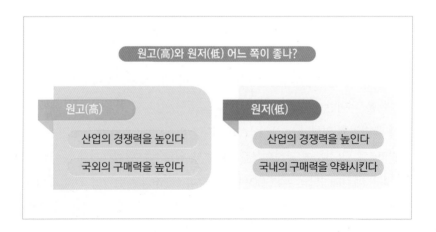

원고(高)와 원저(低) 어느 쪽이 좋나?

원고(高)
산업의 경쟁력을 높인다
국외의 구매력을 높인다

원저(低)
산업의 경쟁력을 높인다
국내의 구매력을 약화시킨다

비자의 물건을 사는 힘*이 높아진 것이다. 또 원고*에 의해서 수입품의 가격이 떨어지면, 국내제품의 가격에도 그 영향이 파급되어 국내물가가 저하한다.

한편, 원저*로 되면 원고*의 경우와는 반대로, 한국의 구매력은 실질적으로 저하하고 국내물가가 높아진다.

이와 같이, 원고*는 국내산업의 경쟁력을 약화시켜 생산활동에 마이너스의 영향을 미치는 한편으로 국내의 구매력을 실질적으로 높이는 플러스의 효과를 가지고 있어 어느 쪽이 큰지는 한마디로 말할 수는 없다. 원저의 경우도 똑같다. 그러나 구매력에 미치는 영향은 서서히 발휘되는 데에 대해서 경기에 대한 영향은 비교적 빨리 나오는 경향이 있다. 그 때문에, 경기가 정체하고 있는 경우는 원고*보다 원저* 쪽이 환영받는다.

49

환율과
금융자산과의 관계는?

환율과 금리, 주식 등 금융자산은
서로 밀접한 관계가 있다.

우리나라에서 주식이나 부동산 투자에 더 익숙한 투자자들은 금융자산
을 투자할 때 환율을 다른 경제지표에 비해 상대적으로 덜 중요하게 여기
곤 한다.

사실 환율 역시 금리만큼이나 재테크에서 중요한 지표이다. 특히 한국은
전체 경제에서 무역이 차지하는 비중이 크기 때문에 환율과 국제금융시장
의 변화가 국내 부동산과 주식시장 등 경제 전반에 걸쳐서 많은 영향을 미
친다.

확실히 '원저'로 되면 수출이 유리해지지만, 그건 '상식적인 범위에서의

원저'이다. 너무 지나치게 '원저'로 되면 한국경제 자체에 대한 신뢰도 잃어 버려 한국은 이제부터 발전하지 못한다는 이미지를 주어버리고 만다.

현재 한국기업이나 주식, 부동산에 투자하고 있는 외국인 투자자는 '환율 상승, 즉 원화의 가치가 떨어지기 때문에 원화를 가지고 있다면 손해를 본다.'는 생각을 하여 투자하고 있던 돈을 되찾아 미국이나 유럽으로 투자선을 옮겨 갈 것이다. 이와 동시에 그런 나라에 신규 투자자도 들어오지 않기 때문에 투자가로부터 돈을 모아 경영하고 있던 기업은 단숨에 자금조달이 악화하여 도산에 빠져들게 된다. 이것은 한국경제에 있어서 큰 타격이다.

또한, 공업용 원료나 에너지자원 등의 많은 물건을 수입에 의존하고 있는 한국은 '원저'로 되면 생활필수품의 가격이 오르는 구조로 되어 있다. 이 때문에 아무리 수출기업에 유리하다고 해서 무턱대고 원저를 좋아할 수 없는 것이다.

실제 한국의 유가증권시장에서 외국인이 보유한 주식은 총 592조 7,240억 원으로 전체 시가총액의 32.2%에 달한다2018년 7월 기준. 이때 환율이 급상승 추세로 가면 외국인 투자자들은 주식을 매도하게 되고, 이로 인해 코스피지수가 하락한다.

환율의 변화는 이처럼 주식 등 자산시장과 밀접한 관계가 있기 때문에, 경기에 따라 인상과 인하가 결정되는 기준금리 역시 환율의 영향을 받는다고 할 수 있다. 또 금리가 오르면 주가와 채권가격은 내려가며, 금리가 내려가면 주가와 채권가격이 올라가는 경향이 있다. 이처럼 환율과 금리, 그리고 금융자산은 서로 밀접한 영향을 주고받으며 시장에서 등락을 반복한다. 그렇기 때문에 금리나 환율이 지나치게 변동하면 정부는 이를 안정시키기 위한 배려와 대책에 많은 노력을 기울일 필요가 있다.

50

한국경제를 덮친
아시아 외환위기란?

외화유동성 부족 외에
단기외채의 비중이 높아진 게 문제였다.

'외환위기'란 다른 말로는 **통화위기**currency crisis라 하는데, 이는 한 나라 경제가 대외거래에 필요한 외환을 확보하지 못해 경제위기로 이어지는 상황을 말한다. 한국경제는 1997년 말에 발생한 외환위기로 인한 국가부도 사태를 막기 위하여 IMF 국제통화기금의 금융지원을 받으면서 극심한 경기침체의 상황을 벗어난 경험이 있다.

외환위기 사태가 터지기 직전 무렵 한국은 한창 급속한 성장주의 경제에 취해 있었다. 1996년에 한국은 선진국 클럽인 OECD에 가입하면서 정부는 재벌기업들의 요구에 따른 시장의 국제화와 자본시장 자유화를 적극 추진했다. 국내금리가 너무 높으니 저금리의 해외자본을 기업이 자유롭게 차입할 수 있도록 규제를 풀어 달라는 것이었다.

사실 그 당시 외환위기는 한국만이 겪었던 사건이 아니라 아시아 신흥국가들이 동시에 겪은 문제였다. 맨 처음 태국의 통화위기가 방아쇠가 되어 말레이시아, 인도네시아 등 동남아 국가들에서 대만, 홍콩을 거쳐 한국, 그리고 러시아까지로 급속히 번져갔다. 이들 각국의 외환시장에서 헤지펀드들의 '공매도' 등에 의한 공격도 극심해져 말레이시아의 링키드, 인도네시아의 루피아, 한국의 원화 등이 태국의 버츠화와 똑같이 통화가치가 폭락했다. 결국 이들 통화의 가치가 평균 80% 이상 급격히 떨어진 것이다.

이렇게 통화가치가 폭락한 나라들의 큰 특징의 하나는, 경상수지의 적자 속에서 그들 나라 시장에 들어와 있던 외국자본 중 '단기자본'의 비중이 높았다는 사실이다.

그런데 자본시장 자유화는 아시아 외환위기를 초래한 주요인 중 하나이기도 하다. 한국은 외화유동성 부족 외에 총외채에서 1년 이내의 단기외채가 차지하는 비중이 외환위기를 불러온 태국41.4%보다도 높은 51.5%를 기록했고, 이어서 인도네시아25%, 말레이시아27.8%였다.

아시아 국가들 중 특히 단기외채의 비중이 높았던 한국으로선 채무불이행default 사태의 직전까지 내몰렸다. 다시 말하면, 한국은 외국에서 단기투기성 자금으로 빌린 돈을 돌려주기 위한 외화가 매우 부족한 상태에서 '며칠 내면 디폴트된다.'고 하는 절박한 국가부도 위기상태에서 벗어나기가 어려웠다. 급기야 정부는 국민들로부터 금 모으기, 외국제품 불매운동까지 전개하면서 변동환율제를 채택하는 등 IMF로부터의 정책지도와 도움을 받기에 이르렀다.

1998년 당시 기업파산이 속출하면서 급속한 외자유출과 주가폭락과 실업률은 8% 이상 치솟았다. 이렇게 외국자본의 영향은 무서웠다. 한국정부나 기업들의 국제자본 이동 등에 대한 무지함도 무서웠다.

어쨌든 한국경제는 외환위기의 고통에서 벗어나 다시 일어서는 데 성공했지만, 지금도 여전히 불안하다. 외환보유고는 그때와 비교할 수 없을 정도로 충분하다고는 해도 조선, 해운, 자동차 등 6대 전략 산업이 경쟁력을 잃고 붕괴되고 있는데, 미·중 무역전쟁의 악영향이 크게 나타날 것이다. 내수시장에서는 경기 부진 속에서 외환위기 당시보다 높은 실업률과 기록적인 가계부채 등 불안요소는 아직도 많다.

이것만은 꼭 알아두고 싶은
100문 100답 교양경제

이것만은 꼭 알아두고 싶은
100문 100답 교양경제

Chapter 6

주식과 부동산 투자

이것만은 꼭 알아두고 싶은
100문 100답 교양경제

51

주식이란 무엇인가?

재테크의 기본은 주식,
주식회사의 주인은 주주

　주식주은 회사가 자금을 모으기 위한 중요한 수단이다. 우리들은 주식을
매입함으로써 그 회사의 주주가 된다. 회사의 돈벌이를 배당이란 형식으로
수취할 뿐 아니라 주가가 올랐을 때 잘 팔면 은행예금에 붙는 금리를 훨씬
웃도는 수익도 얻을 수 있다. 그래서 주식은 많은 재테크 수단의 기본이 되
고 있다.

　흔히 부자가 되는 데는 세 가지 방법이 있다고 한다. 사업, 주식투자, 부
동산 투자가 그것이다. 자영업과는 달리 대부분의 회사는 사업과 주식이
함께 가는 경향이 있는데, 주식회사의 가치가 올라가면 주식의 가치도 덩

달아 오른다. 이런 현상이 곧 주가 상승이다.

세계에서 이름난 부자들은 대개 기업가이다. 그들의 성공에는 보유 주식의 가치가 상승한 것이 큰 부분을 차지한다. 미국의 워런 버핏, 중국의 마윈, 한국의 이건희, 정몽구 회장 등도 모두 회사 사업의 성공과 함께 주식가치가 상승해 부자가 되었다. 주식은 부의 원천임이 분명하다. 우리들에게도 주식의 매력은 복잡하고 어려운 사업경영에 뛰어들지 않고 회사 성공의 결실을 주주로써 함께 수확할 수 있다는 데 있다. 예를 들어, 일본의 손 마사요시 사장의 소프트뱅크사는 2000년 중국의 알리바바에게 약 207억 원을 투자하여 4년 만에 약 78조 원의 주가상승으로 큰돈을 벌었다. 이처럼 주식 투자는 사업과 같은 것이다.

주식 투자는 회사의 권리인 주식을 사는 것이다. 우리들이 주식을 사고 싶을 때에는 증권회사에 나가서 어느 회사의 주식을 사고 싶다는 주문을 한다. 보유한 주식을 팔고 싶은 사람도 똑같이 증권회사에 매도 주문을 낸다. 증권회사는 이와 같은 매입주문, 매도주문을 정리하여 증권거래소에 실제로 주식의 매매를 행한다. 그 주식을 사는 주문 쪽이 파는 주문 쪽보다 많다면, 그 주식에 대한 인기가 높아지기 때문에 주가는 상승한다_{파는 쪽이 많다면 반대}.

또한, 증권회사는 매매 중개에 따라 수취하는 수수료가 중요 수입원이 되지만, 자기 자신의 돈을 써서라도 주식을 사서 팔기도 한다.

원래 주식회사의 주인은 '주주'다. 주식회사의 모든 경영방침_{사업 전략, 경영진 선출 등}은 주주총회에서 결정된다. 보유 주식이 많은 주주일수록 경영방침에 큰 영향력을 가진다. 한국의 주식회사에선 최대 주식보유자인 경영자가 CEO_{최고경영자}로 활동하는 경우가 많기 때문에, 오너_{Owner} 경영체제라 한다. 미국의 기업은 대체로 소유_{주주권}와 경영이 분리되어 있다. 회사의 주인은 주주일 뿐, 기업경영은 어디까지나 전문 경영인을 선임해 맡겨둔다. 회사를 경영하여 얻은 수익은 모두 주주의 몫이다. 회사의 주권은 주주에게 있고 주식은 곧 회사의 주권을 나타내기 때문이다. 흔히 '주식 투자는 도박'과도 같이 생각하는 잘못된 편견과는 분명히 다른 것이다,

요컨대, 주식은 도박이나 투기 목적으로 투자하는 것이 아니라, 회사의 주인으로서 기업경영 성과를 공유하는 권리임을 잊어서는 안 될 것이다.

52

주식과 채권은
어떻게 다를 걸까?

둘 다 자금조달의 수단이나
채권은 돈을 돌려줄 필요가 없다.

주식회사가 자금조달을 하는 경우, 은행으로부터 돈을 빌리는 방법 외에 주식과 사채社債 중 어느 것인가를 발행하는 방법이 있다. 이 중에 주식은 그것을 보유하고 있으면 그 회사에 대한 출자자出資者가 된다.

한편, **사채**社債는 회사가 돈을 빌릴 때에 발행하는 차용서이다. 이러한 차용서를 경제학에서는 광의의 **채권**이라 부르는데, 회사가 발행한 채권이기 때문에 사채라고 하는 것이다.^{또한 국채는 나라가 발행한 채권이다.}

한국에는 사채를 거래하는 시장은 그다지 정비되지 않아 채권이라고 한다면 국채를 의미하는 것으로 받아들여지고 있다. 그러나 여기서는 사채를 염두에 두고 주식과 채권의 차이를 생각해 보자.

주식과 채권의 첫 번째 차이는, 그것을 발행한 회사의 경영에 대한 발언권의 유무에 있다. 주식을 구입한 주주는 그 회사의 출자자로서 주식의 보유수에 따라서 발언권을 갖게 된다. 그 발언권을 발휘하는 정식의 장소가 1년에 한 번 열리는 **주주총회**이다. 이에 대하여 사채의 구입자는 그 회사에 대하여 채권을 갖고 있는 것만으로는 경영에 대한 직접적인 발언권은 없다.

둘째로, 회사 측에서 보면 사채는 차용서이기 때문에 회사가 돈을 돌려주지 않으면 안 되는 기한이 있지만, 주식은 회사에로의 출자금이며, 따라서 회사는 그 보유자에게 주식의 구입자금을 돌려줄 필요는 없다. 회사의 자산과 부채를 정리한 **대차대조표**Balance Sheet를 보아도 사채는 부채로서, 주식은 자본금으로서 별도로 취급하고 있다.

또한 기업 입장에서 사채와 주식 중 어느 쪽에서 자금조달을 하는 것이 바람직할까 하는 문제가 있다. 어느 쪽도 똑같다고 하는 것을 표현하는 정리定理가 유명한 '모딜리아니-밀러 정리'인데, 이 정리가 성립하기 위해서는 몇 가지 조건이 구비되지 않으면 안 된다.

셋째로 투자자 입장에서 보면, 사채에는 돈을 빌려주는 대가 내지 보증금으로서 금리가 붙지만, 주식은 자기 책임으로 돈을 출자해서 받는 보상으로서 배당이 회사로부터 지불된다. 다만, 주식의 경우는 배당만을 목표로 하여 구입한다는 투자자는 그리 많지 않다. 주식은 매매되면서 시장거래가격인 주가가 매일같이 변동한다. 그 때문에 주식을 구입하는 목표가 주가가 상승한 시점에서 그 주식을 팔아 얻어지는 **캐피탈 게인**capital gain인 것도 적지 않다. 그러나 정부가 발행한 국채는 시장 매매가 자주 이뤄지고 있고 가격도 변동한다. 매각 타이밍을 목표로 겨냥한 국채의 투기적인 시장 거래도 왕성하게 이루어지고 있다.

53

기본적으로 PER, PBR에 주목하지만,
완전한 지표는 없다.

이제부터 살 주식이 상대적으로 값이 싼 건가 아니면 비싼 건가 그런 것을 잴 수 있는 척도가 있다면 편리할 건데…, 주식을 사는 사람은 누구라도 그렇게 생각할 것이다.

주식시장에는 몇 가지 투자 척도가 될 수 있는 지표가 있다. 그 대표적인 것이 PER^{주가수익률}이다. 이것은 주가를 1주당 순^{세후}이익으로 나눈 값이다. 예를 들어 어느 회사의 주가가 8,000원, 1주당 순이익이 200원이라면, 8,000 ÷ 200 = 40으로, 이 회사의 PER는 40이 된다.

여기서 주가가 9,000원, 순이익이 300원인 회사를 비교대상으로 삼아

보자. 주가만 생각한다면, 9,000원보다 8,000원 쪽이 상대적으로 싸기 때문에 8,000원짜리 주식을 선택하고 싶어진다. 그렇지만 이익을 생각하면 이익이 많은 쪽이 좋기 때문에 주당 300원 이익이 나는 회사 주식을 사고 싶다. 어떻게 할까? 망설이다가 '에이 귀찮다, 양쪽 다 사버려' 이것도 하나의 전략이겠지만 좀 더 냉정해지자. 그렇다. 이럴 때 PER는 어떤가, 계산해보면 좋을 것 같다. PER 40과 30 중 숫자가 높을수록 상대적으로 수익률이 높아서 좋다. 주가는 그 기업의 이익에 비례하기 때문이다. 1주 200원 이익에 대하여 주가가 8,000원이라면 40배가 된다. 이에 대하여 9,000원의 주가에 300원의 이익이라면 30배이다. 30배보다 40배 쪽이 상대적으로 수익률이 높다고 이해할 수 있겠다.

다만, 이로써 주식투자 필승법을 얻었다는 생각은 하지 않아야 한다. 주식투자 세계의 실전전략을 습득하기란 그렇게 쉽지는 않다. 우선, 이런 식의 비교는 비슷한 기업에밖에 통용되지 않는다. 예를 들어 조선사와 시중은행이라고 하는 전혀 다른 업종의 기업을 PER로 비교해도 그다지 의미는 없다. 그것과 PER에는 일체 기업규모라는 것은 고려되지 않는다. 요컨대, 투자 척도로서의 PER의 쓰임새보다 더 중요한 것은 어디까지나 투자센스이다.

또 하나, PER이 높은 이유도 검토하지 않으면 안 된다. PER이 높은 경우 두 가지 이유가 생각될 수 있다. 이익에 비하여 주가가 높은 것인지 아니면 주가에 비해 너무 이익이 낮은 것인지 똑같은 식으로 주식에 대한 평가는 달라진다. 이 정도의 판단도 투자센스라는 것이다.

투자 척도의 또 하나인 PBR^{주가순자산비율}이란, 주가와 기업의 자산과의 비율이다. 여기서 주가는 1주당 순자산^{자기자본}으로 나누어 계산한다. 총액으로 생각해도 똑같은 것이기 때문에, 예를 들어 이느 기업의 자산이 500억 원, 부채는 300억 원이라고 하자. 그렇다면 순자산은 500억 - 300억 하면 200억 원이 된다. 이 회사는 15만 주의 주식을 발행하고 있고 1주가 2,000원이라고 한다면, 시가총액은 15만 주 × 2,000원 = 300억 원이 된다. 요컨대, 300억 원이 있다면 이 회사의 주식을 전부 살 수 있다. 그래서 300억 원 ÷ 200억 원 = 1.5라고 하는 PBR 치가 계산된다. PBR이 1을 넘는다면 순자산보다 주가 쪽이 높다.

그런데 PBR 계산 시 순자산은 과거에 취득한 장부가격이기에 현재 시가로 수정해야 한다는 데 문제가 있다. PER도 미래 순이익이 아니라 과거 순이익을 기준으로 하기 때문에 문제가 있다. 따라서 과거 지표인 PER이나 PBR 등을 이용한 기계적인 지표보다 좀 더 엄밀한 주식투자 척도가 필요하다.

투자의 세계에는 왕도는 없다. 변하지 않는 주식투자의 진리는 '투자를 결정하는 것은 투자자인 자기 자신의 주관적 책임으로 행한다.'는 것이다.

54

주가는
어떻게 변동되는가?

🔍

**기업수익성, 투자예상 등이
매일 반영된다.**

TV뉴스를 보고 있으면 금리나 환율의 변동에 따른 주가의 움직임이 흔히 보도된다. 주식시장은 시장경제의 하나이기 때문에, 가격이 움직이는 자체는 전혀 이상하지는 않지만, 컵라면 값이 매일같이 변동한다고 하는 것은 그리 볼 수 없다. 그런데 왜 주가는 예상할 수 없을 정도로 대폭 자주 변동하는 것일까.

주가는 기본적으로 그 주식을 발행하고 있는 회사의 수익성을 반영하여 시장에서 결정된다. 장래에 수익이 올라가 배당을 많이 받을 것 같은 회사의 주식일수록 높은 가격에서 거래된다. 그러나 그 정도라면 주가는 단기간에 이만큼 크게는 변동하지는 않을 게다. 물론 시시각각 변화하고 있는 경제나 정치상황의 움직임 가운데에는 그 회사의 매출이나 수익성에 영향을 주는 것도 적지 않을 것이다. 투자자 혹은 증권애널리스트라는 사람들은 그 기업을 둘러싼 여러 가지 정보, 거시경제나 업계의 동향으로부터 특정 기업의 영업수익성을 예측하고 있다. 그러나 그 예측의 변화만으로 주가가 매일 보여주는 커다란 변동을 전부 설명하는 것은 어려울 것 같다.

주식의 매매에는 장래 가치의 움직임을 예상하여 큰 수익을 창출하고자 하는 투기적인 목적에 의한 매매가 포함된다. 예를 들면, 현재 10만 원이라고 하는 수치가 붙어 있는 주식이 내년에는 200만 원이 될 것으로 예상했다고 한다. 지금 예상한 대로 그 주식이 내년에 가면 정말로 200만 원에 팔릴 수가 있다면 1년 만에 그 20배의 금액을 수취할 수 있다. 이처럼 가격 상승의 전망에 확실한 자신이 있게 된다면 그 주식투자는 성공적이다.

그런데 많은 사람들이 가격 상승을 예상한다면, 그 주식을 사는 사람이 늘어나기 때문에 주가는 내년까지도 기다리지 않고 지금 바로 상승해 버린다. 반대로 가격이 내려가는 예상이 강해진다면 주가는 실제로 내려갈 것이다.

이와 같이 주가는 사람들의 예상을 반영하여 변동하는 것이다. 그런 까닭에, 그 회사의 수익의 행방을 예상하는 객관적인 재료뿐 아니라 다른 사람들이 그 회사의 주가 동향에 대하여 어떠한 전망을 하고 있는지도 중요해진다. 예컨대, 자기는 주가하락을 예상하고 있는데도, 주가상승을 예상하는 사람들이 압도적으로 많다면 그 주식은 파는 것이 아니라 사야 할 것이다. 그러나 여기에 문제가 되는 것은, 사람들의 주가예상 방법 혹은 예상이 주가에 미치는 영향에 관하여 분명한 규칙이나 법칙성이 없다는 것이다.

그 때문에 투자자는 매우 불확실한 상태에서 주식의 매매를 하게 된다. 다른 사람들의 예상은 좀체로 정확하게 추측할 수 없다. 또 허풍을 떠는 투자자 가운데에는 자신이 매매를 하면서 다른 투자자가 어떠한 행동으로 나올지 눈치를 보는 사람도 있을 것이다.

주식시장에는 여러 투자자들의 다양한 생각이 뒤얽히는 결과, 반드시 수익성에 관련된 재료와는 상관없이도 주가는 복잡한 시장변수에 따라 나날이 변동하고 있다. 사람들의 예상이 하나의 방향으로 기울어지면, 주가는 증권거래소가 시장거래 중지 결정을 해도 커다란 변화를 보여주는 일도 있다.

55

미숙한 투자자는
어떻게 실패하나?

손절매 등을 할 수 없는 것이
문제다.

주식투자는 말하자면 심리전이다. 의사결정의 패턴, 마음의 강약, 욕심 등
이 그대로 투자에 반영된다고 해도 과언이 아니다. 예를 들면, 이익과 손실
의 비대칭성, 즉 플러스의 자극보다도 마이너스의 자극 쪽이 보다 민감하게
반응한다. 심리적 습관에 흐르는 그대로 되어 순식간에 손실을 내어 버린
다. 설령 이익을 낼 수 있다고 해도 기울인 노력만큼 보상받지 못하는 일이
많다. 가장 중요한 것은 인간의 심리적 습관에 얽매여 자신을 컨트롤하는 것
이다. 경험 없는 생무지 투자자가 빠지기 쉬운 실패 유형이란 무엇일까?

먼저 첫 번째 투자 패턴은 스스로 손실을 더 키운다는 것이다. 특히 증권

투자를 막 시작한 초보자라면 주가의 변동 상황에 신기해하거나 불안하기도 해서 밤낮 주가나 환율 등 경제지표를 체크한다. 물론 주식 매매의 적절한 타이밍을 잡는 데 필요하지만, 지나치게 예민하게 시황에만 매달려 매매빈도를 높이는 것은 역으로 손실을 강화해 버릴 수 있다. 왜냐하면, 본래 사람은 손해 보는 것은 싫어하고 이익일변도로만 이어지길 원한다. 일희일비 一喜一悲 라고는 하지만, 일희 一喜 와 일우 一憂 의 정신적 비대칭성에 따라 마이너스의 감정이 더 크게 작용할 것이다. 그 때문에 결국 심리적 스트레스로 냉정한 판단력까지 잃고 실패해 버리는 거다.

두 번째 실패 케이스는 '손실에 속는다.'는 것이다. 초보 투자자는 한번 손실을 본다면, 손실을 본 그대로 빠져 나오기 어려워진다. 손절매 損絶賣를 할 수 없는 것이다. 왜냐하면 인간은 손실 등 마이너스에 빠지는 경우 냉정히 상황판단을 하고 손을 떼는 선택을 하기보다는 한방 역전을 노리고 도박에 나서는 쪽을 좋아하기 때문이다. 더욱이 한 번이라도 주가가 오를 때까지 갖고 있어봤던 경험이 있기 때문에 다시 또 그런 기대를 하며 손절하기 어려워진다.

세 번째 실패 패턴은, 호경기에 덩달아 시세가 올라가면 누구든지 어떤 주식이든지 수익을 올리기 쉬운 때가 있다. 버블 bubble 장세와 같은 때다. 여기서 자신의 재능을 과신하게 되는 한편, 투자대상의 위험도를 과소평가하기 쉽다. 이렇게 되면, 직감력이나 마음을 굳게 믿고 물건을 생각하는 무의식적 마음의 성질을 어떻게 할 수 없다.

초보자가 자기가 그 주식을 갖고 있지 않는 것 같은 기분으로 수치 움직임을 보는 것도 하나의 수법이다. 이길까 질까, 기분을 진정해 객관적으로 생각해 보는 태도는 일조일석에 강화될 수 있는 건 아니지만, 시황판을 보면서 보다 '냉정해지는' 평정된 자세를 취하는 것은 그렇게 어려운 수행은 아닐 것이다. 투자는 프로라도 꼭 반드시 대박 나는 법은 없다. 냉정한 기세를 잃지 않고 견실한 태도로 계속 인내하는 것이야말로 주식투자의 포인트다.

56

선물거래란?

현물거래, 신용거래,
선물거래의 차이

주식시장의 거래는 크게 나누어 세 가지 방법이 있다. 현물거래, 신용거래, 선물거래이다.

현물거래란, 현물 체 자체의 주권를 현금으로 매매하는 거래이다. 가장 일반적으로 이루어지고 있는 거래이다.

신용거래란, 주권이나 현금을 직접 주고받는 것이 아니라 주권이나 현금을 증권회사 등으로부터 빌려서 매매하는 거래이다. 주권을 갖고 있지 않는 투자가라도 주권을 팔 수가 있어, 한정된 자본밖에 갖고 있지 않은 투자가라도 융자를 받아서 소개한 자금의 몇 배인가의 주식을 살 수 있는 시스템이다.

선물거래란 3개월 후, 6개월 후 등 장래의 어느 시점에서 약정한 가격으로 주권을 매매하는 것으로 계약하는 거래이다. 가격이 크게 변동하는 상품을 취급한다면, 상품의 가격이 장래에 얼마로 될지 불안하다. 그러한 경우 빠른 시기에 장래의 가격을 확정할 수 있다면 파는 측이나 사는 측 모두 안심할 수 있다. 그러한 매매 쌍방의 요구needs로부터 생긴 것이 선물거래이다. 선물거래가 이루어지는 곳이 선물시장이다.

선물시장은 돈이나 석유, 곡물, 환율 등 여러 가지 상품으로 이루어져 있다. 주식시장에서는 주가지수의 선물거래가 이루어지고 있다. 주가지수란 증권거래소장내시장에서 거래되는 '코스피COSPI지수'나 증권거래소코스닥·벤처시장, 장외시장에서 사고파는 '코스닥COSDAK지수'를 말한다. 이것은 경제신문은 물론 일반 종합신문들도 매일같이 형성되는 주식시세표와 함께 뉴스로 함께 보도하고 있다.

주식시세표에는 매일 아침 개장 직후 형성되는 가격인 시초가始初價와 폐장 직전 마지막 형성되는 종가終價, 그리고 당일 중 가장 높았던 최고가, 사장 낮았던 최저가 등 4개의 가격 정보가 있다.

현물거래나 신용거래에서는 상장회사의 주식을 매매할 수 있지만, 주가지수를 매매할 수는 없다. 그러나 선물거래는 주가지수만을 매매의 대상으로 하고 있다.

현물거래는 투자자가 소지한 자금의 범위 내에서밖에 할 수 없지만, 신용거래나 선물거래는 소지한 자금의 몇 배라도 거래할 수 있기 때문에 잘 나가면 큰 이익을 얻을 수 있는 반면, 실패하면 손실도 엄청나게 커질 수 있다. 그 때문에, 신용거래를 활용하는 것은 일반 투자가, 선물거래를 이용하는 것은 기관투자가생명보험, 은행 등나 증권회사 등 프로 중의 프로가 중심이다.

57

왜 서울 집값이 급등했나?

왜 서울 집값이 급등했나?

안전자산의 투자심리 외에
정책 미숙 때문

부동산, 특히 아파트 등 주택은 도시 사람들이 선호하는 대표적인 안전
자산이다. 특히 서울의 도심아파트가 그렇다. 직장, 학교, 편의시설이 몰려
있어 환금성도 높아 수요가 많다.

원래 주식이나 펀드 투자와는 달리 부동산은 가격변동성이 적어 투자위
험이 적다. 한국은 지난 60여 년간의 경제성장과 도시화 과정에서 '서울부
동산 투자는 절대 손해 보지 않는다 '는 '부동산 불패 신화' 속에서 특히 서
울주택에 대한 '안전자산 투자심리'가 크게 작용하고 있기 때문이다.

사실 1990년대 초반까지만 해도, 한국에서 서울 집값은 경기 상황과도

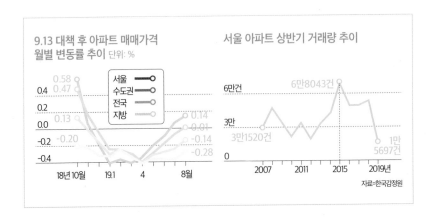

9.13 대책 후 아파트 매매가격 월별 변동률 추이 단위: %

서울 아파트 상반기 거래량 추이

자료=한국감정원

무관하게 항상 오르기만 하는 것으로 인식됐다. 그러나 1997년의 외환위기를 계기로 서울 집값이라고 항상 오르기만 하는 게 아니라는 새로운 인식이 생겨났다. 경기 동향에 따라 부동산 가격 중 도심 집값도 등락하는 것이 당연한 경제원리다. 경기가 좋아지면 사람들의 소득이 늘고, 새 아파트나 넓은 집에 대한 수요가 증가하여 집값을 끌어 올린다. 또 호경기에는 기업들도 사무실을 확장하거나 공장을 증설하게 되어 부동산 수요가 눈에 띄게 늘어난다.

반대로 경기가 나빠지면 새 집과 사무실에 대한 수요가 줄어 들어 부동산 가격이 하락하게 된다. 이와 같은 보편적인 시장원리가 한국 부동산시장에 적용되기 시작한 것은 서울의 주택부족 현상이 어느 정도 해소되기 시작한 1990년대 중반부터이다. 그전까지만 해도 주택의 절대량이 부족했기 때문에 만성적인 수요초과-공급부족으로 가격은 끊임없이 뛰어올랐다.

국토교통부에 따르면, 2002년 말 이후 **주택보급률**은 전국적으로 100%를 넘어섰고 수도권 주택보급률은 83.8%에 달했다고 했지만, 당시 수도권 아파트 값이 급등해 서민들을 불안하게 만들기도 했다. 이후 서울의 주택가격은 2005년 8월부터 2008년 9월까지 상승하였고, 2014년 8월부터 2018년 8월까지 49개월 연속 올라 최장 상승 기록을 세웠다.

이처럼 최근 5년간 서울 집값이 급등한 이유로는 공급 측의 '매물부족'과 정부의 미숙한 정책 대응이 꼽힌다. 주택시장이 정상적으로 순환되려면 적정수준의 거래가 이뤄져야 하는데, 지금 시장 상황은 매수자와 매도자 모두 거래하기 어렵다. 2017년 8·2 대책으로 다주택자에게 양도소득세가 중과 되고 2018년 9·13 대책으로 실수요자가 은행대출을 받기 어려워졌기 때문이다. 서울 아파트 거래량은 2017년에 역대 최고를 기록한 다음 2019년 상반기 1만 5,697건으로 2018년 3,595건의 29%에 그쳤다. 2007년 이후 최저치다.

부동산 경기 예측이론인 '벌집순환모형'에 따르면 부동산 거래가 늘면 가격도 오른다. 부동산 가격이 고점에 접근할 때 거래는 줄어들면서 가격만 오르는 국면이 전개되는데, 2019년 상반기 이후가 바로 그때다.

거래가 급속히 줄면 소수 사례가 가격을 좌지우지하는 문제가 생긴다. 예컨대, 재건축 아파트 급매물이 소화된 후 나온 매도 집값이 반등하자 정부는 또 다시 강력한 추가 규제로 '민간택지 분양가상한제'를 꺼내 들었다. 하지만 분양가상환제 적용 지정이 확정되기도 전부터 신축 10년 미만 아파트 및 신규 청약시장에 수요가 몰려들며 벌써부터 '풍선효과'가 나타나기도 했다.

더욱이 장기적 저금리 상황에서 시중 유동자금이 넘쳐나는데다 정부의 공공택지 및 3기 신도시 토지보상금이 2019년 말~2020년에 풀리면 서울의 인기지역 집값 상승의 불씨가 될 우려도 있다.

당연히 정책적으로 집값은 안정시켜야 한다. 그래서 2019년 12·16 부동산 대책이 전개됐다. 이로써 최근 서울 고가아파트 위주로 급등세를 보이던 서울 집값 상승추세에 일부 제동이 걸렸다. 하지만 시장원리와 반대로 가는 무리한 대출·가격규제 정책은 일시적으로 효과가 있어 보일지라도 결국 시장가격으로 귀결된다는 것이 과거의 시행착오를 거쳐 충분히 입증된 사실이다. 부동산시장에서 신규 주택의 공급 부족은 신축주택의 품귀

현상을 유발하기 때문이다. 장기적으로는 돈 많은 상류층에게 유리한 결과로 이어지고, 피해는 집 없는 서민과 가난한 계층에게 돌아가게 된다.

서울 아파트 167만 가구 중 3분의 1이 30년 이상 된 아파트다. 40년 이상의 노후 아파트도 있다. '좋은 집'에 살고 싶어 하는 건 인간의 기본 욕망이다. 모두가 살고 싶어하는 곳의 재건축·재개발은 억제하고 누구나 기피하는 지역에 신도시 건설을 고집하는 정부의 주택 정책은 본질이 '시장경제'가 아니라 반시장적 '정치 이념'에 사로잡혀 있는 결과가 아닐까 한다.

58

부동산 대출의
기준은 무엇인가?

LTV, DTI
그리고 신DTI와 DSR

　문재인 정부는 집값 상승과 가계부채의 증가 우려로 부동산 대출의 기준을 강화했다. 집을 살 때 그 집을 담보로 금융대출을 받는 것을 주택담보대출이라고 한다.

　최근 급격히 늘어난 가계부채는 일반가계뿐만 아니라 정부에도 큰 부담이 된다. 이러한 대출과다로 인해 은행과 개인의 신용이 부실해지는 것을 막고 아울러 대출을 통한 부동산 투기 과열을 억제하고자 정부에서는 대출규제를 한다. 그 대표적인 제도가 LTV주택담보인정비율, DTI총부채상환비율이다. LTVLoan To Value는 주택을 담보로 해서 얼마까지 돈을 빌릴 수 있는지를 나타내는 지표다. 예를 들어 무주택자가 서울시내 5억 원짜리 아파트를 구매하려 한다면 집값의 40%인 2억 원까지 대출할 수 있다. DTI_{Debt To Income}는 대출자의 총소득에서 갚아야 하는 원리금의 비율을 말한다. 예를 들어 연소득이 5천만 원이라면 갚아야 할 원리금이 연 2,500만 원이하여야만 대출을 받을 수 있다. 이러한 LTV와 DTI는 투기과열지구 및 투기지역, 조정대상지역 등으로 세분화되어 지역마다 비율이 달라진다. 그러므로 집을 살 때에는 원하는 집이 어느 지역에 있는지를 분명히 알고 사야 부동산 투자자금 마련에 어려움이 없다.

기존의 LTV와 DTI 외에 문재인 정부에서는 신DTI와 DSR_{Debt Service Ratio, 총부채원리금상환비율}이란 새로운 제도를 추가 도입했다. 신DTI는 연소득을 기준으로 선정되는 기존의 DTI가 연봉이 낮은 사람들에게 불리한 것으로 판단해서 이를 보완한 대출 기준이다. 즉, 현금소득뿐만 아니라 미래 예상소득의 증가 가능성과 소득 안정성을 감안해 연소득을 추산해서 대출 가능금액을 조정하는 것이다. 신DTI가 적용되면 미래소득이 높아질 20~30대 젊은 직장인들의 내 집 마련이 수월해질 것으로 기대한다.

DSR은 좀 더 강력하게 대출을 규제하는 것이다. 신DTI가 주택담보대출금만 포함시킨다면, DSR은 주택담보대출 외에도 자동차 할부금, 신용대출 등 다른 모든 금융권의 대출 원리금을 반영해 대출 가능 금액을 산정한다.

급속하게 늘어나는 가계부채에 대한 우려와 은행건전성 유지를 위해 도입된 제도로서 총부채원리금상환비율이 2020년부터 부동산시장에 전면 시행되면 현재 집 없는 사람들조차 규제의 영향을 피할 수 없을 것이다. 규제 일변도의 정책이 계속되면 내수 경기는 침체될 수밖에 없다.

59

부동산 투자의 방법은?

직접투자와
간접투자 방법이 있다.

부동산에 투자하는 방법은 크게 직접투자와 간접투자의 두 방법이 있다. 먼저 직접투자하는 방법은 세 가지가 있는데, 첫째 값이 오른 집을 사서 기다린다. 둘째, 수익형 건물을 사서 전·월세를 받는다. 셋째, 경매·공매에 참가하여 토지 등을 싸게 사서 되판다.

일반적으로 값이 오른 집이라면 재개발·재건축이 확실하게 진행될 지역의 집을 사는 것이다. 수익형 건물은 신도시나 도심의 상가건물을 사서 임대수입을 취하는 방법이다. 공매(公賣)란 말 그대로 공공기관이 법적으로 처리해야 할 물건을 일반인에게 공개해 판매하는 것이다. '경매(競賣)'는 공개경쟁이지만 경매를 행하는 사람이 불특정 다수의 사람들을 대상으로 구술 로 매수신청을 받고 최고가격을 부른 신청인에게 낙찰시킬 때 참가하 여 사서 시장가격으로 되파는 것이다. 부동산 경매의 장점은 시장시세보다 싼 값에 매입할 수 있다는 것과 낙찰가의 80% 가량 대출할 수 있다는 데 있다.

부동산 투자는 내 돈을 최대한 적게 들이고 남의 돈을 최대한 활용하는 데 있다. 요즘 흔히 말하는 갭gap 투자에서 전세가와 매매가의 차이를 이 용하여 자기 돈을 가능한 한 적게 들이면서 남의 전세금을 이용하는 것과 같다.

경매나 갭 투자가 성공하려면 부동산경기 전망과 물건을 고르는 안목이 중요하다. 재개발, 재건축 투자 또한 재개발, 재건축 지역과 과정을 잘 이해 하고 조합원과 조합장, 시공사 및 관할관청과의 역학관계는 물론 정부정책 방향이 어떻게 변화할지를 이해할 수 있어야 한다.

부동산 간접투자 방법으로는 리츠REITs와 펀드Fund가 있다. 이 두 방법 모 두 한국에서 2011년 이후 평균 수익률이 각각 8%, 10.6%에 이른다. 리츠 는 소액투자자들로부터 돈을 모아 부동산이나 관련 유가증권 투자방식으 로 운영하여 번 수익을 투자자들에게 배당해 주는 투자 상품이다. 리츠의 장점은 주식처럼 100만 원, 200만 원씩 소액투자로 증권화가 가능하여 손 쉽게 현금화할 수 있다는 것이다. 현재 국내에서 운용 중인 리츠 상품들은 연간 6~9%의 수익률을 올리고 있다. 한편 부동산펀드는 리츠와 마찬가지 로 투자자들의 자금을 모아 부동산 관련 투자를 진행하고 배당금을 지급 하는 형식이다. 한 투자증권에서 투자자들의 자금으로 한 호텔을 매입해 임대하고 그 임대료를 배당금으로 지급하는 부동산펀드 상품을 출시한 바 있다. 이 펀드의 기대수익률은 5%로 전망됐다. 이처럼 기대수익률이 5%가 되는 부동산펀드에서 6% 이상에 이르는 리츠까지 부동산 간접투자는 꽤 좋아 보인다.

그러나 부동산 간접투자 또한 투자인 만큼 부동산 경기 변동에 큰 영향을 받는다. 또 부동산펀드도 3~5년간은 환매가 불가능하여 자금 순환이 어렵다는 단점도 있다. 이렇듯 꽤 오랜 기간 폐쇄형으로 자금이 묶인다는 것은 투자 시 신중해야 한다는 뜻이다.

60

'버블경제'란 어떤 것이었나?

🔍

주식과 부동산가격이
폭등하다가 폭락했다.

1980년대 후반은 일본경제가 '버블^{bubble}경제'에 뜨겁게 달아오른 시대였다. '버블경제'란 주가와 부동산가격이 자꾸 올라 매각이익^{capital gain}을 기대하여 주식이나 토지 등 부동산에로의 수요가 점점 많아져 그것이 '자산인플레' 상태를 만든다고 하는 악순환을 가리킨다.

왜 이러한 버블이 발생한 것일까? 일본은행이 필요 이상으로 돈을 풀어 그 돈이 주식이나 부동산 구입으로 흘러들어 갔기 때문이라는 것이 흔히 귀로 듣는 설명이다^{반대로 버블붕괴 후의 장기 불황은 일본은행이 통화량을 너무 줄였기 때문이란 설명이 유력하다}. 그런데 문제는 왜 일본은행이 돈을 대량으로 흩뿌렸던가 하는 것이다.

1980년대 중반, 선진국은 무역불균형 속에서 고달러 현상이 급속히 진행되자 각국이 협조하여 이에 대응하고자 하는 정책협조의 생각이 강해졌다. 그것을 명확히 내세운 것이 1985년 9월의 '플라자 합의'였는데, 일본에게는 내수 확대와 경상수지 흑자의 축소가 요청되었다. 그런데 당시의 일본은 그 수년간과는 크게 달라서 재정재건이 정부에 있어서 최대의 정책목표로 되고 있었다. 그 때문에 정부는 내수 확대나 무역흑자 축소라고 하는 국제 간 정책협조로부터의 요청에는 전부 금융정책을 할당했던 것이다. 그것을 받은 일본은행은 기준금리를 필요 이상으로 계속해서 내리는 등 과감한 금융완화 정책을 시행하였다. 그 후에도 인플레율이 두드러진 상승세를 보이지 않았기 때문에, 일본은행은 통화량이 과잉일 정도로 팽창하고 있는 상태를 오랫동안 방치하고 있었다. 이러한 정부와 일본은행의 정책대응이 이후의 기업·가계의 재테크 붐을 이룬 '버블경제'의 발생으로 이어진 것이다.

버블경제는 동경주식시장의 니케이 평균주가의 고등으로 상징된다. 1989년 12월 27일 니케이 평균주가는 사상 최고치를 갱신하는 3만 8,915엔을 기록했다. 그러나 다음 해 1990년부터 주가는 긴 하락의 길을 걷게 된다. 니케이 평균주가가 사상 최고치를 경신하는 것은 이제는 다시 볼 수 없고, 상업지 가격 등 토지가격도 주가와 함께 급속히 하락해 갔다. 이것이 버블경제의 붕괴다.

일단 '주식·토지의 값이 더 오른다.'는 기대가 무너지면, 보유한 주식이나 토지 등 부동산을 아직 값이 더 떨어지지 않는 사이에 너도 나도 팔고자 하는 움직임이 강해지면서 그 결과로서 가격의 폭락을 초래하게 된다. 이렇게 버블경제의 붕괴로 인하여, 토지나 주식투자로부터 큰 수익을 얻고 있던 기업이나 가계 중 일부는 일전하여 커다란 손실을 입게 되었고 소비 여력도 급속히 쇠락했다.

또한, 토지 등 부동산을 담보로 하여 기업이나 가계에 융자를 해주고 있던 금융기관에서는 그 대출금의 대부분이 회수할 수 없는 불량채권이 되어버리고, 그 원인으로 경영능력을 상실하고 말았다.

　1990년 이후 일본경제의 버블붕괴 후의 심각한 불황기를 가리켜 '잃어버린 10년'이라 부른다. 일본경제는 버블기에 기업이 떠안았던 과잉의 '인력, 채무, 생산설비'를 정리·합리화하기 위해서 10년 이상의 고통의 세월을 소모하게 된 것이다.

Chapter 7

저출산 · 고령화와 한국경제

이것만은 꼭 알아두고 싶은
100문 100답 교양경제

61

인구고령화가 경제에 미치는 영향은?

경제성장에 부정적 영향뿐 아니라
인구감소의 긍정론도 있다.

인구고령화라는 것은, 총인구에 차지하는 노년[65세]인구 비율의 상대적 확대를 의미하고 있는데, 인구의 고령화는 어떻게 하여 생기는 것일까.

인구고령화의 선진국인 유럽사회의 경험에 의하면, 인구변동은 다음과 같은 과정을 거쳐서 오늘에 이르고 있다.

사람들의 생활수준이 낮은 상태에 있었던 사회에서의 인구 상황은, 다산다사多産多死의 상태였다. 즉, 낮은 생활수준에 대응하여 사망률이 높았기 때문에, 그에 상응한 높은 출생률에 의하여 인구의 일정수준을 유지해 왔다.

그러나 경제가 발전하고 생활수준도 상승하면 사망률이 떨어지기 시작하는데, 출생률은 여전히 높은 수준을 유지하고 있는 상황, 즉 다산소사의 단계로 이행해 온다. 나아가 근대화가 달성되는 시기에 이르면, 출생률이 저하하여 '소산소사'의 단계로 이행하고 또 다시 인구의 증가세는 저하하게 된다. 이와 같은 인구변동의 과정을 인구학에서는 인구전환이라 부른다. 인구고령화는 이러한 다산다사에서 소산소사로의 전환과 함께 인구구조의 변화를 초래한다. 인구구조의 변화는 매크로경제의 성장에 직접적인 영향을 미치게 된다. 한 나라의 경제성장을 결정하는 요인은 노동공급, 총수요, 노동생산성, 저축, 투자 등인데, 인구구조의 변화에 따라 이들 성장요인들이 영향을 받기 때문이다.

우선 인구고령화가 진행되면 경제 전체적으로 노동공급이 감소한다. 총인구 중에 차지하는 고령자의 비중이 높아지면 노동력인구가 줄어들면서 경제 전체의 노동공급능력이 저하하게 된다.

이렇게 되면, 경제에 대한 영향도 중대하게 나타날 것으로 예상된다. 대체로, 일하는 사람이 적어지기 때문에 많은 노동자를 필요로 하는 산업은 노동력의 확보가 어려워질 것이다. 그들 산업은 수익을 악화시킬 우려가 있다. 또, 농업, 어업 등 전통적인 산업, 지방의 중소기업의 후계자 부족 등 경영애로가 심각해질 수도 있다.

더욱이 저출산 · 고령화가 진행되면 총인구 규모가 줄어들게 되는데, 이는 시장규모의 축소를 의미하기 때문에 투자유인이 감소하면서 경제성장을 위축시킬 수 있다.

이와 같이 인구고령화는 한국경제의 활력 그 자체에 영향을 미칠 가능성이 있고, 노동력으로서 여성이나 은퇴자를 적극적으로 활용할 필요가 있다.

한편, 심각한 문제로서 고령자에게 지급되는 사회보장을 위한 비용이 우리들의 가계에 부담을 주는 것을 들 수 있다. 예를 들어 연금이나 간병보험, 현역세대가 납입한 보험료로 은퇴노인에게 연금급여나 간병서비스를 제공하는 구조가 채용되고 있기 때문에 젊은 층과 고령층의 인구밸런스가 무너지면, 젊은 층의 부담을 증가시킬 수밖에 없다. 또, 근로세대가 상대적으로 줄어들게 된다면, 정부의 세출을 조달하기 위한 세금을 젊은 세대가 부담하지 않을 수 없게 된다.

역시, 인구의 감소는 도시의 혼잡을 완화하는 측면도 있어, 반드시 나쁜 것만 있는 게 아니라는 논의도 있다. 오히려 인구가 줄어들면 1인당의 인프라infra-structure 이용도 여유로워진다는 것이다.

62

한국의 인구정책은
어떻게 변화했는가?

성공적 산아정책 이후
출산율 상승 어렵다.

경제개발이 곧 국가의 어젠다였던 1960년대의 인구억제정책은 1인당 국민소득을 높이기 위한 정부의 최우선적 의제였다. 경제개발5개년계획의 일환으로서 1961년 4월부터 '가족계획협회'를 중심으로 실시한 산아제한정책은 급속한 공업화, 도시화와 함께 효과를 발휘하기 시작하였다. 1960년에 6명 수준이던 여성 1인당 출산율은 1983년 이후 인구수의 형상유지를 위해 필요한 대체출산율 수준인 2.1명을 하회하기 시작하여 1988년에는 1.6명, 2018년에는 0.98명으로 떨어졌다. 출산율이 1명대 아래로 떨어졌다는 것은 부부가 결혼해서 평생 아이를 한 명도 낳지 않는다는 사실이다.

OECD^{경제협력개발기구} 평균 1.68명 이하의 최저치다.

한국은 공업화에 의한 경제개발을 시작한 지난 60여 년간 인구정책에서 커다란 정책기조의 변화가 있었다. 경제개발 초기에 인구를 억제하던 시기^{1962~1995년} 이후 출산율이 급격히 낮아지자 산아제한정책을 폐기하고 인구구조의 개선과 복지향상을 추진한 과도기^{1996~2004년}를 거쳐 이제는 출산을 적극적으로 장려하는 시기^{2005년~현재}로 전환되었다. 출산을 적극 장려하는 정책기조 아래에서 시행된 저출산 · 고령사회 기본계획은 제1차 계획^{2006~2010년}과 제2차 계획^{2011~2015년}기간을 이미 완료하였고, 현재는 제3차 계획^{2016~2020년}을 추진하고 있는 중이다. 그러나 출산율 1명 미만은 세계적으로 유례가 없는 만큼 한국의 인구정책의 실효성 문제와 함께 출산정책의 기조 전환이 늦은 감이 없지 않다.

지난 10여 년간 출산율은 점점 더 떨어지고 있어 정부의 성과를 찾아 볼 수 없다. 현 정부는 출산율 목표^{2020년 1.5명}가 실현 가능하지 않다고 보고, 긴 호흡으로 삶의 질을 개선해 자연스럽게 출산율을 높이겠다고 했다. 나름 일리가 없는 것도 아니지만, 어떻게 해서든 출산율을 높이기 위한 부단한 노력과 새로운 정책 비전^{vision}을 제시하기를 포기한 것은 아닌지 강한 의심이 든다.

여기서 '출산력 저하'의 메커니즘을 해명할 수 없지만, 최근 부부의 가치관 변화에 따른 자녀출산 후 과도한 교육비, 높은 주거비 등 요인에서 찾아 볼 수 있듯이 한국의 출산율 저하 문제는 사회경제적 요인들이 복합적으로 작용한 결과로 판단된다.

한국은 경제개발 초기에 인구과잉의 무제한적 노동공급 여건에서 값싸고 풍부한 인적 자원을 효율적으로 활용하여 수출주도형 공업화에 성공하였으나, 향후 인구고령화와 출산력의 변동이 경제사회 발전에 어떠한 영향을 미칠 것인지 중요한 정책적 이슈가 아닐 수 없다.

63

왜 아이의 수가
줄고 있는 걸까?

만혼화, 비혼화가 진전되는 가운데
정책 효과도 문제다.

아이의 수가 점점 줄어들고 있다. 초등학교에서는 빈 교실이 늘어나고 대학도 정원 미달이 되는 곳이 서서히 늘어나고 있다. 물론 출산율 저하의 결과다.

한 사람의 여성이 가임기 생애에 걸쳐 낳는 평균적인 아이 수를 합계특수출산율total fertility rate이라 하는데, 1970년에 4.5명이었고, 그 후 저하경향을 보여 2015년 1.08에서 최근 2018년에는 0.97명까지 뚝 떨어졌다. 총인구를 유지하기 위해서는 2.08명의 출산율이 필요하다고는 하지만, 현재는 그 수준을 크게 밑돌고 있기 때문에, 한국의 총인구는 머지않아 2028년에는 절대수의 감소로 바뀌어 고령화도 급속도로 진행되리라 예상하고 있다.

저출산은 경제성장이나 사회보장에 커다란 문제를 불러일으킬 것이다. 아이의 수가 줄어드는 저출산은 선진국에서 공통적으로 볼 수 있는 현상이다. 소득수준이 낮은 단계에서는 아이들의 교육비도 낮고 노후의 양친을 부양하는 노동력으로서의 아이에 대한 수요가 크기 때문에 출산율도 높아진다. 그러나 소득수준이 높아져 가면 생계소득을 버는 일꾼으로서의 아이는 지금까지 만큼 필요 없게 되고, 출산육아를 위하여 포기하지 않으면 안 되는 임금소득_{기회비용}도 커진다. 게다가 공적 연금 등 노후의 생활보장도 충실해야 하기 때문에 아이에 대한 수요는 감소해 간다.

한국에서는 1980년대 이후 여성의 고학력화가 진전되고 취업률이 높아진 것에서, 출산·육아의 기회비용이 상승한 것이 출산율의 저하를 가속하고 있다고 흔히 설명되고 있다. 그러나 선진국들의 경험에서 보면 여성의 취업률과 출산율과의 사이에는 그다지 명확한 관계는 없다. 이것은 북유럽국가들을 중심으로 하여, 여성의 취업률 향상에 대응하는 식으로, 출산·육아가 부담이 되지 않게 하는 환경의 정비, 예컨대 출산·육아휴가나 육아시설의 충실, 세제면의 우대조치가 적극적으로 이루어지고 있기 때문이라고 생각된다.

따라서 한국에서도 출산율의 저하를 막기 위해서는 출산·육아와 취업을 양립시키는 체제 만들기가 필요하다. 그러나 최근의 출산율 저하는, 결혼한 커플의 아이 수가 저하하고 있다고 하는 것보다도 남녀 모두 만혼_{晩婚}화나 비혼_{非婚}화의 영향 쪽이 커지고 있다. 다시 말하면, 출산·육아의 전 단계에 있는 미혼자의 결혼이 기피되고 있다는 사실이다.

더구나 한국사회는 출산·육아는 법적인 결혼이 그 전제로 되어 있지 않으면 안 된다고 하는 전통적인 사고방식이 아직도 뿌리 깊이 남아 있는 사회다. 출산·육아에 대한 정책적 지원은 바람직한 것이지만, 그래서 남녀가 결혼을 재촉받을 거라고는 생각하기 어렵고, 따라서 아이 수가 쉽사리 회복할 것으로 기대할 수는 없다. 오히려 저출산 경향은 더욱 계속될 것으로 상정한 위에, 공적연금 등 사회보장의 구조를 저출산에 견뎌낼 수 있도록 개혁해 간다는 관점도 필요하다. 요컨대, 한국은 이제 저출산 사회로의 제도개혁이 시급하다.

64

한국의 고령화,
무엇이 문제인가?

노인부양비 증대,
재정수지의 악화 등 문제가 있다.

　출산율 저하는 사망률 저하와 상호작용을 하여 인구구조에 직접적인 영향을 미치는데, 가장 대표적인 것이 평균수명 상승을 수반한 '고령화' 현상이다. 공식적으로 한 사회의 고령화의 정도는 UN의 정의를 기준으로 한다. UN은 65세 이상의 인구를 고령인구로 정의하고, 총인구 중에서 고령인구의 비율이 7%를 넘으면 '고령화 사회aging society', 14%를 넘으면 '고령사회aged society', 20%를 넘으면 '초고령사회super aged society'라 부른다.

　한국의 고령인구 비중은 1980년 3.8%, 1990년 5.1%였던 것이 2000년에 7.2%로 본격적인 '고령화 사회'에 진입하였다. 그 후 2018년에 고령인구 비중이 14.3%로 '고령사회'에 들어갔다 해도 아직은 OECD 평균 보다 낮은 상태이지만, 2025년에는 이 비중이 20% 이상인 '초고령사회'로 진입할 것이고 2065년에 가면 46.1%로 압도적 세계 1위가 될 것으로 예상하고 있다. 이 사태를 막기 위해 저출산·고령화 인구대책에 260억 원이 넘는 재정을 투입했지만 백약이 무효였다.

한국의 인구구조적 특성으로는 '베이비붐 세대1955~63년생'가 본격적 은퇴기인 2020년 이후를 향하여 고령자 비중이 급격히 증가하고 있다는 점인데, 특히 출산율 저하 시기와 맞물리면서 고령화 속도를 큰 폭으로 증가시키고 있다. 또한 전체 인구 중의 가장 중간순위 나이인 '중위연령'도 불과 수년 전2010년36.9세 만 해도 '30대'였는데, 최근 급속히 높아져2018년 43세를 넘어61.3세 2031년엔 50대, 2060년에는 환갑을 넘긴다.

늙어가는 국민은 많은데 아기는 점점 줄어들어 사망자 수가 출생자 수를 앞지르는 상황이 현실이 됐다. 사망자 수가 출생자 수를 앞서면 인구가 자연감소하기 시작할 것이다.

인구고령화의 문제는 무엇보다 생산 가능한 노동력인구15~64세가 중요하다. 노동력인구 100명당 유소년0~14세과 고령자65세 이상가 몇 명인지 계산한 수치가 '부양비扶養費'인데, 이는 노동시장의 현역으로 일할 나이 인구 100명당 그들이 먹여 살리는 차세대와 고령인구가 얼마나 되나 보여주는 수치다. 한국은 급격한 저출산으로 유소년 인구는 감소·정체되지만, 고령자의 수는 계속 늘어나 부양비가 계속 올라간다. 2017년 한국은 부양비가 36.7명으로 OECD에서 가장 낮았는데, 2065년엔 117.8명으로 압도적 1위가 될 것으로 예상된다. 이렇게 일하는 현역세대보다 노인 인구가 점점 더 많아져 가면, 결국 국민연금, 건강보험료나 세금이 늘어날 수밖에 없다.

그런데 인구고령화의 급속한 진전은 경제의 잠재성장률을 저하시키는 한편 조세 수입 및 사회보장기여금 수입을 감소시킨다. 따라서 고용률의 획기적인 증가가 없는 한 국가재정 수입의 감소가 불가피하므로 정부는 정년

연장 및 직업교육훈련 등 고령자 고용대책을 적극 전개할 필요가 있다.

　유엔도 '세계인구 전망'에서 한국은 향후 50년 세계 어느 나라도 경험한 적 없는 '인구 가시밭길'을 걷게 될 것이라고 예측했다. 인구성장률이 2017년 0.3%에서 2065년에 가면 마이너스 1.2%로 급락한다는 것이다. 이처럼 한국의 인구고령화에 대한 미래전망 대세는 문제가 많아 비관적이다.

65

연금재정을
어떻게 정비해야 하나?

노후보장 수단으로서
다층적 체계가 필요하다.

연금이란 고령의 은퇴자가 되어서도 생활에 어려움이 없도록 보험료를
주된 재원으로 하여 특정 연령 이상의 고령자에게 지급 보장하는 구조다.
현역의 젊은 때에 소득의 일부분을 떼어 저금을 하여 둔다면 늙어서 곤란
하지 않기 마련이지만, 저축이 충분하지 않다든지 예상 이상으로 장수
하여 돈이 부족해진다든지 하면 곤란해지기 때문에 일할 수 있는 동안에
보험료를 강제적으로 지불하게 하는 공적 보장제도가 필요하다.

그런데 한국은 급속한 고령화로 인하여 사회보장체계인 '국민연금'을 보
장할 수 없을 것이라는 불안감이 팽배해 있다. 저출산·고령화의 여파로 국

민연금 보험료를 내는 사람은 2018년부터 줄어들기 시작하는데, 국민연금을 받아가는 사람은 점점 늘어날 수밖에 없기 때문이다. 한국의 노동력인구[15~64세]는 2016년 정점을 찍은 뒤 내리막길에 들어섰다.

국민연금연구원은 "국민연금 가입자가 2018년 2,231만 명인데 2019년엔 2,183만 명, 2020년엔 2,173만 명, 2021년엔 2,162만 명으로 줄어들 것"이라는 전망을 했다. 반면 국민연금을 받는 수급자는 2019년 521만 명에서 2023년 665만 명으로 늘어날 전망이다. 따라서 수년 내에 초고령사회로 가는 길목에서 연금재정이 악화되지 않도록 보험료율 인상 등 제도의 개선안을 시급히 논의해야 할 것이다.

한국사회는 현재 인구규모가 큰 제1차 베이비붐 세대[1955~1963년 생]들이 속속 은퇴하기 시작하는 단계다. 이 베이비부머들이 현역세대로 활동할 때 미래세대의 보험료 납입부담부터 조금이라도 줄여줘야 한다. 2018년 현재 24세 인구는 70만, 25세 인구는 71만 명에 불과한데, 정년을 앞둔 58세 인구는 96만 명, 59세 인구는 90만 명이다. 이렇게 이제 취업해서 경제활동을 시작할 인구집단의 규모는 은퇴예정 인구보다 상대적으로 작다. 인구가 많은 세대가 속속 '보험료 내는 집단'에서 '연금받는 집단'으로 옮아가는데, 새로 '보험료 내는 집단'에 들어오는 세대는 머릿수가 적은 것이다.

이런 상황에서 2088년까지 국민연금의 적립 기금이 고갈되지 않게 유지하려면, 먼저 소득대체율[연금수급액/퇴직 전 수급액]을 인하하는 한편, 보험료율[표준 월 소득 대비 연금보험료]도 단계적으로 인상하여 연금재정의 부담을 완화시켜야 한다.

국회예산처는 국민연금이 정부예상보다 3년 빠른 2054년에 고갈될 것이라고 전망했다. 연금보험료율을 1% 높힐 때마다 연금적립금의 고갈시점이 2~4년 늦춰지고, 소득대체율을 5%포인트 상향조정하면 적립금 소진 시기가 1~2년 앞당겨진다고 내다봤다. 미국, 독일, 핀란드 등 선진국의 연금제도를 살펴보면, 보험료율은 한국[9%]보다 높고, 소득대체율은 한국보다 낮다. 핀란드의 경우 현재는 소득대체율 60%에 보험료율이 24%인데, 2085

년까지 소득대체율은 44.3%로 낮추고 보험료율은 30%까지 올릴 계획이다. 핀란드처럼 한국도 미래세대의 부담을 줄여줄 수 있는 국민연금제도로 개선되어야 할 것이다.

또한 현행 국민연금의 개시연령이 2033년까지 단계적으로 올라가게 되어 있으나, 향후의 급속한 저출산·고령화 추세를 감안하여 연금지급 개시연령의 상승 일정도 단축할 필요도 있다.

이와 같은 노력을 통해 공적연금재정의 안정성을 높이면서 기업연금 및 개인연금, 주택연금 등 사적연금을 확충하여 노후소득보장체계를 다층화해야 할 것이다. 다층적 노후보장 수단으로서 국민연금 등 공적연금은 노후 기초생활을 보장하고, 기업연금은 표준적인 생활을 유지하게 하며, 개인연금이나 주택연금은 노후가계의 살림을 보다 더 여유롭게 하기 위한 것이다. 이러한 다층적 노후소득보장체계는 공적연금의 지속가능성 유지와 함께 연금사각지대의 해소를 위해 매우 중요하다.

기업연금과 관련하여 한국의 퇴직금제도는 법정급여로 운영되고 있으며 기업이 전액을 부담한다. 퇴직금재정을 기업이 전부 부담한다는 점에서 한국의 퇴직금제는 서구의 기업연금에 가깝다. 그러나 법정급여란 면에서는 사회보장연금에 가깝다.

고령화에 따른 사회보장지출이 증가함에 따라 국가나 기업 모두 재정수지가 악화될 가능성이 높으므로 정부재정은 물론 기업도 재정의 건전성을 유지하도록 해야 한다. 초고령사회의 도래로 인한 국민의 복지·건강의료비 등의 지출 증가는 억제하기 어려운 만큼 여타 부문에서 재정지출의 효율성을 제고하는 노력도 요구되고 있다.

무엇보다도 연금제도가 아무리 좋아도 국민경제가 흔들리면 기금은 쇠락할 수밖에 없다. 경제가 좋아져야 기금 수익률이 좋아지고 취업자 수도 늘면서 적립금의 수입도 늘어나 미래세대의 부담을 덜어줄 수 있는 선순환 구조를 만들어 갈 수 있다.

66 청소년산업의 위기란?

저출산은 학령인구를 감소시켜
교육산업 등에 위기를 초래한다.

출생아 수 및 인구변동의 단기적 영향은 그리 크지 않다고 하지만, 장기
적으로 그 영향은 경제의 수요면에서 찾아볼 수 있다. 한국전쟁이 끝난 후
제1차 베이비붐 시대 출생아 수는 700만 명대에 이르고 1970년경 제2차
베이비붐 때에도 100만 명을 초과했지만, 2010년 이후에는 50만 명 아래
로 감소했다. 이렇게 저출산 추세가 급속히 진전되면 연관 산업에 직접 영
향을 미친다. 학령인구 감소로 대학 등 교육기관 구조조정도 시급해질 것
으로 예상된다.

최근 연간 신생아 수가 2017년에 이미 30만 명대로 떨어졌고, 2020 ~

2021년에는 30만 명 선이 무너져 20만 명대로 떨어질 전망이다. 출생아 수의 감소는 임산부의 감소이며, 그것은 산부인과 의사를 어려운 상황에 빠지게 한다. 어린이가 줄어든다면 소아과의사에 대한 수요도 줄어들 것이다.

각급 학교들도 '학생 감소'에 어떻게 대응할지 심각하게 고민해 왔을 것이다. 학령인구_(6~21세)는 2017년 846만 명에서 향후 10년간 190만 명 감소할 것이다. 대학의 학령인구_(18~21세)도 2030년 181만 명으로 2017년_(264만 명)의 69% 수준이 된다. 실제로 대학의 학령인구 감소가 시작되어 긴 불황의 터널입구에서 수험생 수가 감소하는 지방대학이 생기는 등 대학경영은 추운 겨울의 시대로 향하고 있다. 전문학교나 학원 등 교육업, 출판업 분야도 비수기를 맞아 생존을 걸고 필사의 경쟁을 펼치고 있다.

또한 유아 수의 감소에 따라 사립 유치원이 점차 도산해 갈 것이고, 국공립 초등학교도 인구감소가 현저한 대도시 중심부나 과소_{過疎}한 농·산·어촌을 중심으로 진전된다. 중학교나 고교는 이미 그 영향을 받아 학교법인의 흡수합병이 이루어지고 있다. 앞으로 초등학생_(2017년 272만 명~2030년 180만 명), 중학생_(138만 명~114만 명), 고등학생_(172만 명~132만 명)도 함께 줄어들기 때문이다.

초등학교 한 반을 25명으로 계산하면 2025년엔 6,800개 반이 사라질 것으로 예상된다. 이러한 초등학교뿐만 아니라 유·소아용 완구나 유·소아복, 학용품, 유·소아대상의 출판물, 소매업 등과 같이 지속적으로 감소해 가는 연령층을 목표로 하는 산업에 대한 마이너스의 영향을 헤아릴 수 없다. 물론 게임기나 게임 소프트웨어와 같이 부가가치를 붙여 단가를 높이고 매출증대 전략을 펼치면서 어느 정도 성공하는 기업도 있겠지만, 청소년 수요층 인구의 절대감소 추세에서는 유리한 성장전망이라고는 찾아보기 어렵다.

67

고령자 고용을
어떻게 확대할까?

🔍

임금피크제와 청년고용을 연계시킨
정년제를 도입

한국은 지금 고령사회에서 초고령사회로 가고 있는 길목에서 노동력인구는 계속 고령화할 것이다. 지난 2012년에 전체 인구의 73.1%를 차지했던 노동력인구는 2030년에 63.1%, 2060년에 49.7%까지 감소할 것이다. 반면 제1차 베이비붐 세대를 포함한 장년노동력50~64세이 차지하는 비중은 2015년을 기점으로 급속히 증가하고 있다. 노동력인구의 감소와 급속한 고령화 속에서 장년층인력의 증가는 결국, 정년연장의 필요성을 제기한다. 왜냐하면 현행 정년제도를 그대로 방치할 경우 노인빈곤문제와 함께 숙련노동력의 공급부족 사태를 발생시킬 것이기 때문이다.

퇴직 이후 연금을 받기 전까지 소득공백이 발생하면 노인빈곤층이 증가하게 된다. 한국은 최근 노인 빈곤율이 46.5%에 달해 OECD 국가들 가운데 가장 높다고 한다. 서구선진국들은 정년과 공적연금의 수급연령이 일치되어 있어 노인빈곤문제가 크게 생기지 않고 있다.

현재 한국의 기업정년연령은 대체로 55~56세로 일본 65세, 미국 66세, OECD 평균 64세와 비교해 훨씬 낮은 수준이다. 직업능력개발원에 따르면, 55세 정년을 기준으로 2010~2018년간 퇴직한 생산현장의 숙련노동력은 99만 7,000명으로 추산되었다. 그래서 정부는 정년을 연장하는 기업들이 점차 증가하면서 정책적으로 종업원 수 300명 이상 대기업의 정년을 60세로 의무화했다. 나아가 중장기적으로 한국의 공무원을 포함한 기업정년도 '60세에서 65세'로 연장하고, 장기적으로는 '정년폐지'로 정책을 확대할 것이라는 정책관계자의 말은 매우 고무적이다.

그런데 기업정년이 연장될 때 문제는, 연공서열 임금체계하에서 인건비 부담이 늘어나 그로 인해 젊은 층의 신규채용이 감소하는 결과 '청년고용절벽' 사태가 일어날 우려가 있다. 그러므로 청년고용 촉진형의 '임금피크peak제' 도입이 필요하다.

임금피크제는 정년연령에 도달한 고령자의 고용을 연장하기 위해서 임금을 낮추어 재고용하는 제도이다. 일본의 경우 고령자 고용을 확대하기 위해 2013년부터 전 기업에 65세 정년 임금피크제를 도입함으로써 초고령화 사회의 숙련노동력 부족 문제를 어느 정도 해결하는 효과를 거두고 있다. 프랑스에서는 50세 이상 중고령 실업자를 채용하는 기업에게 매월 500유로의 고용보조금을 지급하고 있다.

최근 한국기업들은 인건비 절감효과를 볼 수 있는 정년보장형 임금피크제를 선호하고 있으나, 노조의 반발로 임금피크제 도입률은 12.3%에 불과하다. 만일 기업이 임금피크제 도입으로 절감되는 인건비를 그대로 청년층 신규채용에 쓴다는 약속을 한다면 노동계의 반발을 줄일 수 있는 명분이 된다. 따라서 정부는 임금피크제와 청년고용 증대를 연계시키는 방향에서 기업이 정년연장이나 재고용, 근로시간 단축을 실현해 나가도록 지원시책을 강구해야 한다. 또한, 기술혁신의 진전에 따라 직업훈련의 필요성은 크다. 특히 기능·지식의 진부화가 생기기 쉬운 고령자에 있어서 능력재개발의 필요성은 크다.

정년연장은 고령의 숙련 인적 자원의 효율적 활용을 통하여 국민 총생산성을 높이는 효과가 있다. 일하는 고령자가 많아질수록 국가적으로 부양부담을 경감하게 함과 아울러 활기찬 사회분위기를 조성하는 효과도 있다.

최근 정부가 고령자 고용확대를 추진하는 것은 급속한 고령화에 따라 생산가능인구 감소와 경기둔화라는 '인구파장'이 코앞에 닥쳤기 때문이다. 통계청 추계에 따르면, 베이비붐 세대1955~1963년 생가 2020년부터 고령인구에 도달하면서 노동시장의 현역세대15~64세는 2020~2029년 연평균 33만 명, 2030~2039년엔 연평균 52만 명씩 줄어들 전망이다. 일할 사람이 감소하면서 잠재성장률은 2020년에 1.98%로 떨어져 2028년까지 계속 1%대에 머물 것이라는 전망이다. 이런 시점에서 단기적인 고령자 고용대책으로서 정부는 기업이 정년퇴직한 고령자를 채용할 때 보조금이나 세제지원 등 인센티브를 주는 방안을 적극 검토할 필요가 있다.

68

저출산 대책에
문제는 없는가?

최대의 대응책은
생산성 향상이다.

　지금 한국은 노동력인구의 감소에 대한 대응책으로서 저출산 대책이 강하게 주장되어 왔다. 장기적인 인구고령화와 감소의 가장 큰 원인은 저출산이기 때문이다.

　2014년에 한국의 합계출산율은 1.21명으로 OECD 국가들 가운데 최하위였는데, 최근 이것이 0.98을 기록해 세계에서 꼴찌가 되었다. 한국과 같은 신흥공업사회가 인구규모를 일정하게 유지하기 위해서는 합계출산율 2.08 이상이 필요하다. 그런데도 출생아 수가 1 아래로 떨어져 향후 절대인구수의 감소가 불가피하다. 말할 필요도 없이 저출산 대책은 한국과 같은 나라의 가장 중요한 정책과제로 되지 않을 수 없다.

인간도 생물인 이상 종의 유지는 숙명적 과제이며, 그 때문에 결혼, 출산, 육아가 인간생활의 기본요건이다. 이 기본이 무너져 버린다는 것은 사회 그 자체가 활기를 잃고 쇠퇴로 향해 갈 수밖에 없다. 따라서 저출산 대책은 모든 국가정책에 우선하는 과제다.

역대 정부도 이 문제를 중요한 과제의 하나로 설정하고 여러 가지 수단을 강구해 오고 있다. 주택, 금융, 조세 등 경제적 자원배분도 더욱 젊은 층 가족을 지원하는 방향으로 추진하고 있다. 꾸준한 정책지원에 의해 합계출산율이 상승세로 반전하여 출생아 수가 증가할지도 모른다.

그러나 새로 태어난 아이들이 정규 노동력이 되는 데는 20년 이상의 시간이 걸린다. 또 그러한 청년층 노동력이 결혼기에 국가정책적 수혜를 실제로 받을 수 있는 것도 아마도 30년쯤 미래의 일이 될 것이다. 그때쯤에는 노동시장의 노동력이 90만 명 이상 감소한 상태일 것으로 예상된다. 저출산 대책은 매우 중요한 정책이긴 하지만, 노동력 부족문제의 해결을 위해서는 시간적으로 맞지 않는 것이다.

더구나 한국과 같은 수출주도형 경제에서 인구와 노동력의 정상상태를 유지하기 위해서는 합계출산율이 최소한 2명 이상은 되어야 한다. 부부가 적어도 둘은 낳아야 사회를 유지할 수 있기 때문이다. 출산율 1 미만은 세계적으로도 유례가 없다.

현재의 인구변화 추세로는 출산장려정책에 집중해야 한다는 것은 강조할 필요도 없지만, 노동력을 보강하는 정책으로서는 시간적으로나 양적으로나 맞지 않는다. 인구가 감소되고 노동력이 축소되는 사회에서 경기 상승 시 외국인노동자의 도입은 한계적 역할 이상은 기대할 수 없다. 이제 한국의 저출산 대책은 맞지 않는다고 하면, 과연 이 문제에 걸맞는 대응책은 없는 것일까?

이 문제에 대한 최대의 대응책은 '고용의 질'을 높이는 것이다. 고용의 질을 높인다는 것은 생산성을 올릴 수 있도록 일의 내용이나 환경조건을 정비하는 것이다. 2018년 현재 한국경제에는 약 4,418만 명의 노동력이 있는데 2,682만 명이 무언가의 형태로 취업하고 있다. 이들 취업자의 생산성을 몇 %든 상승시킬 수 있다면 그만큼 노동력은 절약될 수 있다. 결국, 취업노동력의 생산성 향상이 최대의 노동력 부족 대책이 되는 것이다. 따라서 정부는 생산성 향상만이 향후 한국경제의 장기적 성장과 활성화를 위해서 불가결하다는 인식하에 생산성 상승전략을 강구해 나가야 할 것이다.

69

저출산사회의 장점은?

여유로움과 활력의
상실이다.

한국은 2018년에 인구 5,000만 명 이상인 국가 가운데 1인당 국민소득 GNI이 3만 달러를 넘어선 '30~50클럽'에 일곱 번째로 들어갔다. 기존의 6개 국은 미국, 일본, 독일, 영국, 프랑스, 이탈리아다.

한국은행은 인구나 환율 등 다른 요인을 배제하고 경제성장률이 2%대 중반을 유지한다면 4만 달러 고지까지 가는 데 앞으로 10년이 채 걸리지 않을 것으로 내다봤다. 과연 그렇게 될 수 있을까? 그리 쉽지 않아 보인다. 특히 인구요인 때문이다.

한국의 인구는 향후 2030년에 5,216만 명을 정점으로 감소하기 시작한다. 또한 경제성장의 기반인 노동력인구의 비중 또한 2016년부터 연평균 약 30만 명씩 줄어들어 2030년에 63.1%로 감소할 전망이다. 노동력인구의 감소는 경제의 잠재성장률을 저하시켜 한국경제의 미래전망을 어둡게 하고 있다.

이러한 경제적 능력 저하에 더하여 출생률 저하와 인구감소는 사회발전에도 여러 가지 마이너스의 영향을 미칠 것이다. 거시적으로는 농·산·어촌에서 볼 수 있는 다양한 지역성 문제가 전국 규모로 파급될 우려가 있다. 인구가 과소한 농·산촌에서는 연소인구의 감소와 고령화에 대응한 후계자 난에 결혼 난까지 겹치면서 그것이 또 저출산을 가속화시킨다. 그와 함께 교육, 방재, 의료 등 기초적 생활서비스의 이용량과 질이 악화되고 지역축제와 같은 토속전통행사의 존속마저 위태로워질 만큼 지역사회의 활력이 상실되면 끝내는 지방재정 위축의 악영향이 전국 규모로 야기될 수 있다. 게다가 급속한 고령화로 노인지배가 강해지면서 발전의 역동성이 소실되고, 사회적·문화적·정치적인 측면에서 쇠퇴분위기가 점차 확산될 우려가 있다.

그렇다곤 해도 저출산 인구감소사회에도 장점이 전혀 없는 것만은 아니다. 인구과밀지역에서는 토지와 주택의 1인당 면적이 늘어나고 교통 혼잡상태는 완화돼 갈 것이다. 도로나 공원, 녹지를 비롯하여 1인당 평균 인프라의 수준이 높아질 것이다. 저출산과 인구감소사회에 진입하면 경쟁사회의 격심한 수험지옥 등이 어느 정도 완화되면서 그만큼 사람들은 마음에 여유를 가질지도 모른다.

그러나 저출산사회의 장점과 단점은 서로 맞물려 있어, 넓어진 공간 여유는 마음의 풍요로움을 가져올지는 몰라도 활력의 상실이란 인구과소화의 단점을 수반할 위험성도 높아질 수 있다.

70

인구감소로
한국은 번영할까?

인구감소사회에도
밝은 미래가 올 수 있다.

　통계청이 예측한 바와 같이, 한국의 총인구는 2029년을 정점으로 그 절대 수가 감소할 것이다. 이에 많은 사람들이 도래할 인구감소사회에서의 '국력쇠퇴론'과 경제적 어려움의 극복책을 논의하고 있다.

　그런데 이와 다른 반론으로서 인구감소사회의 경제적 낙관론도 나오고 있다. 사람들은 '인구감소'를 불안하게 생각하지만, 오히려 인구감소야말로 1인당 소득을 비약적으로 상승시킬 수 있는 계기라는 것이다. 왜냐하면 과거 산업혁명기 인구가 예상했던 정도로 증가하지 않았다는 경험적 사실이 있기 때문이다.

인구감소와 문명의 변동과의 상관관계는 한국에 한정된 것은 아니다. 세계에 공통적이다. 노벨경제학을 받은 루카스　　　　는, 산업혁명의 본질은 생산물이 증대한 게 아니라 인구가 증가하지 않았다는 점을 지적했다. 즉, 산업혁명이란 기술혁신에 의하여 생산물이 증대하면서 그것을 탕진할 만큼의 인구증가가 없었기 때문에 1인당 소득이 비약적으로 증대한 현상이다.

이런 생각으로 한국의 장래 인구문제를 살펴본다면, 한국의 인구는 1960년 2,500만 명에서 60년간 2배 가까운 5,100만 명 이상으로 증가했다. 이런 속도로 인구증가가 계속되면 2100년도쯤에는 한국의 인구는 6,000만 명 이상이 된다. 실제로 그때, 그만큼 많은 한국인들이 좁은 국토에서 보다 풍요로운 생활을 영위해 나갈 수 있을까? 더 이상 긴 설명이 필요 없다.

다행히 인구는 저출산·감소 추세에 있다. 2019년 사망자 수가 출생아 수를 추월하여 한국은 이제 인구의 자연감소 국가가 됐다. 이민자까지 포함한 한국의 총인구는 2028년에 5,194만 명으로 증가한 뒤 2044년에 가면 5,000만 명의 벽이 깨지고 2066년에 3,000만 명대로 떨어질 것으로 예측하고 있다.

그런데 전통적인 생각이 인구는 국가로서의 파워　　　라고 한다면, 인구감소는 군사적·경제적으로 국가의 힘을 약화시킨다. 하지만 우리들의 희망이 한 사람 한 사람이 쾌적한 생활환경과 여유로운 삶 속에서 정신적인 행복감을 갖기를 원한다면 인구의 다과　　는 본래 의미가 없다. 돈이 많이 있어도 인구가 많으면 실감할 수 없다. 휴일에 드라이버나 나가 볼까 해도 도로는 대혼잡하고 종합병원의 대합실에서 입원용 베드까지 혼잡하다. 수도권 고속도로라면 격심한 정체 이미지가 정착되어 '구속도로'라고 해야 할 정도다. 이것은 인구와 인프라의 관계를 나타내는 예로, '2배의 여유'를 위해서는 '반감'할 필요도 없이 겨우 몇 % 감소하는 정도로 눈에 띄는 여유가 생길 것이다.

인구가 줄어 들어가면 1인당의 여유가 생길 수 있다. 도로에서도 병원에서도 학교에서도 어디서나 천천히 여유롭게 진행될 수 있다. 삶의 질을 높이는 쪽으로의 전환이 일어난다.

인구감소에 의해 경제가 받는 타격은 플러스와 마이너스의 양면이 있고, 사회에 있어서도 동일하다고 한다면, 왜 이의를 다는지 묻고 싶다.

인구의 파워power도 여러 가지다. 인구가 적은 북유럽국가들은 높은 국민생활수준과 충실한 복지제도로 다른 나라의 선망과 존경을 받고 있다. 미국 역시 인구가 많은 중국이나 인도에 비해 국민생활·문화·소득수준은 월등히 높다. 저출산·고령화와 인구감소는 선진국들의 공통 현상이다. 일본이나 이탈리아에서는 이미 초고령화·인구감소로 진전되고 있고, 독일도 수년 후엔 인구감소사회로 변화할 것이다.

물론 인구감소가 밝은 미래를 만들어 낼 수는 없다. 그렇지만 인구증가가 완화됨에 따라서 인류사회가 풍요롭게 된 것이라면, 인구가 완만히 감소함에 따라서 사람들의 생활이 더욱 풍요로워질 가능성이 있지 않을까.

인구감소에 의해 경제의 정체가 우려된다 해도 중요한 것은 **노동생산성**이다. 저출산·고령화의 진전이 생산성·효율화를 촉진하고 산업구조의 변화를 촉진시켜 경제주체의 총생산성을 높일 수만 있다면 한국경제는 계속 발전한다. 물론 인구감소는 고용문제를 야기할 필요 없이 규제완화나 공공사업의 효율화 등 구조개혁을 추진할 기회이기도 하다.

또한, 인구감소는 국민생활의 풍요로움에 직결된다. 앞으로 인구가 감소하여 과잉상태가 완화된다면 주거생활이나 교통 혼잡도 개선될 것이다. 여기에 일하는 여성과 고령자의 노동시장 참여 증가로 한국경제는 한층 발전할 수 있다.

한편, 초고령사회에서 고령자 간병의 부담이 커지겠지만, 선진 복지국의 간병시스템을 도입하고 건강보험제도를 충실화해야 할 것이다. 그러나 한국 국민의 건강보험의 경우 2,000만 명이 보험료를 한 푼도 안내면서 보험료 낼 젊은 층 인구는 줄어들고 노인의료비는 가파르게 증가하는데, 정부는 재정건전화 대책도 안 세우고 있다. 국가가 건강보험 재정위기를 자초하면서 인구감소사회의 밝은 미래를 맞이하기는 어려울 것이다.

이것만은 꼭 알아두고 싶은
100문 100답 교양경제

Chapter 8

세 계 경 제 의 흐 름

이것만은 꼭 알아두고 싶은
100문 100답 교양경제

71

국제자본이동의
배경을 살펴보면?

금리뿐 아니라
환율의 동향도 매우 중요

　최근에는 국내 금리가 낮은데다 금융위기설도 나오고 있어서 달러 등 외화예금을 하는 사람이 늘어나고 있다. 돈은 국내뿐만 아니라 국경을 넘어서 움직이고 있지만, 그 원리는 국내의 경우와 크게 다르지 않다. 돈은, 돈이 여유가 있는 사람으로부터 돈이 부족한 사람에게로 흘러간다. 나라 사이에도 똑같다.

　국제적인 돈거래가 이루어지는 시장을 **국제금융시장**이라 한다. 이 국제금융시장에 있어서 개인이나 기업 간에 돈거래를 나라별로 합계하고, 나라 단위로 돈의 흐름을 정리하면, 돈이 남아돌고 있는 나라에서 돈이 부족한 나라로의 움직임을 볼 수 있다. 그리고 나라 전체로 돈이 남아돌고 있는 상황은 무역거래의 결과 상품·서비스·소득수지를 합한 **경상수지**가 흑자로 되고 있는 상황에 대응한다. 즉, 국제적인 무역 불균형의 배경에는 **경상수지의 불균형**이 있기 마련이다. 2018년 미국의 대중국 무역적자가 4,200억 달러로 무역 불균형이 계속 확대되면서 미·중 갈등은 예견되었던 일이었다.

한국은 지금까지 7년 연속 경상수지가 흑자였기 때문에 외국에 대해 빌려주고 있는 돈의 잔고는 많이 축적되어 있다. 반대로 미국은 매년 경상수지를 계상하고 있기 때문에 세계유수의 채무국이 되고 있다. 미국 재무성 증권을 구입한다고 하는 형태로 미국에 대량의 돈을 빌려주고 있는 셈이다.

국내 금융시장에서는 금리가 돈의 움직임을 결정하는 중요한 포인트이다. 국제적인 돈의 움직임^{국제자본이동}의 경우는, 그에 추가하여 환율의 움직임에도 예의 주목할 필요가 있다.

예를 들어 어떤 사람이 100만 원의 자금을 달러돈의 외화예금을 해 볼까하고 검토한다고 하자. 국내의 은행예금이라면, 금리는 1년간에 1%밖에 붙지 않는다. 만일 외화예금이라면 금리는 5%다. 금리만 본다면 외화예금 쪽이 당연히 유리해 보인다. 외화예금을 하려면 돈을 맡길 때에 원화를 달러로 바꾸고 만기가 되어 올 1년 후에 달러를 원으로 바꿀 필요가 있다. 그런데 1년 후 원고[*]가 진전되어 1달러에 950원이 될 것으로 예상했다고 한다. 이 경우 과연 외화예금은 유리할까?

우선 돈 1,000원은 1천 달러^{백만÷1,000}로 변환된다. 이 1천 달러는 1년 후에는 5%의 금리가 붙어서 1천 5십 달러^{1천×1.05}가 되고 이 달러를 원으로 바꾸면, 9십9만7천5백 원^{1천5십×950}이 된다. 그런데, 웬걸 원금 이하로 떨어져 손실이 나버렸다.

이런 예로부터 추론할 수 있듯이, **국제자본시장**에 참가하고 있는 사람들은 금리뿐만 아니라 환율의 동향에도 항상 주의를 기울여야 한다. 더구나 국제적인 자본이동은 환율에 커다란 영향을 미친다. 예를 들어 달러기준보다 원화기준 쪽이 고수익을 기대할 수 있는 것이라면 달러를 원화로 바꾸고자 하는 수요가 많아져서 원고·달러저의 움직임이 나오게 된다.

2019년 하반기 들어 한국경제는 악재에 악재가 겹치며 달러화 대비 원화가치가 계속 떨어지고 있다. 주요 20국G20 통화 중 국가부도 위기를 겪으며 통화가치가 대폭19.1% 하락한 아르헨티나를 제외하고 가장 큰 폭의 하락세다. 금융 불안에 시달리는 터키도 연초 이후 5.1% 하락해 원화보다는 하락 폭이 작다. 이 외에 브렉시트를 앞둔 영국 파운드화 가치가 4.6% 하락했고, 유로화 가치도 3.6% 떨어졌다. G20 국가들이 쓰는 16개 통화 중 일본, 캐나다, 러시아, 멕시코, 인도네시아 통화가치는 올랐다.

최근의 원화 약세는 내수·수출 부진으로 인한 경제성장률 하락과 기준금리 인하, 주가 하락 등 대내적 악재에다 미·중 무역 분쟁, 일본의 수출 규제 충격 등 대외적 악재까지 겹겹이 반영된 결과다. 이 모두가 단기간에 해결이 어려운 악재여서 원저의 흐름이 상당 기간 계속될 것으로 보인다. 특히 한·일 무역 갈등 요인을 감안하면 달러당 환율이 1,220원대까지 상승할 가능성도 예상된다.

72

경제대국 미국과
세계경제는?

세계경제의 수급조정역할이
지속될 것이다.

2차 세계대전 이후 미국이 국제항로를 지키고 민주주의 이념을 퍼뜨리고 자유무역 세계질서를 구축한 것은 미국에 유익하기 때문이다. 미합중국은 세계 제1의 경제대국이며, 1인당 GDP에서도 언제나 톱클래스다. GDP 규모에서는 세계 총 GDP의 4분의 1을 차지하고 있어 17%를 차지하는 중국과 합치면 40% 이상이다. 일본을 포함한 이 3국은 전 세계 GDP의 절반을 차지한다.

세계 무역에 미치는 영향도 커서 미국의 수출입은 세계 전체 무역총액 가운데 큰 비중을 차지하고 있다. 미국은 이웃 캐나다·멕시코 이외에도 중국·일본·한국·영국 등과 1,000억 달러 이상씩 교역한다. 수많은 나라들이 미국에로의 수출을 경제의 원동력으로 삼고 있고, 과거 한국의 경제성장과정에서도 최대의 무역상대국은 미국이었다. 따라서 우리는 미국의 경제정책과 시장상황에 주의를 기울일 수밖에 없다. 미국 금리와 달러화 가치의 변동이 한국의 금리·환율정책의 핵심 변수이고, 미국의 무역정책의 향방이 한국의 수출에도 결정적 변수가 되기 때문이다.

미 연방준비제도 Fed·연준의 기준금리가 가파르게 상승한다는 것은 금리역전 현상으로 자칫 한국경제의 외화유출 속도가 빨라질 수 있다는 의미이며, 미 금리가 점진적으로 상승한다는 것은 한국은행이 기준금리를 천천히 올려도 된다는 뜻이다. 반대로 미국의 실물경제가 침체되지 않은 상황에서 금융시장의 여건이 급격히 악화될 가능성이 있는 경우, 경기확장을 유지하기 위해 금리를 내릴 수도 있다.

2018년 미국 경제성장률은 3년만의 최고치인 2.9%를 기록했고, 실업률은 1969년 이후 최저 수준을 보일 정도로 경기가 좋아 보였다. 이런 자신감에서 미국 연방준비제도 Fed는 기준금리를 올리기도 했다. 그러나 채권시장에서 미국채의 10년물과 2년물의 장단기 금리차의 역전 현상이 2018년 말부터 감지됐고, 실제로 기업투자는 2018년 들어 감소세로 돌아섰다. 미·중 무역 분쟁과 이에 따른 파급효과로 세계 경기가 하강하면서 금융시장 곳곳에 '경기침체 recession의 공포'가 퍼져 나가고 있다. 이런 상황이 더욱 진전되는 경우, 과연 2019년 재선을 노리는 도날드 트럼프에게 유리한 시나리오가 될 수 있을까?

IMF의 예측에서도 볼 수 있듯이, 2019년 이후 미국경제의 성장률은 2.0~2.2%의 잠재성장률 수준에 다소 못 미칠 것으로 보인다. 특히 트럼프 대통령의 보호무역정책은 향후 미국 소비자물가를 인상시킬 수 있는데다 결코 미국기업에 유리할 수 없다는 점이다. 세이프가드, 반덤핑 및 상계관세 등으로 이어지는 보호무역조치는 결국 비용인상 Cost-push인플레이션을 유발함으로써 미국 소비자가계의 실질소득을 하락시키는 부작용을 초래할 수도 있고, 기업 경기전망에 대한 불확실성이 증가하고 있는 한 금리인하가 이어질 가능성도 높다.

어쨌든 미국의 경제동향이 세계경제에 미치는 영향이 클 것이고, 미국경제의 향후 전망을 분석 예측하는 것은 글로벌 경기 동향이나 한국의 경제정책 및 기업경영전략을 검토하는 위에서도 매우 중요한 요소가 된다.

미국은 1980년대 이후 수입액이 수출액을 상회하는 무역적자국이다. 또, 경기대책이나 방위정책 등에 쓰이는 방대한 세출에 의해 1990년대의 한 시기를 빼고 거액의 재정적자^{세출이 세입을 상회하는 상태}도 발생하고 있다. 이 두 개의 적자는 '쌍둥이 적자'라고 불리며 미국경제에 커다란 문제로서 자주 거론되어 왔다.

그러나 미국은 2018년 12월 초 꿈 같은 일이 일어났다. 75년 만에 처음으로 원유 수출량이 수입량을 웃돌아 잠시 순 수출국이 된 것이다. 이는 결코 이변^{異變}이 아니었다. 2000년 이후 미국 텍사스·노스다코타주 등지의 대규모 퇴적층^{shale}이 품은 석유와 가스가 신 공법으로 추출되면서 세계최대 셰일가스·오일 생산국이 된 것이다. 오로지 셰일 석유 덕분에 2019년 2월 미국의 1일 원유 생산량은 1,200만 배럴로 사상 최고를 기록했고, 원유 수입량은 107만 배럴로 줄었다.

미국의 셰일가스·오일은 시추에서 생산까지 걸리는 기간이 과거 2~3년에서 6개월로 짧아져 국제유가 변동에 신속하게 대응할 수 있는 게 강점이다. 최근엔 로키산맥 인근지역에서 미국이 300년간 쓸 수 있는 약 2조 배럴의 셰일가스·오일 매장량이 드러났다. 이에 세계원유 1일 평균 생산 증가량^{570만 배럴 예상}의 미국 기여도는 70%^{400만 배럴}에 달하고, 2022년 이후 석유와 가스를 전혀 수입하지 않고 자급자족하고 수출할 수 있다는 전망이 나온다. 또 2018년에 액화천연가스^{LNG} 순수출국이 된 미국은 중동을 비롯한 전 세계에 LNG선을 보내고 있고, 독일에서는 러시아와의 새 가스관을 건설하는 대신에 절반 가격에 자국산을 사라고 압력을 가한다. 앞으로도 셰일 석유를 한국과 일본, 중국 등에 계속 수출해 무역수지를 크게 개선하려면, 더욱 더 국제질서에 개입할 수밖에 없을 것이다.

　미국은 인구의 유입에 의하여 선진국 중 유일하게 높은 인구 증가 국이다. 저출산·인구감소로 가고 있는 한국과는 판이한 양상이다. 따라서 향후에도 세계의 수요를 감당하는 시장market으로서, 혹은 세계의 신상품 공급을 조달하는 생산거점으로서 중요한 경제적 지위를 계속 유지해 갈 것으로 예상된다.

73

중국경제의 급성장과
위기의 요인은?

부동산 거품, 정부기업의 부채,
경상수지 등이 자연뇌관

　중국은 1978년 시장 개방 이후 30년을 넘으면서 완전히 달라졌다. 이것
은 1992년 덩샤오핑　　　의　남순강화　　　　　　‘개혁·개방’ 노선을 강화하고
주하이　　, 샹하이　　, 다이렌　　, 우한　　　등 경제특구가 설치된 도시뿐 아
니라 내륙지역에도 개발이 전개된 결과, 지금까지 중국경제는 연율 10% 가
까운 성장을 이루어왔다. 그간 한국, 일본, 유럽 각국을 포함한 수많은 해
외기업들이 풍부한 노동력과 낮은 임금을 중국에 투자하여 제조거점을 설
치했다. 바야흐로 중국은 ‘세계의 공장’으로서 값싼 제품을 전 세계에 송
출할 뿐 아니라 자동차나 정보가전 등의 산업에서도 세계최대의 생산기지

가 된 것이다. 중국의 수출도 계속 늘어나 수출액에서 세계 제일이 되었다.

마침내 중국은 2008년 글로벌 금융위기 이후 미국의 파트너로 부상하게 되고, 2010년 일본의 경제력을, 2017년 독일의 경제력을 앞지르기 시작하면서 미국과 함께 글로벌 경제 질서를 주도한다는 의미의 'G2'로 불리게 되었다. 중국이 'G2'의 위치에 이르기까지 급속한 경제성장에 따른 재화와 서비스의 생산뿐 아니라 세계의 판매시장으로서의 매력도 점점 넘쳐흘렀다. 한국도 1995년 1인당 소득이 1만 5천 달러를 넘어서면서 인근에 중국이라는 새로운 시장 무역파트너가 등장한 이후 한·중 경제협력의 선택지를 확대한다는 명분으로 미국보다 중국과의 경제협력을 더욱 강화해 왔다. 다만, 한국의 대중국 수출이 25%를 넘어 어느새 미국, 일본 등에 비해서도 2배 이상 크게 높아졌다고 해서 온통 친 중국정책으로 편중해 온 것이 과연 올바른 국가정책이라 할 수 있는지 하는 문제는 있다. 우리의 주력산업 분야의 제조업과 부품 및 소재, 미래기술 및 연구개발 분야는 이미 한국의 수준을 뛰어 넘고 조만간 일본도 추격할 태세다.

한편 그동안 중국은 고도성장 과정에서 노동임금의 급속한 상승을 가져왔다. 중국의 고도성장은 2011년을 끝으로, 노동시장에서 노동력의 무제한적 공급단계에서 제한적 단계로의 전환점Turning Point을 이미 지났다는 것이다. 따라서 최근에는 해외기업이 중국에 진출하여 저임금 노동력을 활용하여 투자하고 생산 코스트를 맞추어 성공한 사례를 점점 찾아보기 어려워지고 있다.

게다가 중국의 급속한 도시개발로 부동산 버블bubble이 만들어졌고, 2017년 이후 미·중 무역마찰 여파로 구글·폭스콘·애플 등 글로벌 주요 기업들은 물론 중국 기업의 '차이나 엑소더스' 기류도 확산 일로에 있어 세계의 공장으로서 중국의 위상은 급격히 떨어지고 있다. 글로벌 컨설팅업체인 맥킨지는, 중국의 부동산 버블과 기업부채 급증은 향후 세계경제에 새로운 불씨가 될 수 있을 것으로 우려했다. 특히 내수시장이 침체하는 가운데 공기업의 부도뿐 아니라 중소기업의 부채며 국가 총부채도 급증하고 있다. 국내총생산GDP 대비 국가 총부채비율은 2007년 145%에서 2017년 256%로 상승해 주요국 가운데 상승폭이 가장 가파른 나라다.

영국 킹스턴 대학의 스티브 킹Steve King 교수에 따르면, 중소기업들의 GDP 대비 부채비율은 2008년 100%에서 2016년 9월 166%로 급등했는데, 그 내용을 보면 건전성이 매우 우려된다. 중국의 GDP 대비 민간부채는 지난 9년간 115%에서 210%로 급등했고, 이는 1975년 125%였던 민간부채가 1995년 버블 붕괴 직전 220%로 치솟았던 일본보다 2배나 빠른 증가 속도다. 또한 중국경제 곳곳에서 부채위험 신호가 나오고 있다. 중국 부채의 4분의 1은 제도권금융이 아닌 '그림자금융'을 통해서 공급되고 있으며, 중국 지방채의 42%는 과거 발행한 지방채를 상환하기 위한 것이다. 다만, 중국 자본시장은 글로벌 금융시장과 분리되어 있어, 직접 글로벌 금융위기로 번지기보다는 중국경제의 성장 둔화가 세계경제에 악영향을 미칠 것이다. 여기에 아시아 금융 허브인 중국 내 홍콩의 시위사태에 따른 금융시장 불안도 세계적 경기침체 공포를 더욱 부채질하고 있다.

중국경제의 성장률은 2012년 7.9%에 이어 2019년 6.3%로 둔화 양상을 뚜렷이 보이고 있다. IMF의 2022년 전망치는 5.75%로 고도성장 이후 첫 5%대 진입을 예상하고 있다. 변곡점을 맞고 있는 중국경제의 단면은 국제수지 추이에서 볼 수 있다. 2019년 경상수지는 상품수지의 흑자폭 둔화와 해외여행 등 서비스 흑자폭이 한때 GDP의 10%까지 치솟아 막대한 외환보유고 축적이 가능했지만, 2018년에 0.4%까지 떨어져 크게 줄었다. 결국, 경상수지가 적자로 돌아선다면 중국의 거시경제 운용과 금융시스템에 큰 변화가 생길 것이고, 부동산 버블의 붕괴와 기업과 정부의 부실채권의 그림자금융 내 규모 증대 등이 불러올 리스크가 예상되는 만큼 중국경제의 침체가 한국경제에 미칠 파장을 주시하고 대응책을 강구해야 한다.

시진핑 정부는 21세기의 한·중 경제관계의 개선을 위해 중국의 일대일로에 한국이 적극 참여해야 한다고 강조한다. 이 주장은 중국경제로의 의존 심화를 통하여 한반도를 중국권역 안에 묶어 놓겠다는 의도다. 따라서 일대일로 전략이 무역정책을 뛰어넘는 중국의 장기 국책사업인 만큼 이에 대한 한·중정부 간 좀 더 진지한 논의와 공감대 형성이 필요할 것이다.

74

'아베노믹스' 일본의 개혁은?

공공인프라 규제개혁, 의료복지,
농정개혁 등이 성공적이다.

1980년대까지만 해도 세계최강 미국을 넘보던 일본은 1990년대 초부터 '잃어버린 20년'을 겪으면서 세계2위 경제대국 자리를 중국에 내줬다. 1990년 거품경제 붕괴로 촉발된 경기침체는 1980년대 후반 이후의 '과열Boom'과 '파열Bust'에서 비롯되어 1990년대 들어 과감한 구조개혁 없이 케인즈적 경기부양정책의 실패로 인해 장기 디플레 불황으로 이어졌다. 그 결과 OECD 회원국 중 가장 높은 재정적자 국가로 전락했고, 저출산·고령화에 따른 노동력인구 감소로 경제활력이 떨어지면서 디플레이션이 심화됐다.

2000년대에 들어 글로벌 시장의 구조변화로 제조업이 디지털화되면서 오래된 기술은 그 가치를 상실했고 4차 산업화의 대변혁에 적극적으로 대응하지 못했던 것도 일본경제의 침체를 연장시킨 요인이 되었다. 2017년 1,000조 엔^{약 1.1경 원}을 넘어섰고, 2018년 말 대외부채를 뺀 대외 순자산은 341조 엔^{3,800조 원}에 달해 2위 독일과 3위 중국에 앞서 28년째 세계1위 자리를 지키고 있다. 일본기업이 보유한 현금자산 보유액도 사상 최고치인 4조 8,000억 달러^{약 5,800조 원}에 이른다. 2019년 6월 일본은 중국을 제치고 1조 1,229억 달러에 이르는 미 국고 채권 최대 보유국으로 부상했다. 미·중 패권경쟁에서 중국이 쓸 수 있는 미 국채 매각카드의 실효성을 희석한 셈이다.

또한, 일본의 노벨과학상 수상 실적이 보여주듯이 오래 축적된 기초과학 분야의 저력은 무시할 수 없다. 21세기 들어 노벨과학상 수상자는 미국^{66명} 다음으로 일본이 세계2위로 17명을 배출했다.

2012년 말 일본의 아베^{安倍}정권이 발족한 이후 일본정부가 전개한 정책을 **아베노믹스**^{Abenomics}라 부른다. 아베노믹스는 금융완화와 디플레^{deflation}로 부터의 탈각과 친^親기업을 통한 부^{GDP}의 성장을 실현하고자 한 정책으로 주요 경기지표가 개선됐다.

아베노믹스가 일으킨 주요사항인 농정개혁, 공공인프라 규제개혁, 의료·복지개혁, 교육개혁 중에서 여기서는 공공인프라와 의료·복지개혁에 대하여 살펴보자. **공공인프라 개혁**으로 전기사업과 가스사업의 소매자유화는 2017년에 실시되고, 전력과 가스의 상호 참여나 석유와 LNG^{액화천연가스} 등 타 업종의 참여가 활발해지고 있다. 전기사업의 송전·발전 분리도 2020년까지 실시된다. 액화사업은 경영형태가 다양하여 일본 경제산업성에서는 대기업 LNG 소유기업, 파이프로 제어하는 기업, 파이프 이외로 수송하는 소규모기업의 4가지 형태로 나누어 각각의 진흥책을 검토하고 있다. 가스의 발송분리와 파이프 사업의 분사화는 2022년까지 실시될 예정이다.

　의료·복지개혁의 바탕에는 초고령사회의 도래에 따른 복지의료비 증가를 억제할 목적도 있지만, 핵심은 지역의료체제를 근본적으로 개편하는 것이다. 중핵병원과 진료소의 역할분담을 통하여 병원의료에서 재택의료로 중점을 옮기려는 것이다. 대형병원은 중증환자와 진료소의 소개를 받은 환자를 대상으로 하고, 소개장 없이 바로 대형병원 진료를 받으면 초진료가 3,000엔~1만 엔으로 급등하게 된다. 나아가 고령자가 자신이 사는 지역에서 혜택을 받을 수 있는 보험이나 의료서비스 등 복지서비스도 한층 체계화하려 하고 있다. 일본에는 의사부족난을 겪고 있다. 만성적인 의사부족에 따른 대책으로 전략특구에 대학병원을 설립할 계획이다.

　최근 의약품 취급도 개혁하였다. 지금 일본에서 관심을 끌어 온 것은 OTC 의약품의 인터넷 판매인데, 현재는 처방전 의약품이 많아 병원 주변에 조제약국이 몰려있다. 이전부터 의약분업제도가 있었지만 특례를 통한 병원조제도 인정되어 그것이 일반화되었다. 이처럼 시스템이 바뀌면 유통의 흐름이 바뀌고 여성의 일자리가 증가하여 새로운 비즈니스나 고용환경이 창출되는 것이다. 한편 병원 밖으로 나와 약국을 찾아가야 하는 환자의 번거로움을 개선하자는 움직임도 있다.

　의료·복지면에서 새로운 고용창출이 기대되는 것은 ICT의 도입이다. ICT는 의료개혁의 결정판이다. 전기카르테나 전자진료권, 전기의약수첩, 전자모자수첩 등도 보급되기 시작했다. 이와 함께 지역의 고령자 간병수요정보의 공유와 지역연계시스템을 조성하고 있다. 재택의료나 재택간병 현장에서는 모바일 단말기를 활용하거나 활동량측정 단말기도 건강관리시장에 등장했다. 이런 경향은 초고령화 사회 일본에서 한층 가속화할 것이다.

　무엇보다 아베노믹스의 핵심은 세 개의 기둥, 즉 '대담한 금융정책', '기동적인 재정정책', '민간투자를 환기하는 성장전략'으로부터 구성되고 있다. 요컨대 아베정부는 금융정책과 재정정책 이 두 가지 매크로 경제정책에다 규제개혁 등을 통하여 민간투자를 환기하는 미크로 성장전략을 추가하여 '디플레로부터의 탈각'과 '성장동력의 회복과 부의 확대'에 성공하고 있다.

일본의 노동시장은 지금 완전고용 수준에 기깝다. 버블경제 말기 일본은 근로자 열에 여덟82%,1990년이 종신고용을 전제로 한 정규직 고용이었다. 지금은 비정규직 비율38%,1980년이 한국38%보다 더 높다. 청년층에게 이제 회사는 평생 따라야 할 '주군'이 아니라 자기목적지에 맞춰 탔다 내렸다 하는 '버스'에 가깝다. 그만큼 평생고용시스템이 무너지고 노동시장의 유연성이 높아졌다는 얘기다.

물론 아베노믹스에 대한 성과와 평가는 엇갈린다. 소비촉진과 구조개혁이 매우 부족했다는 혹평도 있지만 기업의 투자심리 회복과 경제 활성화를 견인하여 장기 디플레 경제를 회생시켰다는 호평도 나온다. 아베노믹스가 실행된 후 한계기업들이 회생되고 지난 6년간 주가는 두 배로 뛰었으며, 실업률은 2.2%로 1992년 이래 최저치를 기록했다.

4차 산업혁명 시대에 일본은 혁신적 구조조정이 늦어졌다 해도, 소재기술 산업의 세계 최강자다. 2019년 7월 일본정부가 한국에 수출규제에 나선 불화수소에칭가스, 포토레지스트, 플루오린 폴리이미드 등 세 가지 반도체 소재도 모두 일본이 세계시장의 70~90%를 차지하고 있다. 초고령사회 일본은 지금 로봇 생산혁명을 업고 사물인터넷IoTInternet of Things 분야에 주목하고 있어, 이것이 일본기업의 경기회복에 큰 무기가 되어 또다시 제조업이 세계 톱으로 부활할 가능성도 보이고 있다.

75

EU 경제권의 변화는?

브렉시트(영국의EU 탈퇴)에도 불구하고
인구 8억 시장 탄생

EU유럽연합는 영문약자 그대로 유럽지역 각국의 국가연합이다. 1967년에
발족한 '유럽공동체EC'를 발전시킨 형태로 1993년에 지역경제 공동체로 결
속하여 발족했다. 벨기에의 수도 브뤼셀에 본부를 설치하여 2018년 현재
28개국이 가맹하고 있다.

EU의 국가들에서 쓰여 지고 있는 '유로'는 EU권 내에서의 수수료를 생
략하고 역내의 경제 활성화를 도모하기 위하여 1999년부터 도입되어 있는
것이다. EU 가맹국 중 영국이나 스웨덴, 덴마크와 같이 EU 가맹국이면서
도 유로에는 참가하고 있지 않는 나라도 있다. 반대로 EU에는 가맹하고 있

지 않으면서 유로를 사용하고 있는 나라도 있으며 그중 바티칸과 산마리노는 유로 경화의 주조권도 인정받고 있다. 유로의 출현에 의해 이전에 '마르크'독일나 '프랑'프랑스 등 각국이 제각기 사용하던 통화에서는 볼 수 없을 정도로 커다란 유통량을 가진 통화가 새롭게 탄생한 것이다. 또한 유로는 통화로서의 가치 안정성도 있고 자유롭게 거래되는 시장도 정비되어 있기 때문에 기축통화로서의 성질을 겸비하고 있다. 따라서 **유로도 세계의 기축통화로서 달러와 어깨를 나란히, 구제적인 결제수단이 되고 있다.**

EU는 경제, 정치, 군사 등 모든 분야에서 유럽 각국의 통합을 목표로 하고 있다. 또 인구의 이동에 관해서 EU 비가맹국을 포함한 셍겐협정 체결국26개국 간에서의 출입국 심사가 폐지되고 있다. 현재 문자 그대로 '사람 · 돈 · 물건'이 자유로 왕래하게 되어있는 것이다.

다만, 유로를 도입하지 않은 EU 가맹국도 있다. 또, 셍겐협정의 비체결국으로 부터의 사람의 유입이 사회문제로서 표면화하고 있는 예도 있다. 프랑스에서 루마니아인, 블가리아인 이민문제가 그 전형적인 실례가 된다. 영국이 2016년 6월 23일 EU 가맹국에서 공식탈퇴Brexit를 국민투표로 결정찬성 51.9%한 이유도 엄청난 이민자 유입 때문이다. 2004년 3만5천 명이던 영국으로의 순 이민자 이동은, EU 확대와 맞물려 유럽 대륙 내 중동 · 아프리카계 이민자까지 합류하여 몰려오면서 2016년 33만 6천 명 이상 급증했다. 이에 따라 영국인들의 일자리 감소 등 국민 원성은 극에 달했다. 결국 영국정부는 이민자를 10만 명 이하로 관리한다는 방침을 세웠다. 영국은 또 EU 단일시장의 경제적 이점은 계속 누리되, 외국인의 자국 내 유입을 막으면서 EU 본부의 간섭과 같은 자국 주권이 침해받는 사안은 막겠다는 것이다. 반면 EU는 자국의 '입'에 맞는 것만 골라내어 EU 관계를 재정립하고자 하는 영국을 용납할 생각이 없다. 결국, 영국총리데레사 · 메이는 "상품 · 자본 · 서비스 · 사람의 이동이 자유로운 EU 단일시장에서 탈퇴해 EU와 상품교역만 자유로운 자유무역지대FTA를 이루겠다."고 했다. EU 정상들은 이 같은 영국총리 안ᵇ을 거부했다. 영국의 '골라먹기'식 EU 탈퇴는 경제적 과실은 따먹으면서 EU 본부의 지침과 사법권은 부인하려는 우파 민족주의 세력이 집권한 EU 내 일부 국가들에 '나쁜 선례先例'가 될 수 있다는 이유에서이다.

영국의 브렉시트가 이처럼 EU의 발족 후 일대 세력을 형성하려는 경제권에 큰 파장을 몰고 왔다고는 해도, 향후에도 여전히 세계경제에 커다란 영향을 미칠 경제권역이 뚜렷하게 형성되어 있는 것은 틀림없다.

2019년 6월 28일 EU와 남미 공동시장을 뜻하는 '메르코수르Mercosur'가 FTA 협상을 통해 단일시장을 만들기로 했다. 메르코수르는 브라질, 아르헨티나, 파라과이, 우루과이 등 4국이 무역장벽을 전면 철폐해 1995년 출범시킨 남미의 공동시장이다. 결국, 유럽과 남미를 아울러 8억 명의 인구에 전 세계 GDP국내총생산 40% 가까이 차지하며 연간 교역량이 1,000억 달러약 116조원에 달하는 단일시장이 탄생했다.

메르코수르 회원국은 쇠고기 등 농축산물의 유럽 수출이 획기적으로 늘어날 것이고, EU 회원국은 자동차·의약품의 남미 수출이 붐을 이룰 것으로 예상된다.

한편, 포르투갈, 스페인, 그리스 등 남유럽국가들은 계속 경상수지 적자와 재정위기를 겪고 있다. 이들 나라들은 적자재정으로 인한 국채이자 지급률이 급상승하여 EU 국가들에 나쁜 영향을 주어 EU 중앙은행과 공동으로 IMF 긴급자금지원을 하였으나 잘 해결되지 않았다. 부유 건강한 나라 국민들이 도와줘야 한다는 취지에서 그리스 국채를 사줬던 EU역내 사람들의 불평불만만 늘어나자 그리스는 EU를 탈퇴하겠다는 말이 나온다. 이탈리아는 집권 연립정부 해체와 조기총선 국면에 들어가는 정치 혼란에 빠지면서 디폴트채무불이행 경고등이 켜진 상태다.

유럽경제를 이끄는 독일도 최근 심상치 않다. 한국처럼 미국과 중국 수출에 크게 의지하는 독일은 최근 수출 부진으로 경제가 침체하고 있다.

미·중 무역전쟁의 여파로 독일산 자동차 생산과 수출이 구조적 침체를 겪고 있기 때문이다. 이에 따라 2%대였던 독일의 경제성장률이 1%대 이하로 떨어지면서 장·단기 국채 금리차도 매우 좁혀졌다. 경기 불황의 조짐이 우려되고 있어 EU 중앙은행은 최근 금리인하를 단행했다.

EU의 중심축으로서 세계 4대 경제대국인 독일은 재정관리가 가장 엄격한 선진국으로 꼽힌다. IMF국제통화기금나 ECB유럽중앙은행는 재정상태가 양호한 국가들의 '나라 돈' 풀기를 압박하고 있으나 독일은 단기부양을 위한 재정확대에 단호히 선을 긋고 있다. 2019년 7월로 베를린 장벽이 무너진지 30주년을 맞은 독일의 통일 비용은 1조 유로약 130조 원에 달하지만, 2차 대전 이후 '라인 강의 기적'을 이룬 경제부흥 덕분에 버티었고 경기침체 속의 지금도 철저한 균형재정 기조를 유지하고 있다. 독일에 비해 프랑스는 강성노조 때문에 시간당 임금이 유럽 평균 대비 40%나 높아 '유럽의 병자'로 불렸으나, 최근 마크롱 대통령의 노동개혁과 법인세 인하 등 친 시장개혁에 성과를 내고 있다. 마크롱 취임 당시 10%에 달하던 실업률은 10년 사이 최저치인 8.5%로 낮아지고 기업투자가 살아나면서 경제회복세를 이끌고 있다.

76

중동 석유수출국
경제의 현상은?

오일쇼크 때와 다르게 전개되는
저유가 경쟁

중동의 산유국_{사우디아라비아, 아랍수장국연방UAE, 이란 등}은 세계경제 가운데서도 특별한 존재감을 나타내고 있다. 이것에 관하여 서술해 보자.

세계에서 완성된 양으로 원유를 산출하고 있는 나라 수는 극히 제한되고 있는데, 그중에서도 중동지역은 산유국이 많이 모여 있다. 세계의 주요 산유국은 1960년 9월 이라크, 이란, 쿠웨이트, 사우디아라비아, 베네수엘라가 이라크의 수도 바그다드에서 OPEC_{석유수출국기구}를 결성하고, 원유의 가격을 결정하는 데 참여해 공동이익을 확보함과 동시에 세계 석유생산의 절반을 차지하는 위세를 자랑했다. 석유 수출국가들이 보유한 석유는 세계 석유 매장량의 약 80%, 세계 생산량의 약 45%, 국제 수출 거래량의 약 24%를 차지할 정도로 그 비중이 크다. 결국 전 세계 석유시장의 독과점 집단을 결성한 셈이다. 이렇게 중동지역의 석유시장이 큰 탓에 중동의 정세가 급변할 때마다 전 세계는 석유파동을 겪게 된다. 이란-이라크 전쟁, 이라크의 쿠웨이트 침공, 미국-이라크 전쟁 등 제2차 세계대전 이후에 일어난 전쟁은 모두 석유를 둘러싼 전쟁이었다. 특히 1973년의 제3차 중동전쟁아랍 국가들과 이스라엘이 싸운 전쟁의 와중에 사우디아라비아 주도로 중동의 산유국이 선진공업국가에 원유의 수출량을 줄인 것이것을 제1차 오일쇼크라 부른다을 계기로 석유가 고가로 거래되어 중동의 산유국은 막대한 이익을 취하였으나 미국, 일본, 독일 등은 속수무책으로 당했다. OPEC의 아랍국들은 이스라엘을 지원한 미국 등 일부 서방국에 원유수출을 중단했고, 배럴당 가격도 70% 이상 올리고 5% 감산減産했다. 1972년 배럴당 2.5달러였던 국제유가는 2년 후 11달러대까지 4배 이상 치솟았다. 서구 열강들이 OPEC 눈치를 보지 않을 수 없었던 시절이다. 당시 원유 소비의 30%를 수입하던 미국에서 주유소마다 기름을 구하려는 차들이 줄을 섰고, 사람들은 텅빈 고속도로에 마차를 끌고 나왔다.

1975년까지 세계경제는 후퇴했다. 그 후 선진국의 성省에너지가 진전한 일이며, 세계의 원유생산에서 차지하는 OPEC 가맹국의 셰어share가 내려간 것에서 일단은 원유가격이 안정된 흐름을 보이고 있었지만, BRICs를 비롯한 신흥국의 원유수요가 계속 늘어나고 있는 상태에서 투기자금의 유입 등도 있고 해서 원유가격은 2008년경에 또다시 높은 수준으로 상승했다. 최근에는 원유가격의 하락세 속에서 중동 석유시장은 셰일가스·오일과의 새로운 에너지 경쟁시대로 진입하고 있다.

새로운 오일 경쟁시장을 주도하고 있는 주인공은 사우디아라비아와 미국이다. 이른바 '사우디아메리카'의 시대가 된 것이다. 2019년 들어 도날드 트럼프 미 대통령이 시리아에서 갑자기 미군을 철수시킨 것을 비롯해 미국이 과거와 달리 중동정세에 덜 민감해진 이유도 셰일혁명으로 OPEC가 무력화됐기 때문이다. 그러나 한편, 제이슨 보도프 컬럼비아대 글로벌 에너지정책센터 소장과 같은 에너지 · 안보 전문가들은 "미국이 2018년에 세계 최대 산유국이 됐지만, 세계유가에 대한 진정한 영향력은 사우디처럼 명령 하나로 추가로 수백만 배럴을 수도꼭지처럼 풀고 조일 수 있는 능력에서 나온다."고 말한다.

가격 담합 카르텔인 OPEC에 미국의 반독점법을 적용하려던 미 의회의 움직임이 흐지부지 끝난 것이나, 2018년 10월 터키 이스탄불의 사우디 영사관에서 반정부 사우디 언론인 자말카슈끄지가 살해됐는데도 트럼프 행정부가 단호하게 제재하지 못하는 것도 이런 사우디 유가 영향력 탓이다. 매건 오설리번 케네디스쿨 교수는 "트럼프 행정부가 2018년 11월 이란 산 원유수출을 막으면서도 일부 수입국에 예외를 둔 것도 미국의 증산^{增産}만으로는 유가 불안을 상쇄할 수 없기 때문"이라고 밝혔다.

하지만 미국은 셰일혁명으로 미국 내 에너지 자급률을 대폭 끌어 올림과 동시에 세계원유 생산능력을 확충시킴으로써 미래의 오일쇼크에 대한 완충능력이 훨씬 커진 것이 사실이다.

반면에 사우디아라비아는 셰일석유의 신규시장 진입을 막기 위해 공급량을 확대하여 국제유가를 50달러 선까지 떨어뜨렸다. 배럴당 60달러 선이 셰일석유의 손익분기점으로 알려졌기 때문이다. 하지만 사우디아라비아의 예상은 빗나가 미국의 셰일오일 생산단가가 배럴당 40달러까지 떨어졌다. 그 결과 미국과 사우디아라비아 양쪽 모두 파국으로 치달을 수밖에 없는 극단적인 가격경쟁의 향방은 가늠하기 어려운 상황이다.

IEA^{국제에너지기구}는 2025년이면 미국이 세계석유 생산량의 5분의 1을 차지하면서 최강자의 지위를 굳힐 것으로 전망하고 있다. 이런 가운데 OPEC는 내부분열 양상을 보이고 있다. 사우디는 미국을 견제하기 위해 러시아와 생산량 협의 횟수를 늘리고 있다.

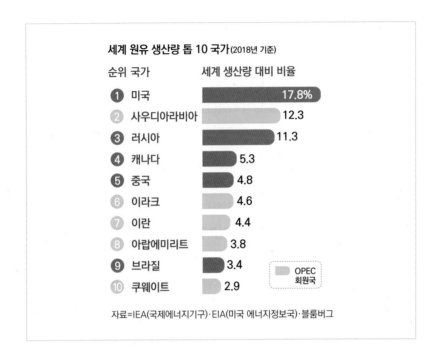

세계 원유 생산량 톱 10 국가(2018년 기준)

순위	국가	세계 생산량 대비 비율
1	미국	17.8%
2	사우디아라비아	12.3
3	러시아	11.3
4	캐나다	5.3
5	중국	4.8
6	이라크	4.6
7	이란	4.4
8	아랍에미리트	3.8
9	브라질	3.4
10	쿠웨이트	2.9

OPEC 회원국

자료=IEA(국제에너지기구)·EIA(미국 에너지정보국)·블룸버그

　　최근 미국 의회에 '노펙NOPEC' 법안이 계류 중인 것도 OPEC에는 악재다. 노펙은 미국의 반독점법에 근거해 OPEC 회원국들의 증산 또는 감산 협의를 담합으로 처벌하는 내용을 담은 법안이다. 노펙을 검토하는 이유 역시 셰일오일로 자신감을 얻은 미국이 '중동의 석유 파워'를 눌러 버리고 싶어 하기 때문이다.

　　블룸버그 통신은 장기적으로 OPEC보다는 원유생산 3강인 미국, 사우디아라바아, 러시아가 '3자 합의'로 세계원유 수급량을 조절해 가는 방향으로 나아갈 것으로 예상했다. 또 IEA와 석유전문가들은 중국이 국제유가에 미치는 영향이 점점 커지고 있다고 분석했다. 중국은 2017년부터 미국보다 기름을 가장 많이 사는 '큰 손'이 된 것이다. 2018년 세계원유 수입시장에서 중국의 비중은 20.2%로서 2위 미국13.8%과 상당한 차이를 보였다. 따라서 향후 중국의 소비수요 변화가 세계유가를 변동시키는 영향이 클 것으로 생각된다.

한편 중동의 지역경제는 주요 선진국에서는 볼 수 없는 과제도 안고 있다. 중동의 많은 나라는 민주적인 정치체제를 취하지 않고 원유의 수출에 따른 이익을 얻을 수 있는 계층으로의 편사치를 갖고 있기 때문에 사회적으로 빈부격차가 현저히 크다는 문제가 있다. 또 아랍인과 유태인과의 민족 대립에 단초를 둔 역사적 배경에서 정치적·군사적으로 불안정한 상태도 어쩔 수 없는 숙명적 과제이다.

최근 2019년 9월 중순 사우디아라비아의 핵심 정유시설이 친이란계 예맨의 무인기 10여 대의 공격을 받아 불탔다. 공격을 주도한 군사세력은 앞으로도 국제원유시장에 대혼란을 일으킬 '드론 테러 악몽'의 예고편일 가능성이 높다.

77

주목되는
동남아시아 경제는?

한국과 동남아국가들과의 관계도
긴밀해지고 있다.

　동남아시아는 태국, 베트남, 필리핀, 인도네시아, 말레이시아, 싱가포르,
브루나이 등의 나라들을 가리키며, 이미 한국의 많은 기업들이 이들 국가
에 생산기지를 설치하고 있다. 1967년에 결성된 ASEAN^{동남아국가연합}에는 현재
10개국이 가맹하여 역내의 경제교류를 촉진하고 있다.

　ASEAN은 당초 경제 분야에 국한하지 않고 다방면의 협력을 목적으로
설립되었는데, 창설 초기인 1960년대에는 미·소 냉전 구도하에서 인도
차이나반도의 공산화에 대응하기 위한 반공안보협력기구의 성격이 강했
다. 그러나 1970년대 후반부터 ASEAN은 역내 회원국 간의 교역에 적용되

는 특혜무역협정과 공동공업프로젝트 채택 등을 통해 회원국 경제의 안정적 성장을 도모하기 위한 경제협력체로 발전하였다. 회원국 중 6개국에서는 이미 기본적인 품목에 관한 역내 관세철폐가 실현되고 있었는데 나머지 4개국은 2015년부터 역내 관세가 철폐되어 상품이동이 자유화되고 있다. ASEAN은 EU와 같은 경제공동체로 발전시키려고 하는 구상도 있어 'ASEAN 경제공동체'가 발족되었다.

ASEAN을 비롯한 아시아 신흥국들은 1997년에 '아시아 통화위기'에 휩쓸려 커다란 사회불안과 경제불안을 겪어야만 했다. 그런 가운데 통화위기에 대한 대처로서는, 만일의 경우에 각국 간에 서로 자금을 융통하는 구조를 ASEAN과 한·중·일의 총 13개국 간에 설치하여 세계경제의 급변사태에 대비하게 되었다.

또한, 정치적 안정을 향한 길로서는, 미얀마의 대응이 주목되고 있다. 예전부터 군사정권이었던 이 나라는 서구 선진국으로부터는 경제제재를 받는 상황에 있었다. 그러나 2011년에 민주적 정권이 발족한 것을 계기로 제재가 해제됨과 아울러 정부가 경제개혁을 적극적으로 추진하는 의지가 서로 어울려서, 지금은 한국을 포함한 세계 각국의 기업들로부터의 관심을 모으고 있다.

다만, 태국과 같이 군사 쿠데타에 의하여 민주주의가 위협받고 있는 나라도 있다. 또, ASEAN을 구성하는 거의 모든 국가에서는 자국 내에 소수민족과의 마찰을 항상 내포하고 있어 정치사회적인 리스크가 되고 있다.

그러나 ASEAN이 순조롭게 경제발전을 이룩하고 있는 것은 틀림없다. 향후에도 연간 5% 전후의 경제성장을 실현할 것으로 예측되고 있다. 이미 ASEAN은 인구 6억 명에 한국의 4배 이상의 무역액을 기록하는 거대한 신흥경제권으로 떠오르고 있다. 인도네시아는 세계 4위의 인구대국 2억 7,000만 명이며 아세안 국가 중 경제규모 GDP 약 1조 달러가 가장 크다. 최근 미·중 무역마찰 여파로 베트남이 중국기업의 최대 투자국으로 올라설 전망이다. 가파른 성장세를 이어가고 있는 베트남은 2022년까지 연평균 6.2%의 높은 경제성장률을 기록해 2017년 현재 2,240억 달러 수준인 GDP가 2022년 3,070억 달러를 달성할 것으로 예상하고 있다. 2018년 베트남 경제성장률은 7.1%를 기록하며 2000년대 들어 처음으로 중국을 앞질렀다. 그리고 태국, 필리핀 등 신흥국 투자도 최근 급증세를 보이고 있고, 한국의 현대자동차는 최근 9년 연속 싱가포르 택시 시장 점유율 1위 자리를 지키고 있다.

한편, 인도, 파키스탄, 방글라데시, 스리랑카 등의 나라들을 가리켜 남아시아라 부른다. 이 가운데 특히 경제성장이 현저한 나라는 역시 BRICs의 일각을 차지하는 인도다. 교육제도가 충실하고 인구대국인 인도에서는 영어가 공용어인 것도 유리하게 작용해, 특히 IT 분야에서의 기술적인 생산성이 현저하여 고성장 속에서 이미 유능한 인재를 많이 배출하고 있다. 국경 인접한 파키스탄과의 핵문제나 중국과의 영토분쟁 등을 비롯한 군사안보상의 불안이 풀리지 않고 있어 이제까지 경제발전이나 사회의 자유민주화도 뒤떨어져 있었다. 그러나 2014년에 발족한 신정권이 경제개혁노선을 목표로 하고 있고, 또 인도의 인구가 2030년 전후로 중국을 빼고 세계 제1위가 될 것으로 예측되고 있는 것에서도 향후의 경제발전에는 점점 기대가 집중될 것 같다. 인도와 한국과의 무역상의 연결은 아직 그다지 긴밀하진 않지만, 인적·기술적 교류나 정치적인 연대도 포함하여 앞으로 한·인 양국 관계는 더욱 깊어져 갈 것 같다.

78

경제신흥국 BRICs란?

세계경제의 견인력을 담당하는
장래성을 가진 나라들

　과거 세계경제는 G8 선진국, 즉 미국, 영국, 독일, 프랑스, 이탈리아, 일본, 캐나다, 러시아를 중심으로 돌아갔다. 이들 국가들이 존재감을 나타내게 된 것은 생산뿐 아니라 소비활동을 활발히 하고 있었기 때문이다. 그러나 글로벌화와 제조공정의 디지털화로 일어난 패러다임 시프트는 세계경제의 구도를 크게 바꾸어 놓았다.

　소비증가율은 1인당 GDP의 비교로 판단할 수 있다. GDP의 60~70%를 소비가 차지하여 화제로 되고 있는 곳은 BRICs 국가들이다. BRICs는 브라질Brazil, 러시아Russia, 인도India, 중국China의 알파벳 앞글자를 따서 만든 신

조어로 세계 최대투자은행인 미국의 골드만삭스가 처음 사용했다. 세계경제를 논할 때 BRICs를 자주 사용하게 된 것은 근년의 경제발전이 현저한 나라^{신흥국} 가운데 대표적으로 이들 4개국이 큰 영향력을 가지게 되었기 때문이다.

현 시점에서 이미 이 4개국만으로 세계의 GDP^{부가가치액}의 20% 정도를 차지하고 있다. 이미 중국은 일본을 제치고 세계 제2의 GDP를 기록하고 있고, 다른 3개국도 서구 선진국과 같은 정도의 GDP 수준에 달하고 있다.

BRICs 각국에 공통적인 점은 국토면적이 넓고 인구가 많은 것이다. 이 4개국을 합하여 세계 국토면적의 약 30%, 세계인구의 약 40%를 차지하고 있다.

이들 나라에서는 농산물이나 천연자원의 생산이 번성한다. 예를 들면 브라질은 대두, 커피콩, 오렌지 등의 생산에서 세계1위를 자랑하는 외에 철광석의 생산이 세계3위다. 러시아는 원유의 생산량에서 미국에 이어 세계2위다. 이들 나라에서는 노동력 인구를 충분히 확보할 수 있기 때문에 공업생산면에서 눈부신 발전을 이루고 있다. 예를 들어 중국은 이미 자동차의 생산대수에서 세계1위로 되고 있으며, 브라질의 엔프라엘사는 세계유수의 항공기 메이커다.

인구가 많은 것은 상품·서비스의 판매시장으로서도 커다란 장래성을 갖고 있는 것을 의미하고, 이들 신흥국의 발전에 의하여 한국제품의 판로도 확대하고 있어 한국의 경제성장에 크게 기여할 것으로 기대되고 있다.

그런 한편으로, 한국의 수입에 의존하고 있는 천연자원이나 식재료에 대하여 이들 나라에 의한 수요가 늘어나면, 한국으로서는 보다 높은 가격으로 수입할 필요가 생긴다든지 혹은 충분한 양을 확보할 수 없게 된다든지 하는 일이 일어나지 않을 수 없다는 우려도 있다.

최근에는 남아프리카^{South Africa}를 추가하여 맨 뒷글자 소문자 s를 대문자로 하여 5개국에 'BRICS'라 부르는 경우도 많아졌다. 매년 이 5개국에서 각국의 정상회의를 개최하고 있고, 최근에는 'BRICS 개발은행'의 설립에 이들 5개국이 합의했다고 한다.

이와 같이 BRICS 국가들은 경제면에서 존재감을 가질 뿐만 아니라 정치·외교면에서도 존재감을 드러내고자 상호 협조를 도모하고 있다.

또한 골드만삭스가 BRICs 정도는 아니지만 세계경제에 큰 잠재력을 가지고 부상하고 있는 나라들을 모아 'NEXT 11'이란 말을 만들어 냈다. 이 11개 국가는 이란, 인도네시아, 이집트, 한국, 터키, 나이지리아, 방글라데시, 파키스탄, 필리핀, 베트남, 멕시코를 가리킨다. 이들 국가는 인구의 규모나 잠재적 경제규모가 크다는 공통점을 가지고 있다. 그러나 지리적 위치에 따라 경제나 시장발전 수준이 다르고 문화나 사고방식이 다른 것처럼 각각 특징을 가지고 있다.

최근에는 'VISTA'라는 새로운 용어가 등장했는데, 베트남, 인도네시아, 남아프리카공화국, 터키, 아르헨티나 5개국을 가리킨다. 이들 5개국은 자원이 풍부하고 적극적으로 외자를 도입하고 있다는 공통점이 있다. 또한 노동력인구가 많아 앞으로 그들이 중산계층이 되면 소비가 확대될 것으로 예측된다.

사실 이들 신흥개발국들이 앞으로 어떻게 변화할지는 아무도 모른다. 다양한 예측이 있지만 이들 나라가 세계경제에서 존재감을 보다 높여갈 것임은 분명하다. OECD가 작성한 2060년까지의 '장기경제성장 예측'에 따르면 "앞으로 50년 약진할 신흥개발국 경제가 세계 GDP의 대부분을 차지하게 될 것이며, 세계경제의 세력균형이 극적으로 바뀔 것"이라고 한다.

79

북한경제와
대북제재의 영향은?

제재 영향 북한 새 경제에 악영향,
시장 충격은 위기로 갈 듯

북한은 1990년대 중·후반기에 대규모의 기근(飢饉)과 함께 기존의 경제구조 모두가 해체되는 극심한 경제위기를 겪었다. 이 구조적 위기는 이미 1980년대 말 소비에트연방경제의 붕괴로 인해 당시까지 북한에 지원되었던 석유의 공급에 차질이 빚어지면서 1990년대 들어 북한의 농업 및 연관산업에 악영향을 미치기 시작했기 때문이다.

북한경제의 위기 상황이 외부세계에 알려진 것은 1990년대 중반기로, 1990년대 말에는 10년 전에 비하여 경제규모가 25% 이상 축소되었다. 이러한 경제위기에의 대응책은 북한당국으로 하여금 경제개혁 조치(7.1조치)를 취하도록 만들었고, 이에 따라 북한경제는 일시적인 안정조짐을 보이기도 했다. 2000년대 들어 약 6년간은 대략 2% 정도의 경제성장을 기록하여 조금씩 회복되는 양상을 보였으나 예전의 경제 상황으로 회복하기에는 역부족이었다. 즉, 북한경제는 계획경제시스템의 고질적인 병폐라 할 수 있는 공급부족 상황에서 벗어나지 못한 채 국민의 생존에 필요한 기본적인 물자가 절대 부족한 상태가 지속되고 있었다.

북한경제의 변화는 김정일 시대 말기 장성택이 추진한 만수대 건설 등 대규모 건설사업이 추진되기 시작한 2009년쯤 혹은 화폐개혁 직후 2010년부터 새로운 경제의 흐름으로 볼 수 있다. 즉, 2010년을 전후하여 정책, 구조, 성과의 세 측면에서 이전과는 다른 새로운 변화가 시작되었다. 2009~2010년에 추진된 정책들은 사회주의 경제시스템을 복구시키기 위한 정책이었다. 그것은 2009년 11월의 화폐개혁인데, 실패했다. 이후 김정일 사후 우왕좌왕하던 중 실권을 잡은 김정은이 경제재건을 대외적으로 공표한 때는 2012년 4월 15일 즈음이다. 이 날은 태양절 100주년이다. 그 전의 70주년에는 집집마다 담요를, 80주년에는 가정용 전자시계를 하나씩 주었다. 김일성 주석 100돌까지 강성대국을 만든다고 선포했던 만큼 북한 국민들 마음에는 선물에 대한 기대감이 컸겠지만, 정작 태양절 그날에는 주민들에게 선물이라곤 아무것도 줄 수 없었다. 그만큼 북한당국의 어려운 재정사정을 반영한 것으로 보인다.

하지만 2009~2010년 이후로 북한경제가 새롭게 변화해 왔고, 김정은 국무위원장의 산업정책에 대한 시각은 2013~2014년에 명확히 드러났다. 즉, 정책의 변화나 최고지도자의 사고변화가 북한경제의 변화를 촉발했다기보다는 기업을 포함한 경제주체들이 국가역량이 약화된 틈새를 활용해서 변화를 이끌어내었다고 볼 수 있다. 북한 내에서 2009년 화폐개혁 실패로 한 번 가라앉았던 시장과 대외무역이 확산됨에 따라 소득이 늘어났고, 수입 여력도 생겨 기계나 설비도 구입할 수 있었다. 김정일 시대에는 재래시장인

'장마당'을 비롯한 실질적인 시장화를 거부하거나 폭압하였다면, 김정은 시대에 들어와서는 시장화를 수용 내지 활용하는 태도로 변화했다. 북한 새 경제의 시장경제정책의 시작이라고 볼 수 있다. 북한의 재래시장은 소규모 매매단위로 주로 음식, 화장품 등 소비재 위주에서 자본재 및 서비스·노동도 거래된다. 그런데 시장경제의 생산력인 산업이 형성되기 위해서는 회사가 만들어져야 하는데, 현재 회사규모의 경제활동을 할 수 있는 것이 국가가 인정한 **외화벌이 회사**이다. 외화벌이 회사는 북한의 원자재나 제품을 해외수출하거나 외제품을 수입해 북한에 판매하는 회사인데, 주로 대중국 무역이다.

시장경제 정책에 있어 정부가 할 수 있는 가장 소극적인 대응은 시장에 대한 통제를 완화하거나 중단하는 것이다. 실제로 북한은 2010년 여름부터 지금까지 무려 10년 가까운 기간 시장에 대한 통제를 완화, 중단했다. 북한 새 경제의 시스템 개혁에 가까운 것으로, '우리식 경제관리법'이란 시장화정책이 등장했다. 김정일 시대의 7·1 조치는 시장을 합법화시켜 주기는 했지만, 시장은 계획경제 밖의 존재였다. 즉, 시장을 허용하되, 계획 외 경제활동, 계획 외 생산, 계획 외 유통으로 허용했다. 지금은 분명히 다르다. 시장경제란 존재를 계획경제 안으로 끌어 들였다고 볼 수 있기 때문이다.

이처럼 김정은 시대의 새 북한경제는 과거와 크게 달라졌다. 새 북한경제의 특징 중 하나는 달러라이제이션dollarization 현상이다. 현재의 북한경제를 움직이는 통화는 북한화폐원화가 아닌 '달러'라는 경화다. 실제로 달러는 북한의 일상적인 거래와 가치의 저장수단으로 기능하고 있어, 제반 가격은 북한경제와 해외경제와의 통합이 진전되어 점점 더 국제가격에 영향을 받는다. 따라서 국제가격이 안정되어 있을 경우 달러로 표시된 북한의 가격 변수들만 급격히 불안정해지는 일은 발생할 수가 없을 것이다. 물론 이 경우 북한 원화 환율이 불안해지면 북한 원화표시 가격은 불안해질 수는 있다.

북한의 새 경제에서는 시장을 중심으로 한 달러라이제이션으로 과거처럼 국영기업에 생산량과 가격을 설정해주고 자금과 임금 등을 지원해주어 사업을 실행하게 하는 일이 불가능해졌다. 이는 결국 북한당국이 경제를 운영하기 위해 재정을 조달하던 과거의 방법 역시 더 이상 기능하지 않는다는 사실을 의미한다. 북한의 새 경제정책은 국영기업의 개혁을 통한 시장의 형성과 조세경제로의 지향이다. 이제 김정은 시대에 들어 대다수 국영기업들은 시장원리에 따라 자율경영을 통해 얻어진 수익의 일부를 국가에 납부하는 형식으로 변화하고 있다. 이와 아울러 북한정부의 재정은 일반 경제주체들에게 실질적인 조세를 부과·징수하는 방식으로 변화하고 있다. 이와 같이 김정은 시대에 들어 북한 새 경제가 향후 성장한다면, 이는 상당 부분 시장경제원리에 기인된 것으로 볼 수 있다.

그런데 이러한 북한 새 경제에 국제사회의 경제제재가 북한경제에 부과되면 어떤 변화가 발생할까? 2016년 이후 본격화된 국제사회의 대북제재의 내용은 크게 두 가지다. 즉, 북한의 외화수입을 전면적으로 차단하고, 군사 목적으로 전용될 수 있는 각종 물품의 해외수입을 제한하는 것이다.

북한에는 세 계층이 있다. 김정은과 그 주변 최고권력층, 중간관료층, 일반 주민층 등이다. 최고위층은 석탄수출과 무역등으로 떼돈을 벌면, 자기들끼리 나눠먹는다. 중간관료층은 장마당의 점포를 소유 임대하거나 주민들에게 뇌물을 받아 산다. 최소한 700만 명 이상의 주민들은 장마당에서 벌어먹고 사는데, 번 돈의 일부를 관료에게 뇌물로 바친다. 북한은 관경 _{官經} 유착 사회로 뇌물비율이 부패로 패망한 구소련 말기보다 2.7배나 높다_{김병연} _{교수: '장일현의 뉴스저격'}고 한다.

국제사회의 북한제재는 김정은 위원장을 중심으로 한 북한의 _{지도} 최고권력층에 큰 경제적 충격을 주었다. 그 영향이 2017년부터 점차 경제사회 전체에 퍼지기 시작하여 2018~2019년에 걸쳐 거시경제 추세는 더욱 악화되고 있다_{최근의 단거리미사일 도발은 히노이회담 때 비핵화 호가를 높이려는 수단에 불과한 것이다. 대북제재가 유지되면 갈}

_{수록 국내 사정은 나빠질 것이고 호가는 떨어질 수밖에 없다 :김병연 교수, 조선일보, '장일현의 뉴스저격'}. 점점 강화되

는 대북제재로 인해 상품교역이 거의 붕괴에 가까울 정도로 커다란 충격을 받아 격감하면서 외화 획득 채널이 봉쇄되었다. 그 결과 달러화와 위안화 등의 유통이 줄어들어 통화량의 위축효과가 나타났고 부동산 등 비교역재 가격이 큰 하락세를 나타냈다 북한경제리뷰, KDI, 2019.05 .

결국, 대북제재의 직접 충격은 북한의 최고권력층의 소득 감소를 넘어 국가기관 경영난을 야기할 외환위기를 촉발할 가능성과 함께 시장에 대한 충격이 수요·공급의 감소를 통해 북한주민과 중간관료의 소득 축소로 이어질 것이다. 만약 앞으로도 국제사회의 대북제재가 완화되지 않을 경우 북한 새 경제의 위 상황은 더욱 악화될 것이다. 국제사회 제재와 김정은 꼼수가 맞붙은 이 게임구조가 비핵화라는 수단의 거의 90%를 결정한다. 따라서 지금은 한국이란 행위자가 뭘 바꾸고 결정할 수 있는 입장이 아니다.

제재 여파로 김정은식 경제정책이 한계에 도달했다고는 하나, 문제는 세계의 도처에서 은행을 터는 북한 사이버 공격을 막아야 제재가 완성될 것이다. 북한은 인터넷 보급률이 0.1%인 '세계 꼴찌'인데도, 현재 기술정찰국에 작전인력 1,700여 명 7조직 , 지원기술인력 5,100여 명 13조직 등 사이버 요원 6,800여 명을 운용 중인 것으로 미 정보당국은 보고 있다. 이러한 해커 조직을 가동하여 지난 4년간 금융기관 해킹으로 대규모 외화탈취를 했다는 사실을 밝혔다. 한국 국정원도 북한이 지난 2017년 국내 가상통화 거래소를 해킹해 가상화폐 260억 원 상당을 탈취했다고 국회에 보고했다. 이러한 북한의 해킹을 통한 외화탈취는 김정은의 돈줄을 마르게 하려는 대북제재 전선에도 큰 구멍을 내는 것이다. 이런 상황에서 대북제재 완화를 고려해선 안 된다. 한국정부는 북한의 '사이버 은행털이' 등을 막을 강력한 한·미 연합 대북 사이버 작전 방안부터 시급히 협의·시행해야 할 것이다.

80

개발도상국 원조는
어떻게 되고 있나?

ODA 등
개발원조의 자세가 문제

　개발도상국의 공통적인 문제는 발전자금의 부족이다. 경제발전을 이뤄 나가기 위해서는 경제활동을 행하여 가기 위한 설비를 정비해 나가지 않으면 안 된다. 사회간접자본의 투자뿐 아니라 공장을 짓거나 생산원료를 구입한다든지 하는 것이다.

　그래서 조금씩 발전해가면 이어서 국민의 생활환경을 개선하기 위한 돈이 필요해진다. 도로나 상·하수도를 건축 정비하거나 공원을 조성한다든지 하는 일이다. 이런 것에도 상당한 돈이 들어간다. 그러나 그런 투자를 할 만한 국내 자금이 없는 것이다. 한국이 경제개발을 시작하려 할 시기에도 그와 같았다.

세계에는 지금도 경제적으로 가난하여 외국으로부터의 원조를 필요로 하는 수많은 나라가 존재하고 있다. 국내의 개인끼리의 관계와 같이 원조를 필요로 하는 나라에 대해서는 경제적으로 여유가 있는 나라가 원조의 손을 내밀 필요가 있다. 과거 미국의 한국에 대한 원조도 그랬다. 1950년대와 1960년대에 미국은 직접원조를 통해서 한국이 6·25전쟁의 폐허로부터 회복할 수 있도록 도와주었다. 당시 미국의 직접원조는 식량을 포함한 여러 실물과 기자재 원조였다. 이렇게 지원받은 원조물자들은 국내시장에서 판매되었고, 그 수익금은 AID^{Agency for International Development}의 대충자금으로 계상되어 거의 전액이 한국정부의 예산으로 지원되었다. 이러한 미국정부의 원조가 없었더라면, 국내저축이 극히 부족했던 한국으로선 자립 경제발전에 착수하기가 어려웠을 것이다.

원래 경제원조란 원조 공여국정부가 개발도상국을 대상으로 경제개발이나 복지의 향상 등을 목적으로 이루어지는 ODA^{정부개발원조}가 대표적인 구조로 되어 있다. 이 ODA에는 개발도상국에 대하여 직접원조를 실시하는 **2국 간 원조**와 국제기관을 통한 원조인 **다국간 원조**가 있다. 게다가 2국 간 원조에는 증여로서의 **무상원조^{자금}**와 **기술협력**, 2국 간 대부로서의 **유상자금협력**과 **기술협력**이 있다.

미국의 유·무상 자금협력 및 기술협력을 받았던 한국은 1960년대 초이후 급속한 경제발전에 힘입어 대내외적으로 정치사회의 발전뿐 아니라 국제적인 위상이 크게 향상되었다. 지난 60여 년간 이룩한 경제성장으로 한때 세계 최빈국이었던 한국의 위상은 크게 향상되었다. 1996년에 OECD회원국이 된 다음 해 외환위기를 맞아 고통스러웠던 시련기를 극복한 결과, 2009년에는 개발도상국에게 원조를 제공해 줄 수 있는 OECD 개발위원회^{Develdpment Asisstance Committee}의 25번째 국가가 되었다. 그리고 최근 2018년에는 인구 5,000만, 국민소득 3만 달러 국가로 '30~50' 클럽에 일곱 번째로 들어갔다. 이로써 한국은 원조를 받았던 나라에서 원조를 주는 '원조공여국'으로 국제사회의 인정을 받게 되었다. 따라서 한국은 세계시장에서 무역으로 경제적 성공을 했기 때문에 수출로 번 돈을 어느 정도 국제사회에 환원해야만 할 것이다.

한국은 이제 그동안의 발전 경험을 토대로 2011년 이후 아시아의 베트남, 인도네시아, 캄보디아, 우즈베키스탄 등 10개국과 아프리카의 가나, 남아공 등 7개국, 그리고 페루, 브라질 등 중남미 7개국, 사우디아라비아, 아랍에미리트 등 중동 2개국을 합한 총 35개국에 한국의 경제발전 경험을 전수하는 경제발전경험 공유사업Knowledge Sharing Program, KSP을 실시하고 있다. 이와 같은 KSP의 개도국 지원 방식은 2010년 서울에서 개최된 'G20 정상회의'에서 종전 선진국들이 물자와 금융 위주의 원조만을 통해 개도국을 돕는 방식보다 우월하다는 인정을 받았다.

ODA에는 여러 가지 문제가 있다. 무엇보다도 그 원조가 금전만으로 상대국의 경제발전을 위해 정말로 잘 쓰여지는 것인지 하는 점이다. ODA는 원칙적으로 상대국의 요청을 근거로 이뤄지는 것인데, 실제로는 공여국과 상대국가가 서로 짜고 요청을 "하게 한다"는 것이다. 그 때문에 ODA를 사용하여 이뤄지는 프로젝트 가운데는 대규모의 댐건설 등 주민들의 컨센서스가 필요한 일인데도 얻지 않고 이뤄져 오히려 환경파괴나 주민생활을 위협하게 되는 일이 생길 수 있다. 이러한 사건이 일어나는 것도 원조의 자세가 올바른지 하는 문제이며, 현재 선진국의 개발도상국에 대한 원조체제에 관한 개혁의 필요성을 느끼게 한다.

이것만은 꼭 알아두고 싶은
100문 100답 **교양경제**

81

환경문제에
어떻게 대응할 것인가?

🔍

**기후변화 대책 등
환경경영이 필수적이다.**

환경문제는 경제활동과 관련하여 21세기 최대 이슈가 될 것이다. 1970년 대에 이미 '우주선 지구호'란 말이 나왔듯이 특히 공업화와 관련하여 환경 문제의 중대성이 국제적으로 제기되었다. 그 이후 환경문제는 점점 주목을 끌어 왔지만, 아직까지 결정적인 해결책을 찾아 볼 수 없이 오늘에 이르고 있다.

환경문제의 어려움은, 환경보호를 우선하면 경제활동이 저해되어 경제성 장이 둔화되는 게 아닌가 하는 의구심이 산업계에 뿌리 깊게 존재하고 있 다는 것이다. 가솔린 자동차나 공장에너지 등으로부터 배출되는 이산화탄소는 지구온난화의 원인이 되기 때문에, 이 배출량을 줄이고자 1997년 말 일본 교토에서 개최된 지구온난화방지회의에서 약속되었다. 그러나 그것을 어떻게 구체적으로 삭감해 갈 것인가 하는 방법에 이르게 되면 각 국 모두가 자국의 산업계의 반대에 부딪쳐 의도대로 잘 진전되지 않는다.

경제활동의 글로벌화와 함께 환경문제의 성격도 변화해 가고 있다. 한국의 경우 흔히 중국으로부터 흘러 오는 것으로 추정하는 황사, 미세먼지, 산성비 등의 공기오염이 그것이다. 1990년대 이후에는 전 지구적인 환경문제가 주목을 받고 있다. 이는 오존층 파괴, 기후변화 등 지구상 모든 국가에 악영향을 미치는 환경문제로 부각되었기 때문이다.

지구환경문제 중에서 사회경제적으로 파급효과가 가장 큰 것이 기후변화 문제다. 한국은 미국, 중국, 러시아, 일본, 독일, 인도, 캐나다, 영국, 이탈리아에 이어 세계 10위의 이산화탄소 배출국이다. 따라서 기후변화를 위한 어떠한 정책수단을 동원하든지 최종목표는 화석연료로부터 발생하는 온실가스를 줄이는 방안을 모색해야 한다. 온실가스를 줄이는 것은 화석연료의 사용량을 줄이는 것을 의미한다. 화석연료의 사용량을 줄이기 위해서는 궁극적으로 화석연료, 즉 석유, 석탄 등의 가격을 올려야 한다. 이러한 에너지 가격의 상승은 특히 철강, 석유화학 등 에너지 다소비 업종에서 기업의 생산단가에 지대한 영향을 미쳐 제품가격 또한 상승시키는 결과 소비자 부담으로 될 뿐 아니라 한국의 수출경쟁력에도 악영향을 미치게 될 것이다.

전 세계적으로 환경문제의 심각성이 확산됨에 따라 특히 선진국에서 환경보전을 명분으로 다양한 무역제한 조치가 시행되고 있다. 예를 들어 EU에서는 상품에 에너지 효율등급의 부착의무화라든가 자동차 배기가스 규제, 오존층 파괴물질 규제 등을 시행하고 있다. 한국경제는 무역의존도가 매우 높고 환경친화적이지 못한 산업구조를 가지고 있으므로, 생산방식에서 환경친화적인 정도를 바탕으로 무역규제가 시행된다면 상당한 타격을 받을 수 있다.

최근 환경문제는 기업경영에 있어서 커다란 리스크를 초래하는 요인이 되고 있다. 예를 들면, 공장부지 내에 유해물질이 침투하고 있다고 한다면 기업은 그 토지의 토양개량을 하지 않으면 안 될 만큼 막대한 자금을 투자하게 되어버린다. 그렇게 되면 기업은 경영위기를 맞게 된다. 요컨대, 환경문제에 대한 대처는 기업에 있어서 경영리스크 경감의 목적 중 하나가 되고 있는 것이다.

더욱이, 환경을 배려한 경영을 전개하고 있는 기업의 경영성적은 대체로 그 외의 다른 기업보다도 높아지고 있다는 국제조사 결과도 발표되고 있다. 즉, 그만큼 세밀하게 환경경영에 신경을 곤두세우는 기업은 결국 전반적인 경영에 있어서도 우량한 경영을 하고 있다는 것이다. 글로벌화 속에서 우량기업으로 살아가기 위해서는 환경경영이 필수적이라는 뜻이다.

구체적인 환경경영의 수단으로서는 'ISO^{14000}시리즈'의 인증을 얻는다든지, 환경회계를 발표한다든지, 리사이클까지 고려한 상품개발 등이 있다.

82

에너지 문제는
장차 어떻게 되나?

석유, 원자력, 풍력·태양광에너지 …
미래 에너지의 주역

　한국의 주요 에너지원은 석유다. 석유에 한국은 매우 많은 문제를 안고
있다.

　우선 한국 내에서는 거의 한 방울의 석유도 산출되지 않고 있다. 그 때문
에 석유를 팔아주는 나라가 무언가의 사정으로 그것을 팔아주지 않는다든
지, 가격을 끌어 올린다든지 하면, 한국경제는 일거에 비상상태로 되어버린
다. 그만큼 석유에 의존하는 한국경제이다. 그래서 늘 걱정거리다. 과거 그
걱정이 현실화된 것이 1973년과 1979년, 두 차례의 오일 쇼크였다.

　1973년의 제1차 오일쇼크 때는 석유산출국기구 가 생산량 조정을 함으

로써 더 큰 이익을 얻고자 석유의 공급을 축소했기 때문에 원유가격은 6개월 사이 배럴당 3달러에서 12달러로 치솟았다. 당시 원유소비의 30%를 수입하던 미국에선 주유소마다 기름을 구하려 몰려든 차들이 줄을 섰고, 사람들은 텅빈 고속도로에 마차를 끌고 나왔다고 한다.

1975년까지 미국, 일본, 유럽선진국을 비롯하여 세계경제의 경기는 오일 쇼크로 후퇴했다. 다음의 제2차 오일쇼크 당시에도, 석유로 만들어진 화장지에 세제가 없어진다고 해서 슈퍼에 뛰어 갔던 기억이 남아 있다. 이후 선진국뿐 아니라 한국도 밑바닥 상태에서 필사적으로 성에너지형 선진생산기술 도입에 주력했다.

석유는 석탄과 같이 화석연료라 부른다. 이것은 연소함으로써 이산화탄소를 발생시켜 대기오염을 일으킨다. 그 결과 '지구의 온난화'라는 심각한 환경문제를 발생시킨다. 그렇다고는 해도, 세계경제의 발전과 함께 석유소비량은 BRICs 등 신흥국의 대두에 따라 날로 증대를 지속하고 있다. 국별 석유소비량의 랭크를 보면 중국, 미국, 러시아, 인도, 일본에 이어 한국이 되고 있고, 아프리카 국가들의 합계보다도 많은 에너지를 사용하고 있음을 알 수 있다.

석유 등 에너지자원이 결핍되어 사용에너지의 거의 대부분을 해외수입에 의존하지 않을 수 없는 한국은 세계적 에너지 수요 증대에 위기감을 더해가고 있다.

그러면 과연 석유는 장차 얼마나 지구에 존재하고 있는가 하는 근본적인 의문이 생긴다. 이 문제에 관해서는 없어진다 없어진다고 하면서 그때마다 석유매장량의 견적이 변경되어 아직까지도 어느 정도의 매장량이 있는지는 정확하게 알려지고 있지 않다.

최근 셰일석유의 개발로 "미국이 2018년에 세계최대 매장국으로 평가되어 2021년부터 순수출국이 되고, 2024년엔 사우디아라비아를 제치고 세계최대 산유국이 된다."는 국제에너지기구IEA의 보고서가 나왔다. 1970년대

오일쇼크를 겪은 미국이 장차 원유증산 능력이 주는 추가적인 영향력으로 글로벌 경제질서를 주도해 나갈 것이라는 예상도 가능하다.

그러나 언젠가는 석유도 이 지구상에서 없어져버릴 것은 확실한 일이다. 그때를 대비하여 지구온난화 등을 일으키지 않는 그린라운드GreenRound로 친환경적인 대체에너지를 개발해 가지 않으면 안 된다.

한국도 사업화가 진전되면서 경제적인 풍요를 이루었으나 온실가스 배출량 증가율이 세계1위에 오르는 등 환경문제가 심각해졌다. 따라서 그 해결책으로 원자력, 태양광 · 풍력 구축의 신재생에너지 개발의 필요성이 대두되었다. 태양 빛을 전기로 전환해 내는 '태양전지' 등을 이용해 전기를 얻는 '태양광발전사업'이 등장하면서, 국내에 태양광발전소가 가동된 것은 1980년이었으나 태양광에너지가 신재생에너지사업으로 본격화한 것은 2010년 이후부터다.

최근 한국정부는 '저탄소 녹색성장'의 기조하에 태양광 · 풍력주축의 신재생에너지 비중을 2040년까지 30~35% 수준으로 늘리겠다고 한다. 한편, 원자력의 활용에 관해서는 후쿠시마 원폭이나 체르노빌 사건 등 원전사고의 선례를 들어 원자력발전소의 안전관리를 둘러싼 논란과 함께 탈원전 · 태양광 발전정책 추진에 관련한 정부와 국민 의견의 대립사태가 벌어지고 있다.

그런데 에너지는 제각각의 특성에 따라 균형적인 조합Combination이 중요하다. 또한, 에너지는 국민경제의 장래와 밀접하게 관련되어 있는 만큼 에너지 수급의 불균형이 발생하기 시작하면 그것을 교정할 시간과 기회를 놓쳐버릴 수 있다는 게 안타까운 문제다.

83

IT 산업은 이제부터
어떻게 되나?

미래 IT 한국주도권,
일 · 미의 견제 계산인가

한국경제의 장래 열쇠를 쥐고 있는 것은 틀림없이 정보화다. IT_{Information} Technology 산업은 1990년대 이후 글로벌 경제에서 화려한 부활을 이룩한 미국경제의 영향으로 급속한 발전을 함으로써 21세기의 한국경제의 성장을 주도해 가고 있다.

IT 산업은 전체 수출의 36%를 차지하여 한국경제의 부_{GDP}를 창출하는 원천으로 작용하면서 86만 명의 일자리를 창출하고 있다. 특히 중소 IT 벤처 기업의 증가는 노동시장에 새로 진입하는 청년층 고용에 많은 기여를 해왔으며 1997년의 외환위기 극복에도 큰 몫을 하였다.

지금은 IT라는 말이 유행문구처럼 되고 있지만, 이제부터는 IT를 어떻게 보급하여 효율적으로 융합 운용해 갈 것인지가 중요 과제다.

그런 의미에서 IT는 이제부터 장래의 시대적 인프라Infrastructure이다. 인프라는 '사회공통 자본'이란 뜻이지만, 요컨대 우리들이 일상생활을 해가는 현대의 경제사회에서 없어서는 안 되는 것을 말한다. 아담 스미스가 말한 사회적 공공재와 같은 것이다. 이러한 것은 민간에서 정비하려고 해도 좀체로 채산이 맞지 않고, 그렇다고 해서 아무것도 하지 않을 수 없기 때문에 결국 정부가 공적으로 정비해 가게 된다. 그 때문에 우리들 세금이 사용되는 것이지만, 그것이 지금 정말로 필요한 것인지 하는 것이 논란이 될 수도 있다. 특히 인프라의 건설을 둘러싼 의사결정 과정이 불투명하면, 강한 비판을 받을 수 있다. 1990년대의 일본에서 그런 일이 많았다. 반면, 말레이시아나 싱가포르에서는 국가가 한 덩어리로 정보화를 진전시키고 있다.

IT 기술의 하나인 멀티미디어란 문학, 음성, 영상이란 미디어를 융합하여 이용하려고 하는 것이다. 이제까지의 미디어는 음성, 영상이라고 하는 것처럼 별도로 발달해 왔지만, 그것을 융합시킴으로써 여러 가지 가능성을 찾아가려고 하는 것이다.

이에 따라 매일매일의 경제활동은 크게 모습을 변화시켜 가게 될 것이다. 홈쇼핑이나 재택근무 등 이미 일부에서는 실현되어가고 있다. 원격진료 등은 의료체제의 수정과 함께 사람들의 생활 방식에 새로운 가능성과 희망을 주게 된다. 거기에 무엇보다도, 이에 따른 경제 효과는 매우 커질 것이다.

향후의 한국경제의 성장을 뒷받침하는 것으로서 멀티미디어 이상으로 반도체에 대한 기대는 높아지고 있다. AI · 자율주행차 등 미래 기술의 핵심 부품 가운데 하나인 메모리 반도체에서 한국의 영향력은 압도적이다. 최근 세계D램 시장에서 삼성전자와 SK하이닉스는 각각 점유율 45.7%, 28.7%

를 차지했다. 한국산 D램의 점유율이 전체의 74.4%였다. 특히 삼성전자는 2017년 말 이후 6분기 만에 세계최고 점유율을 기록했다. 반면 미국 마이크론은 간신히 20%를 지켰다. 세계 낸드플래시 · OLED^{유기발광다이오드} 디스플레이 시장에서도 한국은 세계1위이다. 파운드리^{반도체 위탁생산} 분야에선 삼성전자가 2위까지 치고 올라왔다. 이는 1980년대와 상반된 모습이다. 당시에는 일본 NEC · 히다치 · 도시바가 세계 메모리 반도체 1~3위를 차지하고 있었는데, 한국기업이 일본을 따라잡기 위해 미세공정에 막대한 투자를 하면서 공정기술 개발에 나섰고, 그 결과 한국 메모리 반도체는 일본을 따돌리고 세계1위 자리를 차지했다.

일본은 자신들로부터 기술을 전수받은 한국이 일본산 소재를 싸게 사서 비싼 반도체를 만들어 이익을 남긴다고 본다. 소재 분야에서 기술의 일본 의존도는 50%에 육박하는데, 2019년 일본 정부가 핵심 반도체 소재^{플루오린 폴리이미드 · 불화수소 · 감광액}의 수출규제를 강화했다. 이번 수출규제로 한국을 견제해서 과거의 영광을 되돌리고 IT 산업 주도권을 되찾겠다는 의도도 있다고 볼 수 있다. 하지만 가뜩이나 반도체 경기 둔화기에 한국에서 반도체 생산이 줄어 설비투자를 보류하면 일본경제에도 악영향이 나타날지도 모른다.

미국이 자국 반도체 기업인 마이크론 · 인텔 등의 영향력 확대를 노리고 있다는 분석도 나온다. 한국이 일본의 화이트리스트^{수출우대}국 대상에서 빠지면서 미국기업들이 한국기업들보다 훨씬 원활하게 소재를 공급받고 적기에 반도체를 생산할 수 있다. 한국 반도체 기업의 경쟁력이 줄면 마이크론 · 인텔이 수혜를 볼 뿐 아니라 중국에도 타격을 줄 수 있다. 그런 점에서 미국 입장에서는 속된 말로 '꽃놀이 패'다.

어쨌든, 반도체에 대한 후발국인 중국의 추격에서 알 수 있듯이, 한국은 IT 산업 내에서도 더욱 기술이 고도화된 새로운 부문으로 특화해 나가지 않으면 안 된다. 한국은 앞으로 메모리가 아닌 비메모리 반도체 분야에 주력한다는 목표를 갖고 있다. 비메모리 반도체는 AI, 자율주행차 등의 발전과 함께 빠르게 시장수요를 확대해 나갈 수 있다. 문제는 소재 부품의 기술 격차가 큰 현실에서 한국 기업은 아예 '제로'부터 연구개발R&D을 다시 출발 해야 할 수준에 있다는 것이다.

84

바이오산업의 미래는?

무한한 가능성을 가져올
유전자 비즈니스

근래 경기침체가 이어지고 있지만, 한국에서 바이오테크놀로지라는 말이 유행하고 있다. **바이오테크놀로지**Biotechnology란 생물체의 유용한 특성을 이용한 여러 가지 공업적 공정, 공업적 규모로 이루어지는 생화학적 공정에서 유전자의 조작이나 세포의 융합·조직 및 세포의 배양, 수정란 이식 등의 기술을 총칭한 말이다. 생물학이나 생화학·분자생물학 분야의 학문에서 해명되어, 세계적으로 화젯거리가 된 **클론**Kuron 양 등도 이러한 바이오테크놀로지의 성공사례 중 하나이다.

클론이란 유전자를 조작함으로써 만들어진, 부모와 똑같은 유전자를 가진 생물인 것을 말한다. '도리-'라는 것은 1996년에 최초로 클론 에 성공한 양 의 이름이다. 이러한 클론화가 가져온 의의는 몇 가지 지적되고 있다. 예를 들면, 실제로 생식 을 하지 않고서도 가축의 대량생산이 가능해지기 때문에, 축산업에 있어서는 혁명적인 경영방법이 된다는 것이다. 이미 일본에서 2,000마리의 클론 소 가 태어났고, 최근 이 클론 소의 살 코기가 식용으로서 팔려 나갔다. 다만, 이 살코기가 식용되는 것에 대해서는 식품안전성의 면에서 우려하는 소리가 강한 것도 사실이다.

다음으로 의약품의 원료가 되는 동물의 대량생산이 가능해 진다면 우량종을 근본으로 하여 복사를 하는 것으로 개체의 차 가 제거되고 원료의 품질을 일정하게 유지할 수 있다. 하지만 이것도 최초의 경우와 똑같이 그 복사과정에서 혹시 인체에 대한 악영향이 발생되지 않을까 하는 의문이 제기되고 있다. 그 밖에, 멸종 위기에 처하고 있는 동물의 보호를 할 수 있다는 장점도 있다.

클론 기술이 여기까지 진전되고 있다면, 게놈genome의 해석과 유전자 비즈니스의 미래는 어떻게 될까?

최근에는 게놈에 관한 해석이 상당히 진전되고 있다. 게놈이란 것은 한 개의 세포를 형성하는 데 필요한 유전자의 조합인 것이다. 예를 들면, 게놈이라 한다면 인간이 될 수 있게 하기 위해서 필요한 1세트의 유전자의 조합인 것을 말한다. 최근 이 게놈 자체가 특허의 대상이 되었다. 그리고 이것을 바탕으로 하여 큰 돈벌이를 하려는 움직임이 전 세계에 널리 퍼지고 있다. 이러한 유전자를 취급한 비즈니스를 총칭하여 '유전자 비즈니스'라고 한다.

이 비즈니스는 미래에 대하여 무한한 가능성을 가져올 것이다. 특히 선천적인 신체질환 혹은 정신질환을 지닌 사람들에 있어서는 무한한 성과를 가져다 줄 수 있을 것이다. 그러나 이와 동시에 인간이 과연 똑같은 인간의 존재 그것을 규정하는 것을, 전지전능한 신 처럼 조작해도 좋은 것인지 어떤지 하는 철학적인 무거운 과제를 남기고 있다.

85
실버산업과
간병 비즈니스란?

좀체로 이가 맞지 않는
서비스 향상과 영리추구의 접합

한국은 산업화에 따른 핵가족화가 진전되기 이전에는 대가족체제에서 자식이 부모를 부양하는 경우가 대부분이었다. 그러나 핵가족화 경향이 심화됨에 따라 부모와 자식의 동거비율이 급격히 감소하고 있고, 급속한 인구고령화에 따라 고령인구의 복지수요가 급증하고 있다. 따라서 노인층에 특화된 상품 및 서비스를 제공하는 실버산업Silver industry의 육성이 시급하다.

실버산업은 기본적으로 영리추구사업이면서도 공익성이 높고 고용창출 효과도 크므로 정책적으로 육성할 필요가 있다. 한국의 실버산업 규모는 2000년 17조 원에서, 2010년에 41조 원, 2020년에는 148조 원에 달할 것이고, 앞으로 더욱 크게 성장할 것으로 예상된다.

최근 한국은 처음으로 세계 장수국 10위권에 진입했다. WHO^{세계보건기구}에 따르면, 2016년 태어난 아이의 기대수명을 기준으로 할 때 82.7세로 세계 9위에 올랐다. 조사대상 183개국 중 기대수명이 가장 높은 국가는 일본 84.2세이고, 스위스 83.3세, 스페인 83.1세 등의 순이었다. 이처럼 한국사회의 고령화가 진전됨에 따라 실버산업에 대한 신규투자 기업과 더불어 간병비즈니스가 활성화될 것으로 기대된다.

고령화 사회의 도래를 새로운 사업기회로 삼아 고령자용의 비즈니스를 전개하는 것이 실버산업이라면, 실버용품 분야는 여러 가지가 있다. 예를 들어 생활 관련의 물건으로 말하면 병간호를 위한 용구나 의료기기의 개발과 판매, 주택관련으로 말하면 노인만이 안심하고 살 수 있게 하기 위한 서비스기기를 붙인 주택이나 아파트의 건설 판매 등이다.

그중에서 일본에서 주목을 끌어온 것이 자리보전만하고 병석에 누워있는 노인의 시중드는 간병비즈니스다. 이 간호 비즈니스가 융성하는 계기가 된 것이 2004년부터 시행된 **간호보험법**이다.

일본의 간호보험법이란 보험가입자가 치매에 걸린다든지 병석에 눕는다든지 해서 간병이 필요한 경우, 그 사람 자신이나 가족의 경제적 · 정신적 부담을 경감한다는 것을 목적으로 설계된 것이다. 이 보험을 이용한 사회보험제도에서는 여러 가지 사업자가 간호 비즈니스에 참여하여 활발한 경쟁을 전개하는 것으로 간호 질의 향상, 서비스의 향상이 이루어질 것을 목적으로 하고 있다.

반면 영리만을 추구하여 본래 의도된 간병서비스와는 거리가 멀어져 버릴 우려도 있다. 간호서비스에 참여하기 위한 조건으로서 정부의 공적인 심사가 엄격히 이루어지고 각 지방 도지사가 지정하도록 하고 있다.

초고령사회 일본에서 먼저 경험한 실버산업이 한국에 많은 시사점을 주고 있다. 즉, 실버산업의 목적이 과연 영리추구인가 서비스우위인가 하는 점에서 좀체로 궤도에 올라서지 못하는 현상을 볼 수 있다. 1990년대 이후 일본에서는 여러 기업들이 활발하게 실버산업에 신규 진입하였지만, 실제로 간병대상자로부터 수주받은 서비스는 단가가 너무 낮은 것이 많아 당초 큰 기대를 갖고 대규모 사업 전개를 해온 기업은 경영부진에 빠져버렸다. 또 간병의 본연의 모습에도 문제가 표출되고 있고, 관리감독 등의 문제도 제기되고 있다.

한국은 앞선 일본의 실버 비즈니스와 경영상 문제점을 반면교사로 참고함과 아울러 노인복지, 가정간호, 간호복지 등 실버서비스의 세부 분야별로 전문인력 양성이나 자격제도를 충실화함으로써 실버 간병 비즈니스의 질적 향상을 도모해야 할 것이다.

86

청년고용문제의
배경은 무엇인가?

Q

노동시장의 이중구조와
비정규직 고용증가 현상에 주목해야

　한국 노동시장의 문제는 고용시장의 이원화와 청년실업, 그리고 여성의
경제활동 부진과 과도한 자영업의 비중이란 네 가지 과제를 들 수 있다. 한
국의 고용구조가 대기업 정규직임금근로자 중 11%과 '나머지'비정규직이나 중소기업종사자
로 극단적으로 나누어져 있고, 현재 이 두 부문의 임금격차가 큰 상태에 있
다. 2018년 현재 대기업 정규직의 임금평균 398만원은 나머지 기업 부문 근로
자의 1.8배 수준이다. 물론 근속연수도 대기업12.2년이 중소기업 근로자보다
2배 이상2.3배 길었다. 비정규직 근로자의 정규직 전환율은 22%이며, 이는
OECD 회원국 중 가장 낮다.

최근에 한국의 청년실업률 상승 경향도 문제다. 현 정부 출범 시 주요 정책 목표는 '청년일자리 창출'이었는데, 2018년 청년층15-29세의 실업률은 전체 실업률의 2.7배로, 이는 OECD 평균1.7배보다 훨씬 높은 수준이다. 그리고 청년층 고용률을 전체 고용률과 비교해보면 한국은 '청년층/전체 고용률'이 0.69배로 OECD 평균치 0.94배에 비해 현저히 낮다.

청년고용문제가 발생하는 근본적인 원인은 경제성장이 둔화되면 신규채용이 줄어들기 때문이다. 산업경기가 침체될수록 기업들이 매출감소에 생산비를 줄이고자 맨 먼저 고용을 축소함에 따라 노동시장에 처음 들어오는 청년층이 그 영향을 받기 마련이다. 한국은행의 분석에 따르면, 청년고용은 중장년층에 비해 경기변동에 민감하게 반응한다. 경기가 둔화되면 먼저 청년들이 선호하는 대기업의 노동수요가 위축된다는 것이다.

둘째, 근래 한국의 기업들은 경험이 상대적으로 적은 청년보다 취업경력이 있는 청년을 더 선호하는 경향이 강하다. 2015년 기업의 구인 추이를 보면, 경력자 구인 비중은 78.6%, 미 경력 구인은 21.4%였다. 최근에는 300인 이상 대기업의 정년연장60세 이상이 의무화됨에 따라 기업은 청년 신규채용의 축소가 불가피하다는 입장을 표명하고 있어 이 역시 청년층의 취업기회 증대에 악영향을 미치는 요인이다.

셋째, 한국 노동시장에서 청년층이 선호하는 일자리와 기업이 수요하는 직종 간 엇갈림missmatch이 있다. 2015년 기준 고용정보워크넷상의 청년층 선호 일자리는 경영·회계·사무관련직, 문화·예술·디자인·방송관련직, 보건·의료관련직, 미용·숙박·여행오락 및 스포츠관련직, 전기·전자관련직, 정보통신관련직, 관리직 등이다. 그러나 사업체의 구인직종은 경영·회계·사무관련직, 영업 및 판매관련직, 전기·전자관련직, 기계관련직, 운전 및 운송관련직 등으로 나타나 청년층이 선호하는 일자리와는 차이를 보이고 있다.

넷째, 구조적 요인, 즉 노동시장의 이중성에 의하여 청년고용문제가 발생

하기도 한다. 청년들은 경제활동을 시작하는 첫 일자리가 생애의 삶의 질에 큰 영향을 미친다는 의미에서 소수의 정규직 '괜찮은 일자리'에 취업하지만 대부분 비정규직이나 초단시간 근로자 혹은 유휴노동력화하는 성향이 있다는 것이다.

　정부는 최근 청년고용이 개선되고 있다고 하지만, 비정규직 단시간 근로자만 늘어나고 있는 상황이다. 2019년 6월 현재 주당 근로시간이 36시간 이상인 풀타임 청년 취업자는 1년 전에 비해 8만 4,000명 2.7% 줄었다. 반면 36시간 미만인 단시간 청년 취업자는 12만 9,000명 17.1% 이나 늘었다. 특히 주당 1~17시간 일하는 초단시간 근로자가 1년 전보다 33.2% 10만 6,000명 나 증가했다. 정규직일 가능성이 높은 장시간 취업자는 줄어들고, 단기 아르바이트생만 대거 늘어난 것이다. 산업별로 보면, 비교적 좋은 일자리인 제조업 청년 취업은 1년 전보다 6만 명 9.5% 줄어든 반면, 저숙련근로자가 집중되는 숙박 및 음식업 근로자는 11% 6만 2,000명 늘어났다.

　더 심각한 문제는 최근 청년 구직단념자가 늘면서 청년실업률에 착시가 생겼다. 청년실업률이 실제와는 달리 전보다 개선된 것처럼 보이는 것이다. 이는 구직단념자는 아예 일할 의사가 없는 사람으로 간주돼 공식적인 실업 통계에서 빠지기 때문이다. 그러나 구직단념자와 아르바이트를 하면서 추가취업을 원하는 사실상 실업자까지 모두 실업자로 집계하는 청년층 체감실업률은 1년 전보다 1%포인트 오른 24.2%를 기록했다. 2015년 이후 최고치다. 청년층에서 구직단념자가 증가한다는 것은 그만큼 한국경제가 활력을 잃고 있다는 뜻이다.

이와 같이 한국의 청년고용문제의 원인은 다각도로 살펴볼 수 있지만, 정부가 비정규직 증가현상을 사회 형평성의 시각에서 좀 더 엄중하게 대응할 필요가 있다.

87

여성의
경제활동과 고용문제는?

M자형 공급패턴의
변화가 필요하다.

　서구 선진국들에 있어서 여성의 직장진출은 혁명적인 현상이다. "미국사회에서는 남녀의 역할분담을 볼 수 있다고는 해도 교육과정, 가족 그리고 시장에 있어서 공헌과 수익에 관해서 남성과 여성은 한층 평등화되고 있다. 많은 남성이 육아에 적극적인 역할을 하는 한편 많은 여성들이 전통적으로 피해온 직장에 취업하고 있다." 이러한 현상을 모트(E. L. Mott)는 '고용혁명'이라 불렀다.

　한국에서도 과거 60여 년간의 경제성장 과정에서 여성의 직장진출이 꾸준히 늘어나 남성 대비 여성의 취업 비중이 증대하고 있다. 그러나 한국여성의 경제활동참가율이나 고용률의 수준이 아직도 OECD 국가들의 평균에도 못 미치고 남성과의 격차가 크게 나는 것은 한국 여성 노동의 라이프사이클에서 경력단절이 뚜렷하게 존재하는 데 근본적인 원인이 있다.

유럽 선진국과는 달리 한국여성의 경우 대체로 결혼과 출산을 전후로 퇴직하여 자녀의 육아 후 취학시기에 노동시장에 복귀하는 취업패턴을 보인다.

아래 그림과 같이 OECD 국가들과는 달리 한국여성의 연령대별 경제활동참가율의 패턴이 'M자형' 노동공급 패턴이 보이는 것은 30대 여성이 출산과 육아를 위해 경제활동을 중단하기 때문이다. 또한 40대 여성의 경제활동참가율이 30대 여성보다 높게 나타나는 것은 자녀를 출산하고 보육을 마친 여성이 노후대비나 자녀교육 등을 목적으로 경제활동에 참가하기 때문이다. 이와 같은 30대 한국여성의 경력단절 현상은 결혼과 육아 그 자체보다도 어쩌면 한국의 여성들이 가정생활과 직장생활을 병행하기 어려운 제도 및 문화에 주요 원인이 있다고 볼 수도 있을 것이다.

20대까지는 여성이 남성에 비해 비정규직 비중이 낮으나 30대 여성은 경력단절 이후 재취업률이 높은 기혼여성을 중심으로 비정규직 비중이 상

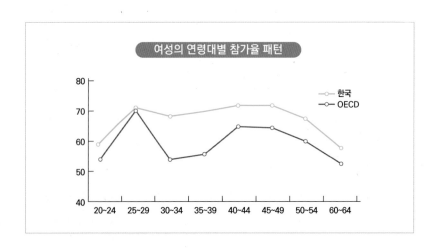

여성의 연령대별 참가율 패턴

승하면서 남성에 비해 고용의 질이 악화되는 양상이다. 또한 기혼여성들은 출산과 자녀양육과 가사를 병행하기 위해 시간제 근무를 선호하는 경향도 있다. 따라서 여성들은 단기 아르바이트나 시간제 등 한시적 고용형태나, 중소기업이나 비정규직 고용 비중이 상대적으로 높아지고 있는 것으로 나타나고 있다. 이처럼 여성의 재취업이 단시간 노동 및 중소기업 비정규직 중심으로 이뤄지다 보니 특히 고학력 기혼여성들의 눈높이에 적합한 직장 진출이 어려워 남녀 간 고용 격차가 확대된 것으로 보인다. 또한 여성근로자의 평균 임금이 남성근로자의 62%밖에 안되는 등 여성의 시장노동에 대한 차별이 존재하고 있다.

그런데 최근 한국여성들은 대학진학률이나 PISA^{학업성취도평가} 점수 등 여러 분야에서 교육성취도나 지적 능력이 남성을 뛰어 넘는 것으로 나타나고 있다. 이와 같은 상황에서 기혼여성의 고용을 촉진하지 않는다면 경제의 지속적 성장과 성장잠재력을 약화시키게 될 것이다.

88

노동시장의 유연성 제고란?

🔍

실효성 있는 정리해고제도와
노동시장의 이중구조를 없애야 한다.

　노동시장의 유연성이란 노동에 대한 수요가 변할 때 노동서비스의 공급이
얼마나 유연하게 변하는지 하는 말이다. 노동시장의 유연성을 기업 차원에
서 본다면, 노동수요자인 기업은 종업원의 수나 노동시간 혹은 그들의 노
동능력을 상품 및 서비스의 생산 내용의 변화에 따라 얼마나 유연하게 조
정할 수 있는지 하는 것인데, 기업의 이와 같은 고용조정 과정에서 정부의
규제를 받기 쉽다. 그렇게 되면 기업을 경영하기 힘들게 되고, 글로벌 경쟁
력이 떨어지기 쉬워질 것이다.

　한국은 노동시장의 유연성이 매우 떨어져 경직적 노동시장이라고 한다.

특히 대기업 노조의 과격한 이미지와 경직적인 노동시장이 어우러져 외국인 투자유치나 국가경쟁력 향상의 걸림돌로 작용하고 있다는 것은 주지의 사실이다. 그러나 정보화와 글로벌화의 진전에 따라 기업 간·국가 간 경쟁이 심화되면서 4차 산업화로 기업환경이 수시로 변화해 가는 상황에서 기업의 생존경쟁을 위해서 유연한 인력 운용은 필수적이다.

외환위기를 계기로 노동시장 유연화를 높이기 위한 정리해고제가 도입되었으나, 당시 정부가 도입한 '정리해고법'은 노조들과의 타협의 산물로서 실효성이 없는 제도이다. 요컨대, 한국에서는 선진국과 달리 아직껏 정리해고가 제대로 실시되지 못하고 있는 상황이다.

문제는 이처럼 정리해고제가 명분뿐 제대로 실시되지 못하자 기업들은 치열한 국제경쟁에 대응하기 위해 언제라도 해고가 가능한 수많은 비정규직 일자리를 만들기 시작했다. 그 결과 정규직과 비정규직의 노동시장의 이중구조적 특성으로 인해 현재의 한국 노동시장은 경직성과 임금·고용의 불안정성이 공존하는 구조로 남아 있다. 즉, 대기업, 노조조직 사업장, 정규직 등은 고용보호의 제도적 보장과 내부 노동시장 관행 등으로 두터운 보호벽이 높다. 반면에 비정규직과 중소기업 근로자들은 상대적 저임금과 복지혜택으로 인해 노동시장은 유연한 듯 매우 불안정한 모습을 보이는 것이 현재 한국의 현실이다.

이와 같은 고용의 이중구조는 경제적 효율과 성장잠재력도 크게 훼손한다. 기업으로서는 생산성이 높은 사람들을 많이 고용하여 미래 기술혁신과 신상품개발에 대비하고 싶지만, 그것이 기업 마음대로 되지 않는 것 또한 현재 한국의 현실이다.

그렇다면 현재 정규직과 비정규직으로 양분된 노동시장의 구조를 어떻게 개혁하느냐 하는 질문이 생긴다. 이에 대한 답은 한 가지, 노동시장의 유연성을 높이는 데 핵심을 두고 이중구조를 허물어야 한다.

먼저, 기업은 경영상 어려움이 예상되거나 새로운 사업영역을 개척하고

자 할 때는 언제든지 노조의 동의 없이 정리해고를 할 수 있게 해야 한다. 기업의 의무는 건전 경영에 집중할 뿐만 아니라 신기술과 신상품개발, 시장 확대를 위해 진력해야 하는 것이다. 이에 더해 기업은 신규 고용을 확대 창출하고 종업원 복지 향상 노력의 결과 증대된 소득에 대해서는 상응한 세금을 납부할 의무가 있다.

정부는 국제기준에 맞게 비정규직 및 중소기업 근로자에 대한 보호를 강화하면서 대기업 정규직에 대한 고용보호 수준은 완화하는 정책이 필요하다. 또, 노동시장의 유연성을 제고시키는 데에는 해고의 유연화도 중요하지만 재취업의 유연화를 제고시킬 필요가 있다. 즉, 전직지원 서비스, 실업자 직업훈련, 직업알선 등 재취업 인프라 구축에 주력함으로써 재취업을 지원하는 시스템을 통해 노동시장의 유연성을 높일 수 있다. 임금체계 역시 성과위주로 개편하고 기업연금제도를 활용하여 퇴직금제도를 합리적으로 개선함으로써 임금체계의 유연성을 확보하는 것도 노동시장의 유연성 제고에 크게 기여할 것이다.

89

Q

압축성장에 성공했지만,
격차사회의 도래가 문제다.

한국경제는 지난 60여 년간 비약적으로 발전했다. 6 · 25전쟁이 휴전된
1953년의 1인당 국민총소득 은 67달러에 불과했으나, 이후 2016년까지
연평균 실질 경제성장률 7.25%를 달성했다. 나아가 2018년 인구 5천만 명
이상이면서 1인당 GNI 3만 달러 이상을 달성한 세계 일곱 번째 나라가 되
기에 이르렀다. 결국, 산업화를 통해 전 국민이 '빈곤의 함정'에서 탈출한
셈이다.

경제성장에 힘입어 사회지표 역시 크게 개선되었다. 인구 1천 명당 자동
차^{비영업용} 수는 1960년 0.55대에서 2016년 338대로 급증했다. 2015년 영아

사망률은 1천 명당 2.7명, 유아교육 취학률은 92.1%로 각각 세계최저와 세계최고 수준이다.

경제 사회뿐만 아니라 한국은 민주화에도 성공했다. 세 차례의 수평적 정권 교체를 이뤘고, 지방자치의 역사도 30년이 된 한국의 민주화 수준은 현재 국제사회에서 긍정적 평가를 받고 있다.

한국경제의 성공요인은 여러 가지를 들 수 있겠지만, 무엇보다도 공업화 성장 여건에 적합한 인적 자원의 풍부한 공급이었다. 6·25전쟁 이후 한국경제의 가장 중요한 특징은, 그것이 과잉노동력을 확충하면서 급속한 발전을 할 수 있었다는 것이고, 그 발전과정은 고전학파적인 발전이론에 의해 잘 설명된다. 즉, 한국경제는 1970년대 중반기에 구조적 '전환점Turning Point'이 존재했고, 전환점 이후 노동시장이나 노사관계의 구조는 크게 변화했다. 전환점을 넘어서 노동공급이 부족해지면서 고임금구조로 변화하였고, 1987년 6·29 정치민주화와 함께 노사관계의 세력균형도 현저히 변화하였다.

국정운영도 한국경제 성장의 견인차 역할을 했다. 발전단계에 따라 시의 적절한 정책 비전과 전략을 실현했다. 1997년과 2008년, 두 차례의 경제위기를 겪으며 정부실패의 보완책이 도입되고 사회안정망도 점차로 정비되어 왔다. 물론 정부의 과오나 실패도 적지 않다. 특히 2016년 이후 적극적이고 '큰 정부' 지향은 선진경제 진입로를 가로막고 있고, 시장에 대한 정치 우위 현상마저 가속화되면서 정책왜곡이 심화되고 있다.

압축적 산업화 성장 이후 지금 한국경제가 마주친 걸림돌은 너무 버겁다. 우선 2000년대 초 이후 저성장 기조가 고착되고 있다. OECD는, 2015년만 해도 3%대 중반이던 한국경제의 잠재성장률이 앞으로 시간이 흐를수록 2%대로 급락할 것으로 전망했다. 또, 현대경제연구원은 국내 잠재성장률은 최근2016~2020년 2.5%까지 떨어져, 앞으로 2021~2025년 2.1%, 2026년 이후에는 1%대로 하락할 것으로 추정하고 있다. 그 원인은, 최근 저출산·고령화로 노동력인구15~64세가 줄어드는 데다 신성장 산업은 부재不在하고 성장동력인 수출이 부진하며 투자부진과 자본축적 저하현상이 나타나는데 제조업 가동률 하락과 함께 기업의 매출액 대비 영업이익률도 줄고 있다. 게다가 연구개발 투자성과 또한 줄고 있기 때문이다. 반도체를 제외한 6대 IT 상품생산도 지난 2013~2018년 5년 사이 44%나 줄었다고 한다.

경제성장에만 문제가 있는 것이 아니다. 최상위계층으로의 소득분배의 편중 때문에 사람들의 박탈감도 확산되는 추세다. WID세계자산소득의 보고에 따르면, 1990년대 후반부터 2011년까지 한국 상위소득계층의 소득점유율은 꾸준히 상승했다. 2011년 최상위 1%와 10%의 소득점유율은 12.3%와 44.2%로 각각 세계5위와 3위에 달했다.

다른 나라와 마찬가지로 자산분배는 소득분배보다 더 나쁜 편이다. Credit Suisse는 2015년 한국의 상위 1%, 5% 및 10%가 전체 자산의 34.1%, 52.4% 및 62.8%를 점유한 것으로 추정했다.

통계청에 따르면, 한국인은 1994년에 비해 2015년 계층 간 이동가능성에 훨씬 회의적이 되었다. 심각한 것은 학력과 직업 등 사회적 지위의 대물림이 강화되고 있다는 사실이다.

요컨대, 한국경제는 이제까지 압축성장과 활발한 사회계층 간 이동을 이루어 성공했지만, 앞으로는 저성장 추세와 격차사회의 심화 때문에 성장이 정체되고 갈등이 커져 갈 우려가 있다.

90

4차 산업혁명과
한국경제의 미래는?

🔍

**생산성 상승과 달리
일자리 감소가 우려된다.**

4차 산업혁명이란 '물리·생물학적, 디지털 영역 간의 경계를 허무는 기술융합'이다. 18세기 초 증기기관의 기계화, 19세기 말 전기기술에 의한 대량생산, 20세기 후반 컴퓨터·인터넷혁명에 이어 제조업과 IT의 융합을 통해 산업구조가 완전히 변화한다는 것이다. 모든 것을 연결하는 **사물인터넷**IoT과 이를 가능하게 하는 **빅데이터**Big Data 기술은 산업전체의 구조를 데이터, 서비스 중심으로 바꿀 것이다. 예를 들어 지금까지의 제조업은 상품생산을 위한 공장과 제조설비가 중요한 요소였다면, 앞으로의 제조업은 사물인터넷, 인공지능AI의 활용으로 생산자, 소비자 데이터가 주요 자산이 되어 상품

생산에서 데이터를 이용하는 '서비스업'으로 변화하게 된다.

첨단기술을 기반으로 한 4차 산업혁명은 산업화·정보화 혁명과 비교해 변화의 속도가 빠르다. 2015년 클라우스 슈바프 세계경제포럼 회장이 처음 제시했듯이, "4차 산업혁명은 인공지능, 사물인터넷 등 최신기술이 혁신적인 생산성 향상은 물론 정치·사회·문화 전반에 걸쳐 혁명적 변화를 가져온다."는 것이다. 맥킨지는 인공지능 기술로 2030년 전 세계 GDP가 2018년 대비 16% 증가할 것으로 전망했다.

4차 산업혁명의 핵심기술로는 인공지능, 블록체인 , 사물인터넷과 산업용 인터넷을 꼽을 수 있다. 이러한 IT 기반기술은 기존 산업과 융합하여 스마트헬스케어, 스마트에너지, 스마트팩토리, 자율주행차, 가상현실 , 증강현실 및 핀테크 등 다양한 변화와 혁신을 주도해 경제의 미래성장 동력을 창출하는 역할을 한다. 이 가운데 4차 산업혁명의 성패를 좌우하는 핵심기술은 인공지능이다. 인공지능 은 2016년 알파고 와 이세돌의 바둑대결로 이슈화되면서 사람들의 관심도 높아졌다. 최근 소매업, 구인·구직연결, 번역, 교육 등 여러 분야로 인공지능의 활동영역이 넓어지고 있는데, 인공지능의 산업기술 도입에 아직 극복해야 할 문제도 많다.

산업화와 정보화 시대를 거치면서 많은 일자리가 없어지고 새로 생긴 점을 들어 4차 산업혁명이 대량실업으로 이어지지 않을 것으로 보는 견해가 있다. 그러나 미래학자 제롬 글렌은, 2030년쯤 범용 인공지능 이 출현하면 일자리에 미치는 충격은 엄청날 것으로 예상한다. 4차 산업혁명에 따른 일자리 충격에 대해 오효영 의 분석에 따르면, 현재 한국경제에 존재하는 일자리 가운데 약 52%는 4차 산업혁명에 따라 컴퓨터로 대체될 위험성이 크며, 특히 50대 이상 중고령 남성과 고졸 이하의 저학력근로자가 취약계층인 것으로 나타났다.

한국경제는 그동안 추격형 성장과정에서 이미 산업화한 다른 선진국들을 모방하면서 발전했다. 그러나 이제 4차 산업혁명기에 들어 모방하거나 따라잡을 만한 상대는 없다. 한국, 미국, 중국, 일본 등 모든 나라에서 동시에 4차 산업혁명이 일어나고 있기 때문이다. 따라서 정부는 4차 산업혁명 시대가 불러올 구조적인 대량실업 사태에 대응하는 장기 전략을 수립해야 한다.

그런데 4차 산업혁명을 통해 경제의 생산성이 완전히 개선될 것으로 기대하지만 아직 기술혁신의 초기 단계라 전체적인 경제적 효과를 예측하기 어렵다. 다만, 4차 산업혁명을 주도하는 인공지능, 블록체인, 5G는 분명한 핵심 인프라로 기존 산업에 본격 활용된다면 경제적 효과가 뚜렷하게 발생할 것으로 보인다. 또 5G⁵th generation 이동통신기술은, 전송속도가 4G에 비해 40배 빠른 초고속, 초연결성을 지닌 것이 특징이다.

블록체인의 대표적 사례는 암호 화폐이다. 최근 암호 화폐 거래가 확산되면서 투기성 가격 상승도 보이고 있어 세계 각국은 거래과세, 실명제 도입 등을 둘러싼 논란이 있는 한편, 한국, 중국은 투기억제에 치중하고 있다. 블록체인의 또 다른 활용은 식품유통 안정성, 스마트계약, 지적 재산권 등에까지 범위를 넓히고 있다.

5G, 인공지능, 블록체인 등 혁신기술을 기반으로 하여 생산성이 비약적으로 높아지는 4차 산업혁명의 긍정적인 비전이 제시되고 있으나 혁신기술의 경제전환 과정에서 소득 불평등 심화, 일자리의 소멸 등 사회경제적 부작용이 심화될 수 있다. 최근 한국의 대학들이 의료로봇공학관련 학과를 신설해 수술용 로봇 등 연구에 매진하고 있지만, 저출산·고령화가 주요 위험 요인이다.

한국은 2019년 4월 세계 최초로 5G 이동통신을 상용화했지만, 5G 기지국이나 스마트폰이 쓰이는 일부 핵심부품 레이저 다이오드 등의 경우 일본산에 의존하고 있다. 특히 일본산 의존도가 높은 초고주파 스마트폰용 안테나 등 5G 부품은 수급다변화를 추진하면서 기술개발을 적극 추진하지 않으면 안 된다.

2016년 IMF는 인구고령화 문제를 포함한 비효율적인 노동시장과 낮은 생산성, 소득 불평등, 높은 수출의존도, 6대 성장주도 산업^{석유화학, 조선, 전자, 철강, 기계, 자동차}의 침체를 한국경제가 당면한 5대 역풍^{head winds} 으로 진단하면서 경제 구조 개혁의 필요성을 강조하였다. 나아가 4차 산업혁명이 군사력 등 국제 역학 관계에 미치는 영향도 크다는 점을 감안하면, 이런 분야는 정부가 나서서 대비해야 할 것이다.

이것만은 꼭 알아두고 싶은
100문 100답 교양경제

Chapter 10

경 제 사 상 의 흐 름

이것만은 꼭 알아두고 싶은
100문 100답 교양경제

91

고전학파
경제학의 시대란?

Q

아담 스미스로부터
경제학은 시작됐다.

　고전학파 경제학이 탄생하기 이전 15~17세기 중상주의시대에 산업은 있었지만, 국가가 보호하고 있었다. 유럽 절대왕권은 국가 통치를 위하여 많은 돈이 필요하였기 때문에 강력한 조세제도 위에서 **중상주의 정책**을 실시했다. 이 정책은 자국의 부강을 위하여 보호관세 등으로 수입을 억제하고 수출을 장려하는 한편, 국내 산업을 보호 육성하고, 본국에 유리하게 식민지를 만들어 "금金이야말로 국부國富"라고 하며, 국가가 경제활동 전반에 관여하고 통제하던 시대다.

　시민 계급이 성장하고 자본주의가 발전함에 따라 18세기에는 중상주의와는 다른 새로운 경제사상이 등장하였다. 프랑스의 케네Quesnay는 토지와 농업을 중요시하는 **중농주의**Physiocracy를 제창하고 자유방임laissez faire 정책을 주장하였다. 18세기 후반에 영국에서 시작된 **산업혁명**으로 자본주의가 완성되고, 유럽은 도시 중심의 산업사회로 발전하게 된다.

이 시기 영국의 **아담 스미스**Adam Smith는 "국부란 금은이 아니라 상품이다."라고 하면서 중상주의를 배격하고, 개인의 자유로운 경제활동을 적극적으로 옹호하여 자유주의 경제학의 창시자가 되었다. 스미스는 그의 대표적 저서인 『국부론』1776에서 '신의 보이지 않는 손'에 관하여, 사회의 각 개인은 자기의 이익만을 추구해 가는 가운데, 보이지 않는 손에 이끌려서, 사회 전체의 이익을 달성하게 된다고 말했다. 자유시장에서 사람들 개개인이 이기심self-interest에 입각하여 자신의 욕망이 최대화되는 행동을 한다면 수요와 공급의 균형, 즉 시장 메커니즘이 이루어져 경제사회 전체가 보다 좋은 방향으로 나아간다. 시장 메커니즘이란 시장에서 거래되는 모든 상품이나 서비스의 가격과 수량이 자동적으로 결정되는 구조다. 수요 측의 '좀 더 싸게 사고 싶다.'는 욕망과, 공급 측의 '좀 더 비싸게 팔고 싶다.'고 하는 욕망의 절충점에서 최적가격이 결정된다. 물론 여기에는 '자유시장경쟁'이란 전제조건이 있다. 자유로운 시장경쟁을 하기 위해서는 시장에 참여하는 모두가 공정한 룰rule을 위반해선 안 된다. 오늘날 이 룰 위반의 좋은 예로서 담합談合이나 **카르텔**Cartel을 들 수 있다.

아담 스미스에 이어서 리카도Ricardo, D.와 맬서스Malthus, T. R.가 등장하는데, 이두 사람은 같은 세대의 영국의 경제학자로서 서로 대립된 논쟁으로 오늘날까지도 꼬리를 무는 문제를 여러 가지 제기하고 있다. 쟁점의 하나는 무역론인데, **자유무역**이야말로 국가경제를 발전시킨다는 리카도의 자유무역론에 대하여 맬서스는 **보호무역**으로 자국의 산업을 지켜야만 한다는 정반대의 주장을 폈다. 세계 가맹국 전체로 무역 자유화를 추진하는 WTO세계무역기구나, 2국 간 FTA자유무역협정 등이 수립되고 있는 글로벌 시대의 대세로는 리카도의 학설이 우세하지만, 최근 미·중 관세 분쟁이나 일본의 수출 규제 등 개별 국가적으로 보면 맬서스적인 정책문제는 항상 제기되고 있는 현실이다.

또 하나의 쟁점은 공황에 관한 견해다. 아담 스미스의 경제학을 계승한 리카도의 주장에 따르면 공황은 발생하더라도 부분적인 것으로 그친다고 한다. 그는 '경제 공황은 어디까지나 우발적, 일시적, 부분적'이어서 발생하더라도 그냥 그대로 놔두면 시장 경기의 자동조절 기능에 의하여 마침내 회복되는 것으로 생각했다. 요컨대, 시장 메커니즘에 대한 기본적인 신뢰가 있는 한 경제 불안정 상태는 그냥 그대로 놔둔다 해도 안정화된다. '때문에 정부는 시장에 섣불리 개입하지 말라.'는 것이 기본적인 생각이다.

반면, 『인구론』의 저자 맬서스는 '공황은 전반화한다.'고 말한다. 공황은 불안정한 자본주의 사회의 필연적 결과여서 인구처럼 그냥 그대로 놔둔다면 엄청난 일이 발생한다고 말했다. 결국, 시장 메커니즘은 신뢰할 수 없으며 경제는 정부가 적절히 통제하지 않고 그냥 놔둔다면 불안정해질 수 있다. 늘 안정화될 수 없기 '때문에 정부가 개입 관리해야 한다.'고 한다. 이처럼 리카도와 전혀 다른 견해차가 이후의 경제사상의 흐름을 바꾸어 간 것이다.

이들 학설을 한데 모아 정리하여 고전학파 경제학이라 부른다. 이 고전파를 원류로 경제학은 크게 세 개의 흐름으로 나누어진다. 이들을 이해했다면, 오늘날 세계 각국의 정부가 경제정책을 통하여 무엇을 실현하려고 하고 있는 것인지, 나날이 변화하는 뉴스 속에서 그 의미를 명확히 이해할 수 있을 것이다.

경제학의 3가지 흐름 + α

고전파

신의
보이지 않는 손

애덤 스미스

공황은
전반화한다

맬서스

공황은
일시적 현상

리카도

논쟁

마르크스파

자본주의는
필연적으로 붕괴한다

↓

현재의 사회민주주의로

과잉생산에
의한 공황은
피할 수 없다

마르크스

레닌

프롤레타리아
독재

케인즈파

경제는 그냥 두면
불안정하다

↓

정부의 역할 중지

정부가
유효 수요
창출해야

케인즈

새뮤엘슨

케인즈파와
신고전파의
절충

신고전파

경제는 그냥 두면
안정된다

↓

시장메커니즘 중시

어쨌든
시장에 맡겨
두자

마샬

하이엑

인간은
만능이 아니다

플러스 α

이노베이션의
중요성

슘페터

드러커

매니지먼트
(경영학)를 발명

통화관리만
중요성

프리드만

92

마르크스와
사회민주주의란?

국가는 소멸해도
마르크스 사상은 죽지 않았다.

산업혁명으로 자본주의가 확립되자, 이를 비판하면서 사유재산을 부정하고 생산수단의 공유^{사회화}를 주장하는 **사회주의**가 대두하였다. 영국의 **오언**^{Owen}, 프랑스의 **프리에**^{Fourier}와 **생 시몽**^{Saint Simon} 등 초기의 사회주의자들은 계몽과 설득, 그리고 이상촌의 건설 등으로 사회주의 사회를 건설하려고 하였다.

이에 대하여 독일의 **마르크스**^{Marx. K}는 유물사관을 제시하고, '경제는 그냥 내버려 둔다면 불안정하게 된다.'고 하는 **맬서스**^{Malthus. T. R}의 생각을 더욱 극단화하였다. 나아가 인류의 역사는 계급투쟁의 역사로 보았다. 마르크스는 자본주의 경제의 움직임을 계급대립_{자본가와 노동자}의 문제로 삼고 노동자 계급_{프롤레타리아}의 혁명으로 사회주의 사회가 도래한다고 주장하였다.

자본주의 경제의 '공황'은 과잉생산으로부터 발생하는데, 그것을 초래하는 것은 자본가가 노동자의 임금을 억제하여 그 이익을 생산 확대에 쓰기 때문이다. 자본주의 시장경제가 발전함에 따라 산업이 진흥하여 점점 생산은 확대하는데도 노동자_{소비자}의 임금은 억제되기 때문에 이윽고 과잉생산이 되어 상품이 팔리지 않게 되고 가격이 대폭락하여 이윤율이 저하하면 공황이 발생하고 결국 자본주의체제는 붕괴될 수밖에 없다. 그러므로 국가가 계획적으로 생산하고 이윤을 재분배한다면 그러한 일은 일어나지 않는다고 주장한다. 마르크스는 후에 『자본론』_{1867/67}에서 그의 이론을 체계화하였다.

마르크스 경제학이 인기가 있었던 이유는 19세기 초기의 노동환경이 지금에 비해 열악했기 때문이다. 생산이 진전되면 노동력을 고용하지 않으면 안 된다. 노동현장에서는 어른이나 아이들 관계없이 하루 10여 시간이나 노예와 같이 부려먹기 마련인데, 그래서는 안 된다는 노동자인권보호 법률이 정비되기 시작했다. 그 이전은 최저임금은 얼마라든가 몇 살 이하의 아이들은 고용해서는 안 된다든가 그러한 법률은 없었다. 아무튼 산업혁명이 전에는 보호받는 노동자가 없었기 때문이다.

그러나 영국에서는 마르크스주의가 거의 발을 붙이지 못하고 독일에서만 사회민주당이 마르크스주의를 당의 강령으로 내걸고 있었다. 19세기 후반기에 많은 사회주의 사상이 등장하였으나 19세기 말에는 산업혁명이 본격적으로 진행됨에 따라 노동자의 수가 증가하여 마르크스주의가 제2인터내셔널_{국제노동자협회}의 이데올로기로 채택되는 등 매우 유력해졌다.

1898년에는 레닌_{V.I. Lenin} 등이 마르크스주의에 입각한 사회민주노동당을 결성하였다. 자본가에 의한 자본주의는 반드시 파탄되기 때문에, 프롤레타리아_{노동자}에 의한 국가를 건설하고자 한 것이 레닌의 생각이다. 레닌이 러시아

혁명으로 왕정을 타도한 것은 1917년인데, 이때 공장 노동자그룹의 결성체인 공산당이 모든 국정을 컨트롤하는 국가가 탄생했다. 그 후 내전을 거쳐 소비에트 사회주의공화국 연방이 수립된 것은 1922년이다. 이보다 앞서 1919년에 레닌은 세계의 공산화를 목적으로 모스크바에서 코민테른 을 창설하였다. 그러나 선진 자본주의 국가에서는 기대하던 혁명이 일어나지 않자, 중국을 비롯한 후진 지역에 많은 영향력을 발휘하였다. 당시 코민테른은 공산주의 혁명을 뒤로 미루고, 통일전선을 강조하였기 때문에 식민지 민족주의자들의 호응을 받았다.

제2차 세계대전 이후 중화인민공화국이 탄생 하고, 소련은 동유럽의 여러 공산정권을 세워 위성 사회주의 국가로 만들고 동독을 그 지배하에 두어 거대한 공산권을 구축하였다. 이른바 소련 지배권의 '철의 장막'을 드리우고, 기회가 있는 대로 사회주의 세력을 더욱 팽창시키려고 했다. 그 결과 자유주의 진영도 미국을 중심으로 공산세력의 팽창에 대응하지 않을 수 없는 냉전 시대가 나타났다.

그러나 자본주의의 고도성장에 따라 양 체제 간 경제적 격차가 심화되면서 종주국인 소련의 통제가 사라지자, 1989년 베를린장벽이 무너지고 동유럽 국가들의 공산주의 체제가 일제히 붕괴되면서 민주화와 자유시장경제로 이행했다. 1991년에는 연방국가로서의 소련은 소멸되어 혁명 전의 러시아로 되돌아갔다. 중국은 아직도 '중화인민공화국' 공산당 일당독재 정치체제가 계속되고 있지만, 경제적으로는 대부분 자유시장경제체제를 도입하여 경제발전을 이룩해오고 용인하고 있다.

이전까지만 해도 지구의 절반을 덮고 있었던 사회주의 경제체제는 거의 대부분 사라져 버리게 된 것이다. 그러나 마르크스의 사상만은 모양을 바꾸어 지금도 살아 숨 쉬고 있다. 예를 들어 '공산당 선언'에는 경제위기하의 10가지 대책이 쓰여져 있는데, 그중에는 '전 국민의 건강보험제도를 도입할 것'이란 항목도 있고, 은행 파탄 위험에 빠진다면 '은행을 국유화해야 한다.'

고 적혀 있다. 이런 것을 지금 보면 지극히 상식적이지며, 이미 자본주의 각국에서는 '국민건강보험' 등이 훨씬 옛날부터 실현되어 왔다.

사회주의국가는 20세기의 종언과 함께 거의 대부분 퇴장했지만, 사회민주주의라 불리는 체제는 북유럽을 중심으로 건재하고 있다.

공산당에 의한 1당 독재체제는 다양한 정치적 입장을 일체 인정하지 않지만, 사회민주주의는 사람들의 다양한 사고방식을 인정하고 의회를 통하여 서서히 사회를 개선해 간다는 입장이다. 다시 말하면, 혁명 등의 폭력적인 수단이 아니라 의회를 통하여 서서히 사회를 변혁시켜 나가고자 하는 정치적 입장이다. 세금은 높더라도 국민 복지나 교육, 사회보장을 충실하게 하여 더 좋은 사회를 만들어 가고자 하는 것이다. 스웨덴 등 북유럽의 복지국가가 유명하다.

93 한계혁명과 신고전학파란?

시장 메커니즘을 수리로 분석

아담 스미스의 '보이지 않는 손'의 흐름을 이어, 한층 더 자유시장주의를 이론적으로 정밀하게 발전시킨 것이 신고전파 경제학이다. 일반적으로는 피구A. C. Pigou 등 고전파경제학의 조류를 이어받은 케임브리지 학파를 가리킨다. 1870년대에 영국의 제븐스Jevons. W. S, 오스트리아의 맹거Manger. C, 프랑스의 왈라스Walras. L 등 국적이 다른 세 사람이 거의 동시에 **한계혁명**을 일으켰다. 자유시장에서 '상품과 서비스의 가치는 **효용**으로 결정된다.'고 하는 것이 그들의 주장인데, 그 이전에는 '인간이 노동의 가치가격를 결정한다.'는 **노동가치설**이 주류였다.

효용이란 그것으로부터 얻을 수 있는 만족도와 같은 것이다. 예를 들어 국밥 한 그릇을 먹는다면, 한 숟갈 떠먹으면 매우 맛있어 두 숟갈을 먹어도 역시 맛있는데, 세 숟갈 그리고 네 숟갈, 계속해서 추가해 가면 점차 먹고 싶은 욕망이 적어진다. 이것을 두고 '한계효용이 체감한다.'고 한다. '체감'이란 점점 줄어든다는 의미이고, '한계'란 추가한 1단위당 변화율이다. 이 개념은 근대경제학이 여기서부터 시작했다고 할 정도로 위대한 발견이었다. 한계효용학파는 인간의 효용을 수치화하였다. 아래 그래프의 왼쪽은 한계효용이 체감해 가는 모습을, 오른쪽은 전체의 효용이 점점 늘어나는 모습을 나타내고 있다. 오른쪽 그래프의 경사가 제로가 됐다면, 이제 더 이상 먹을 수 없다고 하는 것이다. 만복으로 더 이상 먹을 수 없는 상황에서 국밥을 사는 사람은 없다.

한계효용이 체감해 가는 것으로 상품이나 서비스의 가치 그 자체가 떨어진다. 그것을 만들어 내는 노동량은 일정해도 효용이 떨어진다면 가치도 떨어진다. 이 둘의 차이를 마케팅 용어로 말하면, 프로덕트아웃과 마켓인의 발상에 가깝다. 상품이나 서비스의 가치는 만드는 쪽이 결정하는가, 시장이 결정하는가 하는 것이다.

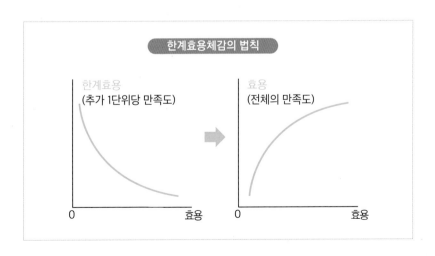

한계생산 이론에 따르면 자본에 대한 투자에는 **수확체감**diminishing returns이 적용된다. 수확체감이란 생산요소의 투입량이 증가함에 따라 추가 투입에 따른 산출량 증가분이 감소하는 현상, 즉 자본량이 증가함에 따라 자본 한 단위를 추가로 투입할 때 증가하는 산출량은 점점 감소한다는 것이다. 다시 말해 노동자들이 재화와 서비스의 생산에 투입되는 자본을 많이 보유하면 자본재의 투입량을 늘려도 생산성이 크게 증가하지 않는다.

수확체감의 법칙이 적용되기 때문에 저축률이 높아짐에 따라 자본이 축적되지만, 축적되는 자본에서 비롯되는 이득은 시간이 흐를수록 점점 작아지기 때문에 성장률이 둔화되는 것이다. 장기적으로 저축률이 높으면 생산성과 소득이 높아지지만 이 변수들의 성장률은 높아지지 않는다.

자본에 대한 수확체감은 또 다른 흥미로운 시사점을 던져준다. 다른 조건이 같은 경우 상대적으로 가난한 상태에서 출발한 나라가 빠른 속도로 성장하기 쉽다는 것이다. 즉, 가난한 나라의 노동자들은 기본 장비도 갖추지 못해 생산성이 낮다. 이러한 상황에서는 자본을 조금만 투자하더라도 노동자들의 생산성이 크게 향상될 수 있다 반면에 부자 나라의 노동자들은 자본재가 많아 생산성이 높다. 노동자 1인당 자본의 양이 많기 때문에 자본에 대한 추가 투자는 생산성을 크게 증가시키지 못한다. 결국, GDP 대비 투자율 등 다른 조건이 같을 경우 부유한 나라에 비해서 가난한 나라의 성장률이 높다는 것이다. 이러한 영향을 **따라잡기 효과**catch-up effect라고 한다.

이러한 따라잡기 효과의 실례로서 맨큐N. Gregory Mankiw는 한국과 미국을 들고 있다. 1960년부터 1990년까지 30년간 한국과 미국의 GDP 대비 투자율은 비슷했다. 그러나 미국의 연평균 1인당 GDP 성장률은 2%에 불과한 반면, 한국은 6% 이상의 성장률을 기록했다. 이러한 차이는 따라잡기 효과 때문이다. 1960년 한국의 1인당 소득은 미국의 10분의 1 수준이었다. 이처럼 한국에서는 경제발전 초기 자본량이 적었기 때문에 자본축적에 따른 이득이 미국에 비해 훨씬 컸고, 따라서 미국보다 높은 성장률을 달성할 수 있었던 것이다.

오랫동안 수확체감은 어떤 경우도 피할 수 없다고 생각되어 왔지만, 수확체감의 법칙이 적용되지 않는 산업이 등장한 것이다. 예컨대 소프트웨어 산업 등 일부의 신산업에서는 수확체감하지 않고 체증해 가는 것도 있다. 하지만 일반적인 제조업에서는 여전히 수확체감의 법칙이 성립되고 있다. 이러한 전통적인 생산이론을 미분법을 구사하여 처음으로 수치화한 것이 한계효용학파의 세 학자이다.

1890년에 『경제학원리』를 쓴 마샬Marshal, A.은 수학 및 물리학을 경제학에 도입하여 수급의 균형도 등 여러 가지 수리분석 방법을 고안했다. 어려운 것은 차치하고 수리적으로 시장이라든가 경제시스템 등을 분석하여 예측하기 마련인데, 이 알프레드 마샬 이후의 경제학의 조류를 신고전학파 경제학이라 한다.

신고전학파의 배후에는 아담 스미스나 데이비드 리카도적인 사고방식이 있어서, 경제는 자유시장 메커니즘을 무엇보다 중시하며, 자유무역을 옹호하는 것이 기본적인 사상이다. 따라서 자유시장 그대로 둔다면 경제는 저절로 안정화하기 때문에 정부의 시장 개입은 적으면 적을수록 좋고작은 정부, 시장의 규모는 크면 클수록 좋다는 것이다.

94

대공황과
케인즈혁명이란?

유효수요의 이론

아담 스미스는 '보이지 않는 손'이란 말을 써서, 자유주의경제, 자유시장의 중요성을 설파하였다. 이에 대하여 케인즈John Maynard Keynes는 시장경제에 결점이 있음을 인정하고, 그것을 커버하기 위해서 정부 개입의 필요성을 강조한다. 케인즈는 '경제는 그냥 그대로 두면 불안정해진다.'고 하는 생각, 즉 자본주의에 대하여 맬서스적인 불신감에서 출발했다.

케인즈는 케임브리지대학의 알프레드 마샬의 제자였지만, 자유시장경제를 보는 눈은 마샬과 전혀 달랐다. 오히려 그의 생각은 마르크스에 가깝다고 볼 수 있는데, 케인즈는 불안정한 시장경제를 안정화시키기 위해서 우수한 정부가 적절히 개입한다면 좋다고 생각한 것이다.

경기하강 상태를 그냥 내버려 둔다면 경제는 큰일이 난다는 것, 그 때문에 정부가 시장에 적극 관여하지 않으면 안 된다. 불황이 됐다면 재정지출을 늘려서 정부가 시장 수요를 늘리자. 이것을 유효수요의 창출이라고 하는데, 이 책 제1장에서 설명한 GDP의 구성 식은 케인즈의 생각인 것이다.

케인즈가 활약한 1930년대는 대공황이 한창 때였다. 정부지출을 늘리면 그것이 민간 소비와 투자를 자극해서 그 효과가 전 시장경제에 간다. 예를 들어 정부가 재정을 지출하여 뉴딜정책처럼 댐을 건설한다면, 이러한 공공투자로 종합건설회사가 돈을 벌고 일자리도 늘어나기 때문에 그 돈이 민간투자와 고용소득을 늘려 민간소비로 파급된다. 결국, 정부가 최초 투자한 금액 이상의 승수乘數효과를 기대할 수 있다.

케인즈가 생각한 경기대책은 정부의 공공투자뿐만 아니다. 예를 들면, 정부가 감세減稅 정책을 쓴다면 개인이나 기업들의 수입이 그만큼 늘어나기 때문에 소비나 투자를 자극할 수 있다. 동시에 중앙은행이 기준금리를 내린다면, 사람들이 은행에 돈을 맡겨두고서도 이자가 그리 많이 붙지 않기 때문에 소비로 돌릴 가능성이 높아진다消費의 刺戟. 또, 주택 론의 금리가 떨어져 부동산 투자가 늘어날 것이고, 기업의 차입 금리도 떨어져 자금조달이 용이해져 민간투자가 늘어날 것이다投資의 刺戟.

한 나라의 경제를 분석하는 매크로 경제학은 케인즈에서 시작한다. 케인즈의 주장은 가장 민간의 투자가 적고 산출고의 수준이 완전고용을 가져오는 양量 이하에 있다면, 정부는 부족한 투자분만큼 정부 스스로가 투자하여 유효수요를 창출하여 경제를 완전고용 수준까지 확대하지 않으면 안 되고, 반대로 민간기업의 투자가 너무 지나치게 팽창하여 경기가 과열되고 있을 때에는, 정부의 지출을 줄여서 총수요를 흡수할 필요가 있다고 하는 것이다. 요컨대, 경기가 나빠져서 실업자가 늘어났다면, 정부가 공공투자 등을 실시하고 경기를 회복시켜 실업자를 줄일 필요가 있고, 경기가 과열

됐을 때에는 공공투자를 줄여서 경기에 브레이크를 걸어 인플레를 억제할 필요가 있다는 것이다.

케인즈 경제학적인 정책은 어느 나라에서나 크든 작든 실시해 왔다. 그러나 최근에는 케인즈 경제학에 대한 비난이 강해지고 있다. 왜냐하면, 불경기가 될 때마다 경기대책으로서 공공투자 등을 적극적으로 실시한 결과, 어떤 나라나 거액의 재정적자를 안고서 사고팔고^{四苦八苦} 하고 있기 때문이다. 더욱이 1970년대 후반쯤부터 공공투자를 적극적으로 실행하여 총수요를 확대해도 경기회복이 의도대로 되지 않는 채 스태그플레이션 상태에서 벗어나지 못해 케인즈 경기대책의 효과에 커다란 의문이 제기되어 왔다. 그 때문에 당시 세계 각국에서 '케인즈 경제학의 종언', '케인즈는 죽었다'는 등의 말이 흘러나왔다. 그래서 미국에서는 머니터리즘이나 서플라이 사이드 이코노믹스 등이 대두하여 경제정책에 커다란 영향을 미치고 있다.

자유경제와 '작은 정부'를 외치는 신고전파 경제학의 주장과, 정부의 적극적 개입을 인정하는 케인즈 경제학^{큰 정부}의 주장이 근대경제학의 양대 조류로서 대립되고 있다.

선진국은 어떤 나라나 거대한 재정적자를 안고 재정재건에 몰두하고 있는 때인 만큼, 규제완화와 자유경쟁을 추구하는 신고전파 경제학의 흐름이 우세하다. 심각한 불황에 휩쓸려 들었다면, 케인즈 경제학적인 정책의 필요성이 절규될 만큼이나, 케인즈 경제학이 종언을 고했다고 하는 것도 착각이다.

자유가 너무 지나치면 규제가 필요해지고, 규제가 너무 지나치면 자유^{규제완화}가 요구된다. 이와 같이 경제정책도 자유방임과 규제와의 사이에 미묘하게 흔들려 움직이고 있는 것이다.

95

신고전학파종합이란?

호경기에는 시장자율,
불경기에는 정부개입주의

　제1차 대전 후 전 세계가 안정되어 가던 1920년 말 미국에서 발생한 경제 공황이 곧 전 세계에 확산되어 심각한 경제난과 사회불안을 야기시켰다. 이 무렵, 1933년에 대통령이 된 루스벨트 Roosevelt, F. D.는 공황을 극복하기 위해 뉴딜New Deal정책을 과감하게 추진하여 공황을 극복하는 데 성공하였다. 뉴 딜정책은 자유방임주의를 포기하고 정부가 경제 전반에 개입하여 생산을 조절하고 공익사업을 일으키는 동시에 고용 증대와 노동자 복지 등을 꾀하는 내용이었다. 따라서 '큰 정부'가 됨에 따라 필연적으로 관료기구도 커진다. 이러한 입장은 케인즈적 경제사상이면서 정치적으로는 '리버럴'이라 한다. 리버럴이란 자기와 함께 타인의 자유를 존중하는 사상으로, 개인의 자유를 다소 제한하더라도 사회적 공정성을 유지하는 것을 우선목표로 한다. 정부에 의한 부의 재분배증세, 사회보장제도의 충실를 중시한 것도 이 때문이다.

1960년대의 케네디 정권에서 존슨 대통령으로 승계된 민주당 정권하에서 케인지안의 영향력은 절정에 달하였다. 그 주역이 MIT매사추세츠 공과대학의 대선생 사무엘슨Samuelson. P. A인데, 몇 번이나 개정을 거듭한 『사무엘슨 경제학』이란 유명한 교과서를 썼던 사람이다. 그가 편찬한 신고전파종합은 민주당 정권에 채용되어 미국의 정치이념을 좌지우지할 만큼 명성을 드높였다.

신고전파종합을 간단히 말하자면, 경기가 좋을 때는 시장에 맡기고신고전학파의 생각, 경기가 악화된다면 정부가 개입하자케인즈파의 생각는 것으로, 요컨대 절충안이다.

1960년대는 베트남 전쟁과 쿠바의 소비에트핵미사일 설치 위협이 있었지만, 뉴프론티어 정책과 함께 케인즈 경제학의 최성수기였다. 그런데 당시, 전후의 패전국 독일과 일본은 급속한 경제성장을 해오고 있었지만, 미국은 점차 경제력이 저하되기 시작했다. 1965년 이후 존슨 대통령의 베트남전 개입은 미국을 수렁으로 몰아넣고, 결국 아무런 소득 없이 그동안 전비조달을 위해 재정지출만 확대시키고 말았다. 그 때문에 막대한 달러를 추가 발행하여 끝내 금본위제의 유지가 곤란해지게 되었다. 이러한 모순을 견딜 수 없게 된 닉슨 정부는 1971년 돌연 "금과 달러의 교환을 정지한다."고 선언했다. 이와 아울러, 달러를 평가절하하고 엔과 마르크의 가치를 높이기 위해서 금과 달러를 분리하여 고정환율제로부터 변동환율제로 이행한다고 발표한 것이다. 이것이 유명한 닉슨쇼크다.

게다가, 1973년과 1979년에는 두 차례의 오일쇼크가 세계경제에 큰 타격을 준다. 그때까지 아주 저렴했던 원유가격이 순식간에 상승하여 선진공업 국가들은 인플레이션과 대량 실업이 동시에 나타나는 스태그플레이션Stagflation에 고민하게 되었다.

왜 스태그플레이션이 발생했는가 하면, 당시에는 노동조합이 강력하여 인플레이션율보다도 더 높은 임금인상을 요구하고 있었기 때문이다. 인플레율이 20%라고 하면 30%의 임금인상을 무리하게 요구하더라도 그것이 버젓이 관철되었다. 그런 상황에서 기업 입장은 인건비를 일정하게 유지하려고 한다면, 고용노동자 수를 줄이지 않으면 안 된다.

미국과 유럽 선진 국가들은 1970년대의 약 10년간 불황으로 생산이 감소하고 실업률이 올라가는데 인플레이션은 억제되지 않는 매우 심각한 고통 속에 있었다. 이런 스태그플레이션에 대하여, 케인즈파는 유효적절한 해결책을 제시할 수 없었고 경제관료나 학자나 모두 손을 들어버린 셈이 되었다. 그 때문에 케인즈 이론은 살아있는 경제정책론의 무대 전면에서 사라져 버리는 듯 했다.

금융정책으로 설명하자면, 인플레이션으로부터 금융을 긴축하고자 할 때 중앙은행은 기준금리를 올린다. 혹은 불경기 상황에서 경기부양을 위해 금융을 완화하려고 하면, 금리를 낮춘다. 하지만 인플레이션과 불경기가 동시에 일어난 스태그플레이션 대책은 어느 쪽을 우선하면 좋을지 판단할 수 없다.

당시 선진국 일본만은 구미歐美 선진국에 비하여 이 혼란 상태에서 빨리 회복했는데, 신속한 노사협조노선에서 임금인상률을 인플레이션율 이하로 억제할 수 있었기 때문이다. 그런데 1980년대 후반 일본경제가 버블에 휩싸인 것은 구미 국가들보다 앞서서 불황에서 탈출했기 때문이고, 스태그플레이션의 고통이 작았기 때문에 일본에서는 케인즈파의 영향력이 온존하게 된 것이다. 1990년대 이후 일본은 버블의 후유증으로 재정지출을 반복하여 OECD 국가 중 채무대국이 되어버린 것은 케인즈 정책을 우직하게 계속했기 때문이다. 그러나 시대는 돌고 돌아 순환한다.

2008년의 미국발 금융위기 이후 구미 각국, 그리고 일본에서도 거액의 재정지출이 이어지는 케인즈 정책이 발동됐다. 이로 인하여 파괴적인 위기는 회피할 수 있었지만, 누적된 정부채무의 처리에 한층 더 고민하게 된 것이다.

이와 같이 세 가지 경제사상은 상황에 따라 빙글 빙글 돌고 있는 것이다.

96

신자유주의와
머니탈리즘이란?

시장에 맡기고
정부는 손을 내밀지 마라

1970년대에 케인즈파가 스태그플레이션의 해결책을 도무지 제시하지 못하고 있었을 때 재인식된 것이 하이에크 Hayek, F. A. 였다. 하이에크는 1930년대의 대공황기에 정부에 의한 시장 개입을 주장한 케인즈의 생각을 비판한 것으로 알려진다.

하이에크는 함스부르크제국 말기 빈대학 출신으로 한계혁명의 주창자 중 한 사람인 맹거 Menger, C. 의 영향을 받았다. 그 때문에, 기본적으로 경제는 시장에 맡겨두면 시장 스스로 해결해 간다는 신고전파 공통적인 사상의 소유자다. 나아가, 그는 만능이 아닌 일부의 인간이 전체를 컨트롤하는 통치형태 그 자체에 의문의 눈길을 향하고 있었다. 그래서 '우수한 관료가 시장의 실패를 바로 잡는다.'는 케인즈적인 엘리트주의가 허용될 수 없는 것, 정부도 실패할 것으로 믿었다.

제2차 대전 중 하이에크의 저서 『예종에의 길』은 사회주의와 파시즘을 철저하게 비판하여 베스트셀러가 되었다. 전체를 위해서 개인을 희생한다. 인간이 본래 가지고 있는 자유나 다양성을 억압하는 체제는 결코 받아들여서는 안 된다고 하는 것이다. 그는 시카고대학에서 우편향 보수주의 경제학을 발전시켜 시카고학파를 형성했다.

하이에크의 사상을 깊이 파고 들어가 보면, 정부도 결국 필요 없다는 뜻이 될지도 모른다. 그래도 그것이 개인의 자유에 최고 가치를 두는 미국의 보수층에 받아들여져 초자유개인주의의 융성으로 연결된다.

1980년대 들어 공화당의 레이건 정권은 스태그플레이션으로 엄청나게 나락에 떨어진 미국경제를 어떻게 회복시킬 것인가를 주요 국가전략 과제로 삼았다. 그때 나타난 사람이 시카고학파의 밀턴 프리드만Freedman, M이다.

프리드만은 케인즈의 재정정책을 정면에서 부정하고, 경제는 자유로운 시장에 맡겨야만 하며, 나라의 정책은 물가를 안정시키기 위한 '머니서플라이통화공급량 관리만 잘 하면 된다.'는 주장을 했다. 통화관리는 중앙은행이하는 일이므로 정부는 아무 것도 해선 안 된다는 것이다. 이러한 머니터리즘Monetarism, 통화주의정책은 자연실업률을 감소시키는 구조정책과, 경제성장률에 알맞는 일정률의 화폐공급량의 증가라는 점에 핵심을 두고 있다. 자유시장을 중시하는 점에서는 신고전파 경제학과 동일하지만, 고전파의 화폐수량설을 부활시켜 일정률의 화폐공급 증가를 주장하는 점에 특색이 있다.

1981년에 대통령이 된 레이건Reagan은 강력한 미국의 경제부흥을 내걸었고, 1979년에 영국 수상이 된 대처Thatcher와 함께 규제완화와 감세, 정부규모와 복지의 축소 등을 통해 기업의 자유시장활동을 촉진시켰다. 이들의 개혁정책은 일시적으로 실업률이 증대하는 등 경기침체를 초래하기도 했지만, 경제발전을 도모하고 시장경제의 활성화에 어느 정도의 성과를 거두었다. 현재는 미·영 다 같이 신고전파가 압도적으로 우세한 상황이다.

97

이노베이션이란?

자본주의 역동성은
기업의 혁신에서 나온다.

신고전파와는 아주 색다른 차이가 있지만, 잊어서는 안 되는 것이 케인즈와 동년배인 또 한 사람의 천재 **슘페터**Schumpeter. J. A이다. 1932년 이래 하버드대학 교수로서 미국 경제학계에서 활약한 20세기의 대표적 경제학자 슘페터는 **이노베이션**Innovation이 경제성장의 주요 동인이라고 생각했다.

이노베이션은 신기축新機軸, 신결합 혹은 기술혁신이라 번역되는 일이 많지만, 신기술에만 그치지 않고 여러 가지 면에서 '혁신'을 포함하고 있다.

이 이노베이션을 실현하는 주체가 기업이다. 기업이 커지면 조직이 관료화하여 기업가정신이 상실되고, 신상품이나 신기술도 마침내 진부화 가능성을 피할 수 없다. 그것을 타파하는 것이 이노베이션으로, 기업가가 끊임없이 낡은 것을 파괴하고 새로운 것을 창조하여 부단히 내부로부터 돌연변이와 같은 자기혁신을 일으킬 필요가 있다. 슘페터는 이 과정을 '창조적 파괴'라 부르고, 이것이 자본주의의 본질이라고 설명했다. 오늘날의 경영지침이 되고 있는 이 말은, 이미 1942년에 간행된 베스트셀러 『자본주의·사회주의·민주주의』에 나오고 있다.

이노베이션의 은혜는 개별 기업에 그치지 않고 나라 전체의 산업구조를 변화시킨다. 미국에서는 1980년대의 10여 년에 걸쳐서 경제구조개혁을 실행했다. 당시 경기는 최악의 상태에서 실업자도 증가했고 군수사업은 위험에 빠져 NASA도 축소되고 우수한 과학기술자가 금융이나 정보통신사업으로 대거 이동되었다. 그래서 복잡한 금융공학이 발달하여 금융경제가 폭발적으로 확대된 것이다. 이노베이션에 의하여 낡은 산업구조가 해체되고 나라 전체가 새로운 산업구조로 변화한 전형적인 혁신의 예다.

슘페터가 한계균형이론과 일선을 긋고 있는 것은 자본주의가 역동적으로 움직여 가는 과정 그 자체에 주목했기 때문이다. 신고전파의 수리 모델에서는 개인이 등장할 여지가 없다. 그런데 슘페터는 기업가정신이란 '개인의 자질'이 중요하다고 강조했는데, '애플'의 스티브 잡스나 '마이크로소프트'의 빌 게이츠를 보면 알 수 있듯이, 중요한 것은 역시 삶이다. 하지만 개인의 자질이란 것은 수리모델로 단순히 나타낼 수 없다. 그래서인지, 그에게는 제자가 없다.

슘페터는 빈대학의 맹거에게서 배우고 로잔느학파와 오스트리아학파의 자유주의 사상 속에서 자라긴 해도 1932년 이래 미국으로 이주하여 클라크 등 미국경제학자나 마르크스주의 경제학 등을 광범위하게 사사받아 하버드대학에서 교편을 잡은 분야는 '경제학사'였다.

슘페터는 경제발전의 근원을 기업가 창조적 파괴, 즉 이노베이션에서 찾아내고, 이노베이션에 의한 경제발전이 필연적으로 경기변동의 형태를 취하게 된다고 기술한다. 그는 자신이 창안한 이노베이션 이론을 수리모델화하고는 있지 않았고, 강의 중에도 직접 가르친 적이 없었으며, 분석적이라기보다는 지나치게 서술적이다. 그의 경제발전 이론은 은행의 신용창조에 의해 가능해진 신결합의 수행으로 초래되는 발전과정 내지 균형파괴과정을 서술함으로써 신용, 자본, 이자, 이윤, 경기순환 등의 동태론적 문제를 통일적으로 해명하는 것을 과제로 한다. 이어서 경기순환론에서 신결합 내지 혁신이란 새로운 용어를 사용했다. 하지만 슘페터의 혁신에 의한 경제과정변화론은 경제학이 아닌 경영학 분야에서 생생히 승계되고 있다.

오스트리아 태생의 미국 경제학자 드러커 Drucker. P. F는 슘페터와 동향으로 독일의 프랑크푸르트대학에서 법학을 공부했는데, 1933년 봄 히틀러 체제에 불만을 품고 영국으로 건너가 경제사 연구에 몰두했다. 특히 그는 현대의 사회제도 속에서 기업에 큰 관심을 갖게 되어 이를 더욱 연구하기 위해 미국으로 건너갔다. 그는 뉴잉글랜드의 배니턴칼리지에서 정치학과 철학을 강의하는 한편, GM사로부터 의뢰받은 조직연구에 착수한 것을 계기로 경영학자로서의 새로운 진면목을 드러내게 되었다. 1950년에는 뉴욕대학 대학원 교수로 취임한 후 경영컨설턴트로서도 세계적인 명성을 높였다. 드러커는 슘페터의 저서를 읽고 '매니지먼트'란 새로운 학설을 만들어 냈다.

드러커는 원래 경제학자가 아니었다. 전통경제학에서는 생산요소를 '토지·자본·노동'으로 설명하지만, 드러커는 '토지·자본·노동력·지식'이라고 주장한다. '지식'이란 것은 수학으로 나타낼 수 없기 때문에 경제학자에게는 흔히 없는 발상이다.

슘페터는 경제학의 세계에 '사람과 회사'를 넣어 생각했다. 무엇보다도 중요한 생산요소로서 '지식'의 중요성을 강조한 사람이 드러커다. 실제로 자본주의의 역동성 dynamism은 기업이 일으키는 이노베이션에 의해 발생되고 있다.

『이노베이션과 기업가정신』에서 드러커는 이노베이션의 7가지 기회를 다음과 같이 들고 있다. 첫째, 예기치 못한 성공과 실패를 이용한다. 둘째, 업적, 가치관 등의 갭을 찾는다. 셋째, 노동력·지식상의 니즈(needs)를 발견한다. 넷째, 산업구조의 변화를 안다. 다섯째, 인구구조의 변화에 착목한다. 여섯째, 인식의 변화를 감지한다. 일곱째, 리스크에 대응하여 새로운 지식을 매니지먼트에 활용한다.

98

복잡계경제학과
행동경제학이란?

둘 다 이론의 실용화를
높이자는 목적이다.

복잡계의 경제학이란 어떤 학설인가, 세계에 공인된 정확한 정의는 아직 없다. 일반적으로는, 미국의 산타페연구소를 중심으로 연구가 진행되고 있는 경제학의 새로운 수법을 말한다. 다수의 구성물이 상호작용함으로써, 예상 외의 여러 가지 가능성을 발생시키는 일이 있다.

일반적으로 말하여 경제학은 하나의 가설을 세워서 그 위에 이론을 구축하고, 그 이론에 기초를 두고 세상의 경제현상을 분석하고 장래를 예측한다.

그러나 가설이 올바른지와는 관계없이 그 가설에 근거를 두고 있는 이론이 올바른지도 관계없다.

최근과 같이 세상이 복잡해지게 되면, 한국 내의 경제현상도 한국만을 보고 있어서는 올바른 판단을 할 수가 없다. 예를 들어 금리를 인하한다면 경기나 기업 업적이 좋아져서 주가도 상승한다는 것이 일반적인 경제상식이지만 버블Bubble 후의 디플레 경제에서는 이 상식이 맞아 떨어지지 않는다. 1990년대 전반의 일본경제에서는 기준금리가 0.5%까지 인하되어 초저금리시대를 맞고 있었는데도 경기는 도무지 회복되지 않고 주가하락이 지속되고 있었다. 이것은 당시 일본정부의 버블붕괴 정책에 의해 부동산과 주가가 대폭락하고 기업과 개인이 보유하는 토지나 주식의 자산가치가 격감하고 기업의 설비투자나 개인 소비가 급락해 버린 것이 커다란 요인이다. 일본에서는 한때, 버블 붕괴 후 이제까지의 경제상식이 통용하지 않게 되었기 때문에 '혼돈, 무질서'라는 말이 유행한 일이 있다.

그러한 흐름 속에서 복잡한 것을 복잡한 그대로 보자, 일견 불규칙하게 보이는 움직임 속에서 그 나름 특유의 법칙과 같은 것을 찾아내고자 하는 움직임이 각국의 경제학자들 가운데에도 생겨나고 있었다. 이러한 경제학의 수법을 복잡계의 경제학으로 총칭하고 있다.

한편, 경제학에서는 사람을 경제 합리성에 따라서 움직이는 존재로 가정하여 연구가 이루어진다. 우리가 일상생활에서 뭔가를 구입할 때, 여러 가지를 생각하기 마련이다. 금액에 대해서 질은 어떤 것인지, 자신에게 꼭 필요한지 아닌지 등 합리적인 판단을 내리기 위해서 인터넷에 몇 시간이나 걸려서 검토하는 일도 있을 것이다. 그러나 현실적으로는, 예를 들어 근처 편의점에서 사는 과자라도, 점심 때에 고르는 메뉴에서도 무의식적으로 사람은 환경에 영향받아 비합리적 판단이나 행동을 하고 있다.

이와 같은 비합리적인 심리를 분석하고 실험을 행하고자 하여 해명하는 학문 분야가 '행동경제학'이다.

저출산·고령화, 물건 넘치는 시대라 하는 가운데 기업은 어떻게 자사 상

품을 팔아먹을까 하고 마케팅에 심혈을 기울이고 있지만, 그 전략을 짜는 때에도 이 행동경제학은 크게 공헌하고 있다. 행동경제학은 봉 취급당하고 싶지 않는 사람에 있어서 익혀두고 싶은 필수지식이다.

종래 경제학은 '과학'으로서 현실사회를 설명하는 기초를 다지기 위해 '초합리성'이란 사고방식을 채용하여 연구가 이루어져 왔다. 사람은 어떠한 상황에 있어서도 모든 정보를 올바르게 파악하고 언제나 올바르게 합리적인 판단을 행한다는 것이다. 이에 따라 매크로경제학에 대한 과학적 접근을 가능하게 하는 등, 초합리성이란 개념의 공헌도는 헤아릴 수 없다.

다만, 실제 경우를 돌아보면 '왠지 모르게 샀다.', 'A나 B의 쪽이 우수한 것이 명백한데도 C를 샀다.'는 등 우리들의 일상 구매행동은 비합리적인 일투성이다. 종래, 초합리성으로 설명이 붙어있던 것도 현실세계에 어울리지 않게 되어 온 것이다.

그래서 행동경제학에서는 인간의 비합리적인 부분에 착목하여 연구를 행하는 가운데, 종래의 주류 경제학에서는 설명할 수 없었던 부분을 밝히려고 하고 있다. 그렇다곤 해도 정통경제학을 능가하고자 할 리는 없고, 경제이론을 보다 현실에 적용한 것으로 수정해 가기 위해서, 행동경제학의 이론을 활용할 것을 목표로 하고 있다.

경제학에 지금 생기고 있는 문제가 해결된 그때에는, 행동경제학은 천분을 다하고 정통경제학 속의 소멸의 길을 더듬어 갈 가능성도 있을 것이다.

99

레이거노믹스와
대처리즘이란?

Q

작은 정부와 규제완화 등
보수정책이 공통적이다.

레이거노믹스란 미국의 레이건 대통령이 1980년대 전반에 실시한 경제
정책이다. 레이건 정부는 대폭적인 감세와 세출 삭감에 의하여 미국경제의
재생을 도모했다. 그 시나리오는 대폭 감세를 행하면 저축이 늘어나 그것
이 투자확대를 가져와 경기를 좋게 하고, 경기가 좋아지면 나라의 세수도
늘어나 재정적자도 감소한다고 하는 것이다.

누적된 재정적자를 삭감하기 위해서는 증세가 필요하다고 하는 것이 말
하자면 세상의 상식이지만, 증세는 국민의 반발을 사는데다 경기의 발목을
잡을 우려가 있다. 그래서 레이건 대통령은 대폭 감세한다면 세수가 늘어

나서 재정적자를 삭감할 수가 있다고 하는 국민 편에서의 장밋빛 시나리오를 그려서 그것을 실행에 옮긴 것이다.

그러나 결과는 레이건 대통령이 그린 시나리오와는 거꾸로, 미국의 재정적자가 대폭 확대하게 되었다. 대폭적 감세는 저축의 확대로 연결되지 않고 소비확대를 초래하여 해외로부터의 수입이 급증하고, 미국의 무역적자와 재정적자가 급속히 확대된 것이다.

미국은 그 적자를 메우기 위해 고금리 정책을 추진하여 해외로부터 대량의 자금을 받아 들였다. 그 때문에, 미국에 세계 각국의 자금이 모여들어 그것이 고 달러를 초래하여 수입증가·수출의 감소의 결과 무역수지의 적자 확대로 이어졌다.

세계의 자금이 미국에 흘러들어와 미국은 호경기로 부풀어 올랐지만, 그것은 부채에 의해 야단법석을 떠는 거와 같은 것이기 때문에, 술에 취했다가 깨어본즉 미국에는 거액의 부채 대폭적인 재정적자 만 남게 된 것이다. 일찍이 세계 제일의 채권대국이었던 미국은 1985년에 채무국으로 전락하여 이윽고 세계 제일의 채무국이 되어버렸다. 그 근본 원인은, 존슨 대통령의 너무 지나친 베트남 전쟁 개입으로 수렁에 빠진 위에 레이거노믹스에 의한 부분이 큰 것이다.

대처리즘이란, 1979년에 영국의 수상에 취임한 보수당의 대처 Thatcher, M 가 강력하게 추진한 경제정책이다. 대처 수상은 당시 피폐했던 영국경제를 바로 세우고자 대담한 정책을 추진했는데, 그 기둥은 재정삭감 특히 복지의 대폭 삭감, 공영기업의 민영화, 공무원의 삭감, 노동조합의 활동제한, 규제완화, 자기 집, 자기 주식의 추진 등이다.

대처 수상의 경제정책은 경기회복이나 인플레 억제 등에서 커다란 성과를 올릴 수가 있었다곤 해도, 그 폐해도 결코 적지 않았다. 경제가 활성화한 이면에 실업률이 증가하고 빈부의 격차가 확대되었다. 즉, 대처리즘은 사회적 강자에게는 부드러운 정책이지만, 사회적 약자에게는 엄격한 정책이 되어 국민의 대다수를 차지하는 사회적 약자의 반발을 초래하게 된 것이다.

그 으뜸가는 것이 인두세^{人頭稅}다. 이것은 자산가의 부담이 큰 고정자산을 정리하여 소득의 다과나 주택의 유무에 관계없이 18세 이상의 주민에게 일률적인 세금^{신 주민세}을 거둔다는 것이다. 노골적인 부자우대세제에 국민의 반발이 높아져 결국 대처 퇴진의 방아쇠가 되었다.

하지만 2013년 숨진 마가렛 대처는 최근 영국 보수당원 여론조사에서 윈스턴 처칠^{95%}에 이어 둘째^{93%}로 존경받는 지도자였고, 최근 소득세 감세나 규제완화, 작은 정부를 요구하는 소리가 높아지면 레이거노믹스나 대처리즘이 재평가되고 있다.

100

정부의 크기로
정치적 입장을 분석한다.

정치와 경제는 끊으려 해도 끊을 수 없는 관계에 있다. 경제학에는 여러 학파가 있지만, 이들의 학설에 동시대나 나라, 정당에 따라 정부에 요구되는 경제정책이 다르기 때문이다.

고전파·신고전파에는 보수주의가, 케인즈파에는 리버럴리즘이, 마르크스에는 사회민주주의가 각각 대응하고 있다. 이 세 가지를 정부가 하는 역할의 크기에서 구분해 본다면 다음 그림과 같다.

• 신고전파 : 보수주의의 주장은, 경제는 그냥 그대로 내버려두면 시장 메커니즘이 작용하여 자연히 안정되기 때문에 정부는 여러 가지 자질구

레한 잔재주로 서툰 시장 개입을 하지 말라는 것이다. GDP 구조로 본
다면 정부ᴳ를 가능한 한 작게 하여 민간 사기업에 맡긴다. 그렇게 하면
관료기구가 작아져 규제도 작아지기 마련이다. 시장의 자율경쟁을 촉
진하기 위한 공기업 민영화나 복지축소는 작은 정부를 실현하기 위한
수단이다.

- 케인즈파 : 리버럴리즘의 주장은, 자유시장경제라 해서 경제를 그냥 내
버려두면 불안정해지기 때문에 정부ᴳ는 시장에 적극적으로 개입해야
한다는 것이다. 정부지출ᴳ을 크게 하여 유효수요를 만든다. 그렇게 하
기 위해서는 큰 관료기구가 필요해진다. 그 때문에 그들은 큰 정부를
지향하며, 유능한 엘리트 관료가 나라를 이끈다는 생각이다.

- 마르크스파 : 사회주의자들은 자본주의체제는 그냥 내버려 두면 그 자
체의 모순에 의해 필연적으로 붕괴하기 때문에, 국가가 지출과 수입을
전부 컨트롤하여 국민경제를 계획적으로 운영해야 한다고 하였다. 즉,
정부지출ᴳ을 계획적으로 최대화하면 사회주의국가가 된다.

사회주의에서는 민간소비 나 투자는 없다. 무역을 포함하여 생산, 투자를 완전히 정부가 컨트롤 한다. 그 때문에 '큰 정부 '가 되는 것이지만, 사회주의 계획경제는 소련이나 중국에서 실패한 것이다.

덩샤오핑(鄧小平) 정권은 무모하게 추진된 집단농장, 인민공사와 같은 계획경제 정책을 시정하고 시장경제를 도입하는 등 개혁·개방정책을 추진하여 큰 성과를 거두었다.

극대화되지는 않는다 해도 정부 를 크게 하여 복지국가를 지향하는 것이 유럽의 사회민주주의다. 북유럽 복지국가의 세금은 매우 높지만, 그만큼 사회복지나 교육 등 고도의 행정서비스를 누릴 수 있다.

야경국가란 말이 옛날 있었다. 국가는 야경, 즉 밤에 순찰하며 도둑이나 잡아주고, 나머지 모든 것은 자유롭게 해야 한다는 자유방임(laissez-faire)를 말한다. 그렇게까지 극단적 자유주의 나라는 지금은 없다. 그러므로 무언가의 형태로 정부가 민간에 관여하지 않아서는 안 된다는 것이 오늘날 국제적인 컨센서스로 되어 있지만, 그 관여의 정도를 둘러싼 논쟁이 일어나고 있다. 극단화한 사회주의는 실패하고 극소화한 야경국가도 무익하다고 한다면 실제 경제정책은 이 중간의 변형(variation)이 된다.

'작은 정부'에 중심축을 둔 나라가 있다면, '큰 정부'를 실현하는 정권도 있다. 무엇보다 복지에 중점을 둔 사회민주주의 노선도 있다. 경제학설에 의한 여러 가지 선택지가 있어서 이것만이 '절대 옳다'고 할 수는 없으며, 선거 때마다 달라지는 것이 보통이다.

'큰 정부'를 만들어야 한다는 사람은 '시장의 실패'야말로 두렵다고 한다. 시장을 그냥 내버려두면 폭락한다든지 버블이 일어난다든지 한다는 것이다. 그 때문에 정부가 어느 정도 시장에 개입하여 안정화시켜야 한다고 주장한다. 역으로, 정부가 지나치게 많이 개입한다면, 비효율적인 관료기구가 만들어져 사기업을 압박하기 때문에 오히려 문제. 이러한 '정부의 실패'를 중시하는 사람들은 '작은 정부'를 주장한다. 이처럼 일장일단이 있기 때문에 그것은 그 시대, 그 나라 국민의 선택에 달려 있다. 국민은 선거 때마다 지금의 자기네들의 희망을 실현해 줄 정당에 투표하는데, 선거의 결과 여당이 바뀌면 경제정책도 바뀌게 된다.

미국은 보수계의 공화당과 리버럴계의 민주당의 양 정당인데, '작은 정부'의 사상을 취하는 공화당과 '큰 정부'의 정책을 취하는 민주당이 있다. 대통령 선거 때는 보수^{빨강}와 리버럴^{파랑}로 전 미국을 양분하는 대소동이 벌어진다.

영국은 더욱 노골적으로 다르다. '큰 정부'는 노동당, '작은 정부'는 보수당이지만, 노동당은 본래 노동자의 당이기 때문에 더욱 확실히 좌^左편향이다. 하지만 1970년대의 불황 때 질린 탓인지 최근 리버럴 편향의 주장이 많다.

유럽대륙을 살펴보면, 독일은 자유민주당이 '작은 정부'를 지향하는 중도 우파, '큰 정부' 지향의 사회민주당, 더욱 좌^左편향의 좌익 녹색당이 있다. 프랑스는 조금 복잡하여, 직접선거에서 선출되는 대통령은 주로 외교를 담당하는데, 그 때문에 대통령과 수상의 출신 정당이 다른 경우가 가끔 있다. 우파인 국민운동연합^{UMP}과 좌파인 사회당^{PS}이 의석을 다투고 있다. 프랑스는 관료지배사회로서 기본적으로 대학은 전부 국립이고 은행도 모두 국가경체제로 되어 있으며, 르노자동차 회사조차 국가주주로 국영기업과 같다. 따라서 프랑스는 리버럴이라기보다는 사회민주주의에 주축을 둔 나라이다.

요컨대, 각 나라 정파별 진영이 어떠한 경제사상을 채택하여 선거에서 얼마만큼 득표를 증가시키는가를 본다면, 그 나라의 앞날을 알 수 있다. 이해하기 어려운 것은 정책정당이 아닌, 오직 포퓰리즘으로 이것저것 절충식 공약을 쉽게 남발하는 한국의 현재 정당이라고 할 수 있지 않을까.

Index

| 저자소개 |

김욱암

- 일본 츄오(中央) 대학 대학원 졸업(1988년, 경제학 박사)
- 국회 정책연구위원(1988~1990), 안동대학교 경제학과 교수(1991~2011) 사회과학 대학장 역임, 현재 안동 대학교 명예교수

[주요 저서]
- (저서) 경제정책론(1999, 학문사), 인구경제학(1000, 유림문화사), 살아있는 생활경제(2010, 새문사), 자족의 경제학(2010, 여시아문), 글로벌시대의 경제학(2011년 에이드북)
- (역서) 저출산 시대의 일본경제(1997, 청목출판사), 중국의 투자환경(1989, 매일경제신문사)

김병우

- 서울대 경제학부 경제학박사(2003), 서울대 경제학과 경제학석사(1993), 서울대 경제학과 경제학사(1991)
- UC Berkeley, CKS 방문학자(2011), 한국교통대(KNUT) 교수(2009-)

[주요 저서]
- Kim B. (2009), "Future of Economic Growth", Asian Journal of Economics.
- Kim B. (2011), "Growth Regression Revisited", Applied Economics.

박영기

- 단국대학교 대학원 무역학과2003년, 경영학 박사)
- 현재 강원대학교 동북아연구소 연구교수

[주요 저서]
- 경제학길라잡이(도서출판 두남, 2011), 글로벌통상환경(한국학술정보, 2011), 무역학연습(한국학술정보, 2014), 국제무역의 기초와 실제(한국학술정보, 2008), 국제경제와 무역의 이해(도서출판 두남, 2005)

이것만은 꼭 알아두고 싶은
100문 100답 교양경제

초판 1쇄 인쇄 2020년 03월 05일
초판 1쇄 발행 2020년 03월 10일

저 자 김옥암·김병우·박영기
펴낸이 임 순 재
펴낸곳 (주)한올출판사
등 록 제11-403호
주 소 서울시 마포구 모래내로 83(성산동 한올빌딩 3층)
전 화 (02) 376-4298(대표)
팩 스 (02) 302-8073
홈페이지 www.hanol.co.kr
e-메일 hanol@hanol.co.kr
ISBN **979-11-5685-871-3**